*Über dieses Buch* Alfred Adler hat in diesem bisher noch nicht in Deutschland erschienenen Buch einige seiner grundlegenden theoretischen Konzepte wie Einheit der Persönlichkeit, Überlegenheitsstreben und Minderwertigkeitskomplex auf die kindliche Entwicklung und auf die Erziehung von Kindern im Elternhaus und in der Schule angewandt, und er ist zu erstaunlichen, weitgehend heute noch oder wieder gültigen Einsichten gelangt.
Das leicht und eingängig, ausdrücklich für den Laien geschriebene kleine Werk, das als Markstein in der Erziehungsliteratur gilt, vermittelt eine Fülle von Beobachtungen aus dem häuslichen und schulischen Erziehungsalltag und gibt Lehrern, Eltern, allen, die mit Kindern umgehen, Ratschläge und Anleitungen für eine kind- und gemeinschaftsgerechte Erziehung. Adler befaßt sich mit den verschiedensten Störungen der kindlichen Entwicklung und weiß in jedem Einzelfall von Fehlverhalten, Schulversagen und charakterlichen Eigentümlichkeiten eine auf seiner Individualpsychologie basierende plausible Erklärung zu geben. Wichtig ist für ihn vor allem eine störungsfreie Entwicklung des Gemeinschaftsgefühls, für ihn gleichsam der Maßstab für den jeweiligen Zustand der Charakterbildung. Auch die gemeinschaftskonforme Meisterung des Überlegenheitsstrebens – ein Schlüsselbegriff der Adlerschen Lehre – ist für die Entwicklung des Kindes zur »nützlichen Seite des Lebens« von entscheidender Bedeutung. Schließlich schreibt er der Schule eine überragende Rolle als Erziehungs- und Sozialisationsagentur zu und weist Lehrer immer wieder auf ihre wichtige erzieherische Aufgabe hin.

*Der Autor* Alfred Adler wurde 1870 in Wien geboren. Er entschied sich früh für den Arztberuf, den er dann lange Jahre in Wien ausübte. Sigmund Freud forderte ihn 1902 auf, seiner Studiengruppe beizutreten; im Laufe der gemeinsamen Arbeit entwickelte Adler aber seine eigenen Ansichten, so daß es 1911 zu einem offenen Bruch zwischen den beiden kam. Adler begründete nun seine eigene Auffassung der Individualpsychologie mit der eigenen Schule und einer eigenen Zeitschrift. Ab 1925 reiste er häufig nach Amerika, wo er sich 1935 endgültig niederließ. Hier fand seine Psychologie große Beachtung und Anerkennung bis in die Gegenwart. Während einer Vortragsreise starb Alfred Adler 1937 in Aberdeen.
Von Alfred Adler erschienen außerdem im Fischer Taschenbuch Verlag: *Menschenkenntnis* (Bd. 6080), *Über den nervösen Charakter* (Bd. 6174), *Der Sinn des Lebens* (Bd. 6179), *Individualpsychologie in der Schule* (Bd. 6199), *Heilen und Bilden* (Bd. 6220), *Praxis und Theorie der Individualpsychologie* (Bd. 6236), *Die Technik der Individualpsychologie* I: ›Die Kunst, eine Lebens- und Krankengeschichte zu lesen‹ (Bd. 6260), II: ›Die Seele des schwererziehbaren Schulkindes‹ (Bd. 6261); (zus. mit E. Jahn): *Religion und Individualpsychologie* (Bd. 6283), *Das Problem der Homosexualität und sexueller Perversionen* (Bd. 6337), *Studie über die Minderwertigkeit von Organen* (Bd. 6349), *Lebenskenntnis* (Bd. 6392), *Das Leben gestalten* (Bd. 6393), *Wozu leben wir?* (Bd. 6708), *Neurosen* (Bd. 6735), *Psychotherapie und Erziehung. Ausgewählte Aufsätze in drei Bänden* (Bd. 6746, 6747, 6748).

Alfred Adler

# Kindererziehung

Mit einer Einführung von
Prof. Dr. Dr. h. c. Wolfgang Metzger †

Fischer
Taschenbuch
Verlag

35.–36. Tausend: August 1991

Deutsche Erstausgabe
Veröffentlicht im Fischer Taschenbuch Verlag GmbH,
Frankfurt am Main, März 1976

Titel der amerikanischen Originalausgabe: ›The Education of Children‹
Aus dem Amerikanischen von Willi Köhler
Deutsche Erstausgabe mit freundlicher Genehmigung
des Estate of Alfred Adler, New York

Umschlaggestaltung: Buchholz/Hinsch/Hensinger
Gesamtherstellung: Clausen & Bosse, Leck
Printed in Germany
ISBN 3-596-26311-5

Inhalt



* Eingeklammerte Titel von W. M.

# Einführung

## 1. Die Entstehung des Buches

Alfred Adlers »Kindererziehung« hatte ein eigenartiges Schicksal. Sie entstand im Jahr 1930, also ein Jahr nach der Veröffentlichung der »Individualpsychologie in der Schule«[1] und in demselben Jahr, in dem der zweite Band der »Technik der Individualpsychologie« erschien, der den Untertitel trägt: »Die Seele des schwer erziehbaren Schulkindes«[2]. Die »Kindererziehung« ist also gewissermaßen als unmittelbare, verallgemeinerte Fortsetzung dieser beiden Werke entstanden. Adler hat diese Arbeit noch in deutscher Sprache verfaßt. Die bereits im gleichen Jahr unter dem Titel »The education of children« bei Allen and Unwin erschienene englische Ausgabe wird von ihren Herausgebern als Übersetzung bezeichnet. Als nun die Neuausgabe im Fischer Taschenbuch Verlag beschlossen wurde, war es natürlich der erste Schritt, nach dem deutschen Text Adlers Ausschau zu halten. Professor Ansbachers (Burlington, Vermont) höchst dankenswerte Bemühungen, die deutsche Urfassung wieder ausfindig zu machen, blieben jedoch ohne Erfolg. Auch die amerikanischen Herausgeber wußten nichts mehr von ihrem Verbleib. So blieb also nichts anderes übrig, als eine Rückübersetzung aus dem Englischen ins Deutsche vorzunehmen, und zwar, soweit irgend möglich, in das Deutsche Alfred Adlers.

## 2. Die Sprache der Übersetzung

Daß dies eine nahezu unlösbare Aufgabe ist, hat der Verfasser dieser Einführung am eigenen Leib erfahren, als er vor bald zwei Jahrzehnten das 1945 erschienene Hauptwerk Max Wertheimers »Productive Thinking« (»Produktives Denken«) ins Deutsche zu übertragen versuchte. Obwohl er nach zwölf Jahren der Zusammenarbeit den unverwechselbaren Stil und Tonfall seines Lehrers noch deutlich im Ohr hatte, war das Ergebnis eindeutig das Deutsch des Übersetzers und nicht das des Verfassers.
Bei Übersetzungen aus dem Englischen ins Deutsche kommen

[1] Fischer Taschenbuch Bd. 6199.
[2] Fischer Taschenbuch Bd. 6281.

angesichts der nahen Verwandtschaft der beiden Sprachen Fehler allgemeinerer Art hinzu, die die Übersetzungen vor allem amerikanischer Fachwerke großenteils zu Sammlungen von Übersetzungsfehlern und Vergewaltigungen der deutschen Sprache werden lassen, und zwar aus verschiedenen Gründen: Ausdrücke der englischen Umgangssprache, deren deutsche Bedeutung man unschwer in jedem Taschenwörterbuch hätte nachschlagen können (wie etwa item oder verbal), treten als offenbar unübersetzbare Fachausdrücke auf. Oder es ist dem Übersetzer entgangen, daß gleichlautende Wörter (wie etwa *control* oder *competence*) in beiden Sprachen völlig verschiedene Bedeutungen haben oder daß bestimmte andere Ausdrücke (wie etwa *person* oder *individual*) in beiden Sprachen zwar in annähernd der gleichen Bedeutung gebraucht werden, aber nur in der einen in die Umgangssprache eingegangen sind, während sie in der anderen ausgesprochen gestelzt wirken, wie etwa in der Übersetzung »Personen und Tiere« für *persons and animals*. Und nun endlich haben sich auch Ausdrücke, die zwar – wie »soziales Interesse« (*social interest*) für »Gemeinschaftsgefühl« oder »Mitmenschlichkeit« – im Deutschen möglich und verständlich sind, die aber Adler in seinen deutsch geschriebenen Werken nie verwendet hatte, aus der englischen Übersetzung seines Textes in die deutsche Rückübertragung eingeschlichen.

Eine zufriedenstellende Übersetzung kam aus allen diesen Gründen erst im zweiten Anlauf zustande. Es ist Herrn Willi Köhler zu danken, daß ihm ein solcher Text gelungen ist, von dem man hoffen kann, daß er nicht nur von standesbewußten Hochschulpädagogen verstanden wird, sondern auch von den Praktikern der Erziehung, die das Buch in erster Linie angeht, also von Eltern, Lehrern, Schwestern, Kindergärtnerinnen und Sozialarbeitern. Er möge daher auch dem Herausgeber verzeihen, daß er, mit dieser Absicht des Verfassers im Auge, aus seiner vermutlich etwas größeren Vertrautheit sowohl mit der englischen als auch mit der Adlerschen Sprache sich einige Eingriffe in den Wortlaut seiner Übersetzung gestattet hat.

Ganz lassen sich die Spuren des Umwegs über das Englische nicht tilgen, ohne Eingriffe in den Text vorzunehmen, die sich von der englischen Vorlage allzuweit entfernen und doch nicht mit genügender Sicherheit dem ursprünglichen deutschen Wortlaut entsprechen. So erscheint im englischen Text die Personifizierung »das Ich«, für die in einer Lehre kein Platz ist, die so ausdrücklich auf der Einheit des Menschen besteht wie die Individualpsychologie, einer Lehre, die zwar seelische Apparate (wie den »fingierenden« und den »korrigierenden«) kennt, aber nicht, wie die Psychoanalyse, mit Person-Eigenschaften ausgestattete seelische »Instanzen«, zwischen denen mehr oder weniger dramatische Auseinandersetzungen möglich sind. Der Leser sei also schon hier darauf hingewiesen, daß dort, wo bei der Schilderung eines Menschen »sein Ich« auftritt, im strengen Sinne niemand anderes als »Er« selber es ist, von dem gesprochen wird.

## 3. An wen wendet sich dieses Buch?

Die Hoffnung der Individualpsychologie auf die Vorbereitung der Kinder von morgen ruht in erster Linie auf der Veränderung der Schulen und Lehrer, wenngleich »die Mitarbeit (!) der Eltern niemals zurückgewiesen wird —«, sagt Adler im Kapitel 14 »Elternerziehung«, und er entschuldigt sich ein wenig später bei *vernünftigen* Eltern, die das Buch in die Hand bekommen sollten, damit, daß die folgenden Bemerkungen *für Lehrer bestimmt sind,* die es *zumeist* mit *törichten* Eltern zu tun bekommen. Über Elternerziehung könnte man Bücher schreiben. Adler beschränkt sich in dem so überschriebenen Kapitel dieses Buches auf die Behandlung der Frage, wie ein Lehrer mit Eltern, die wegen Schulversagens oder sonstiger Auffälligkeiten ihrer Kinder zu ihnen kommen, umgehen soll, damit sie ihm überhaupt zuhören und möglicherweise sogar seinen Rat annehmen und sich zur Zusammenarbeit mit ihm gewinnen lassen.
Nichts liegt mir ferner, als diese Frage als weniger bedeutend beiseite schieben zu wollen. Im Gegenteil, sie ist für die Ausbildung des Therapeuten, Beraters und Lehrers geradezu grundlegend, wird aber bisher längst nicht in dem Maße beachtet, wie sie es verdient. Auch Individualpsychologie wird bei uns und anderswo bis heute vielfach in einem autoritären und dogmatischen Stil gelehrt, der mit ihrem Wesen unvereinbar ist und von Adler selbst niemals gepflegt wurde. Als kurz nach der Neugründung der »Deutschen Alfred-Adler-Gesellschaft« einer der bedeutendsten Mitstreiter und Fortsetzer Adlers zu einem Fortbildungskurs nach Deutschland kam, um ihre Mitglieder über den gegenwärtigen Stand der Entwicklung der Lehre ins Bild zu setzen, war ich durch eine eigene auswärtige Vortragsverpflichtung an der Teilnahme verhindert und fragte hinterher meinen Assistenten, wie es gewesen sei. Seine Antwort lautete: »Er hat uns auf autoritäre Weise Demokratie gelehrt.« Und dies ist keine Ausnahme. Die autoritären Prediger der Demokratie sind unter uns weit verbreitet und haben zum Teil erlauchte Namen. Und für sie, das heißt für die Ärzte, Lehrer und Berater, die bereit sind, sich für die Verbreitung der Lehre Adlers einzusetzen, sollte man aus diesem Kapitel über Elternerziehung einen Auszug drucken,

der mindestens die Ausführungen Benjamin Franklins über die Demut des besser Unterrichteten enthalten und als Flugblatt für ihr Handgepäck verbreitet werden müßte.

Zu Beginn seiner Beschäftigung mit der Kunst des Erziehens – die unmittelbar aus seiner damals noch nicht niedergeschriebenen Auffassung von der Entstehung der Neurosen folgte – hatte Adler den Lehrer zur Erziehung *der Eltern* aufgerufen. Erst seit dem Ende des Ersten Weltkrieges betrachtete er den *Lehrer* als seinen wichtigsten Bundesgenossen. Den Übergang kennzeichnet der 1918 entstandene Aufsatz »Über individualpsychologische Erziehung«.[3]

Nachdem Adler sich dort mehr als acht Seiten lang ausschließlich mit den Ärzten über Ursachen und Schwierigkeiten, Fehler und Schwächen der elterlichen Erziehung unterhalten hat, erklärt er in einem Schlußabschnitt von siebeneinhalb Zeilen, er habe erkannt, daß der geeignetste Punkt, in die Entwicklung des schwer erziehbaren Kindes einzugreifen, *die Schule* sei. In den Schulberatungsstellen finde jedes schwer erziehbare Kind den sichersten Ort, seine Fehler zu erkennen.

In den hier sogleich folgenden Vorbemerkungen belegt Rudolf Dreikurs diese Auffassung Adlers durch weitere Anführungen. So verweist er auf die Bemerkung Adlers, daß die Schule (sofern sie richtig geleitet wird!) »die Mängel und Unzulänglichkeiten der Erziehung in früher Kindheit auszugleichen vermag« und fährt kurz danach selbst fort: »*Wir wissen* heute, daß der Lehrer in der Lage ist, *jeglichen* Schaden, den die Familie und die Gemeinschaft dem Kind zugefügt haben, *ungeschehen zu machen.*«[4]

Wir können annehmen, daß weder Adler noch Dreikurs eine so kühne Behauptung gewagt hätten, wenn sie sich nicht auf eine genügende Anzahl von Fallberichten als Belege dafür hätten stützen können. Aber selbst wenn die Lehrer in ihren erzieherischen Aufgaben so wenig durch die Vorschriften und Anordnungen ihrer Schulverwaltungen behindert würden, wie die beiden es anzunehmen scheinen und wie es im Wien der zwanziger Jahre vielleicht tatsächlich der Fall gewesen sein mag und in den Vereinigten Staaten von Nordamerika vielleicht auch heute noch der Fall ist, so steht allen diesen Äußerungen ein Satz von Adler gegenüber, der (dem Sinne nach) besagt, ein Gramm Vorbeugung sei kostbarer als ein Kilo Krankenbehandlung. Für die Vorbeugung sind allein die Eltern zuständig. Und so wie man zur Heilung verzogener Kinder *ausgebildete Lehrer* braucht, so braucht man zur vorbeugenden Vermeidung von Fehlentwicklungen in der frühen

[3] In: Praxis und Theorie der Individualpsychologie, Fischer Taschenbuch Bd. 6236, S. 308–314.
[4] Hervorhebungen von W. M.

Kindheit *ausgebildete Eltern.* Aber die Ausbildung der Eltern kommt als unumgängliche *neue* Aufgabe doch wieder auf die *Lehrer* zu als einziger Gruppe mit genügend erzieherischer Leidenschaft, Ausbildung und Erfahrung und mit einer verhältnismäßig verbreiteten Bereitschaft zur Neuerung. So hat es gleichwohl Sinn, sich vor allen anderen an die Lehrer zu wenden. Daß auch nicht jeder Lehrer ohne weiteres auf der Seite des Individualpsychologen steht, daß die meisten erst gewonnen werden müssen und daß man dabei auch auf mancherlei, zum Teil sehr heftigen Widerstand stößt, weiß Adler selbst am besten (siehe S. 134 f.). Außerdem braucht auch der Lehrer, selbst bei bester pädagogischer Ausbildung, zusätzliche Kenntnisse und eine genügende *Einübung* in das ungewohnte neue Verhalten gegenüber dem jungen Menschen, das die Individualpsychologie von ihm verlangt.

### 4. Der Aufbau der Darstellung

In der ersten Hälfte des Buches, die Kapitel 1 bis 7 umfassend, werden nach einer kurzen Einführung in die Grundgedanken der Individualpsychologie (Kapitel 1 und 2) *die drei großen Themen* der Persönlichkeitsentwicklung behandelt: das Streben nach Überlegenheit und seine Steuerung (Kapitel 3 und 4), wobei eine überraschende Duldsamkeit gegenüber dem *kindlichen Ehrgeiz* zutage tritt, sofern dieser sich auf »nützlichen« Bahnen bewegt; dann der *Minderwertigkeitskomplex* und seine Bekämpfung (Kapitel 5 und 6) und schließlich das Gemeinschaftsgefühl und die Hindernisse seiner Ausbildung.
Die zweite Hälfte handelt in fünf Kapiteln (8 bis 12) von der Bedeutung äußerer Umstände für die Persönlichkeitsentwicklung. Sie beginnt mit der Familienkonstellation, vor allem der Stellung des Kindes in der Geschwisterreihe (Kapitel 8).[5] Es folgt das Problem des Schuleintritts (Kapitel 9), dem gleich die Probleme der Zweigeschlechtlichkeit und besonderer Situationen wie Adoption, Verwaisung, Stiefkindschaft und Unehelichkeit angeschlossen werden. Im 10. Kapitel wird sehr umfassend von Fragen des Schullebens gesprochen. Das 11. Kapitel erinnert an den Einfluß der ungebetenen Miterzieher, das 12. handelt von einigen besonderen Sorgen, die man mit den Heranwachsenden hat, und von einigen Fragen, die im Zusammenhang mit der Aufgabe der Geschlechtserziehung während der gesamten Kindheit und Jugend gestellt sind.
Im 13. Kapitel wird unter dem Titel »Erziehungsfehler« ein

[5] Dabei sind die ersten fünf Seiten des 8. Kapitels versehentlich an den Schluß des 7. Kapitels geraten.

einziger Beratungsfall vorgeführt, der so ziemlich alles in sich vereinigt, was es an kindlichem Fehlverhalten gibt. Die *umfassende* Behandlung des Themas, wie sie in mehreren früheren Schriften in Angriff genommen worden war, wird an dieser Stelle nicht fortgeführt. Man darf daher in diesem Buch keine zusammenfassende Übersicht über das in den vorausgehenden Schriften[6] Gesagte suchen. Es wird zu einer im Verhältnis zu ihnen höchst begrüßenswerten *Ergänzung*.
Von dem 14. Kapitel (»Elternerziehung«) war bereits oben die Rede. Adler greift darin, wie gesagt, aus dem sehr umfassenden Bereich, wie er beispielsweise in der Schrift von 1912 ins Auge gefaßt ist, nur eine ganz bestimmte, besonders die Lehrer angehende *Teilfrage* heraus.
Der »Individualpsychologische Fragebogen«, der den ersten Anhang bildet, ist ein kaum geänderter Abdruck des »Entwurfs eines individualpsychologischen Fragebogens zum Verständnis und zur Behandlung schwer erziehbarer Kinder«, mit dem die Schrift über »Individualpsychologie in der Schule« schließt. Übrigens ist in der Schrift »Der Sinn des Lebens« von 1933 eine dritte, an verschiedenen Stellen mit wichtigen Ergänzungen versehene Fassung des Fragebogens abgedruckt, der noch ein »Untersuchungsschema« für *erwachsene* Ratsuchende angefügt ist. Wer sich des individualpsychologischen Fragebogens für eigene Untersuchungen bedienen will, hält sich daher am besten an die letzte in jenem Buch[7] enthaltene Fassung.
Über die fünf Fallgeschichten des zweiten Anhangs ist nur zu bemerken, daß das schon anderwärtig vermerkte Vorwiegen der Zahl der verzärtelten Kinder gegenüber den früher im Vordergrund stehenden geprügelten Kindern auch hier ins Auge fällt.
Wenn Dreikurs den Praktiker darauf hinweist, daß das, was Adler vor vierzig, inzwischen fünfundvierzig Jahren den Erziehern gesagt hat, auch heute noch unverändert gültig sei, so beeindruckt es den Theoretiker fast noch mehr, in welchem

[6] 1. Der Arzt als Erzieher (1904).
2. Das Zärtlichkeitsbedürfnis des Kindes (1908).
3. Trotz und Gehorsam (1910).
4. Zur Erziehung der Erzieher (später: der Eltern, 1912).
5. Wo soll der Kampf gegen die Verwahrlosung ansetzen? (1921).
6. Über individualpsychologische Erziehung (1918).
7. Individualpsychologie in der Schule (1929).
8. Die Seele des schwer erziehbaren Kindes (in: Die Technik der Individualpsychologie, Bd. 2, 1930).
Die Titel Nr. 1–5 sind wieder abgedruckt in: Heilen und Bilden, Fischer Taschenbuch Bd. 6220; Nr. 6 in: Praxis und Theorie der Individualpsychologie, Fischer Taschenbuch Bd. 6236. Die Titel Nr. 7–8 sind verfügbar als Fischer Taschenbücher Bd. 6199 und 6261.

[7] Fischer Taschenbuch Bd. 6179.

Maß es in der Zwischenzeit durch neuere Untersuchungen bestätigt und ausgebaut worden ist. Nur ein Beispiel sei dafür genannt: Die grundlegende Bedeutung der Verbundenheit schon des kleinsten Kindes für seine gesamte weitere Entwicklung war bei Adler eine geniale These, auf die er in *diesem* Buch nur in einigen wenig deutlichen Hinweisen zurückkommt, wie etwa »schlimme Erfahrungen seiner frühen Kindheit«, womit der sechsmalige Wechsel der Pflegestelle während der ersten zwei Lebensjahre gemeint ist. Man bedenke, was seit der ersten Untersuchung von R. Spitz 1945 über die Trennungsschwermut des Kindes an — Adlers Ansatz durchweg bestätigenden — Einzelkenntnissen über dieses Thema erarbeitet worden ist. Was für Erkenntnisse sich inzwischen aus anderen kurz hingeworfenen Bemerkungen Adlers entfaltet haben, etwa zur Frage des Gehorsams, der lebensgeschichtlichen Folgen der Art des Umgangs mit den Heranwachsenden, kann hier nicht näher besprochen werden. Was vorliegt, genügt, um zu erweisen, daß Adler keiner Selbsttäuschung verfiel, wenn er immer wieder betonte, daß seine Theorie der Persönlichkeitsentwicklung weder Dogma noch Ideologie, sondern ein wirklich wissenschaftlicher Ansatz sei.

Bebenhausen, im Januar 1976 Wolfgang Metzger

# Vorbemerkungen zur amerikanischen Ausgabe von Rudolf Dreikurs

Bei der Lektüre dieses Buches ist man beeindruckt von der Tatsache, daß das, was Adler bereits vor mehr als vierzig Jahren wußte und anregte, heutzutage unverändert gültig ist, auch wenn Erzieher, Eltern und Lehrer noch immer kaum Notiz davon nehmen. So weit war Adler seiner Zeit voraus.
Er hat uns vor Augen geführt, daß man verhaltensabweichende, fehlangepaßte und schwachsinnige Kinder durchaus verstehen kann, wenn man nur ihr Ziel erkennt und ihre private Logik begreift. Ohne diese Kenntnisse verfehlen die meisten erzieherischen Anstrengungen ihren Zweck und führen statt zu Besserungen zu immer stärkeren Beeinträchtigungen.
Adler beschreibt in diesem Buch einige Grundregeln der Kindererziehung. Von entscheidender Bedeutung ist die Entwicklung des Gemeinschaftsgefühls beim Kind. Nach Adlers Ansicht kann Gemeinschaftsgefühl als Barometer kindlicher Normalität gelten. An diesen Grundsatz hängt Adler seine pädagogische Technik auf. Wenn ein Kind in der Schule versagt, dann hat es bereits begonnen, seinen Glauben an sich selbst zu verlieren, und sucht nun nach einem Weg, der es zu dem von seinem Standpunkt aus schnellsten psychologischen Erfolg führt, indem es, auch mit sinnlosen Mitteln, nach Bedeutung und Überlegenheit strebt. Adler erkannte, daß nur bei Kindern, »die voll Hoffnung und Freude in die Zukunft schauen«, Erziehung überhaupt möglich ist.
Adler besaß den Mut, zu erklären, daß man kein Kind als hoffnungslos ansehen sollte. Denn nur der kann einen wohltätigen Einfluß auf das Kind ausüben, wer auch in Situationen, in denen es aus Feigheit versagt, seine Stärke und seine Fähigkeiten anerkennt. Erwachsene lassen auf vielfältige Weise ihren Mangel an Zutrauen zum Kind erkennen; damit untergraben sie sein Zugehörigkeitsgefühl. Die von Adler als schädlich erachteten Faktoren sind auch heute noch vorhanden, beispielsweise die Auswirkungen pessimistischer Erwartungen, die Folgen schlechter Zeugnisse, des Konkurrenzkampfes in den Klassen, bei dem sich wenige auf Kosten vieler hervortun.
Adler hat zwar viel dazu beigetragen, den Eltern zu helfen, damit sie mit den Kindern besser umzugehen verstehen, doch

er hielt die Schule für den ausschlaggebenden Faktor bei der Erziehung einer neuen Generation. Seine nachdrücklichen Hinweise auf das schulische Potential stehen in genauem Gegensatz zu heutigen Praktiken. Wir mögen nicht zugeben, daß unsere Lehrer und unsere Schulen vor der Aufgabe versagen, jedem Kind Lesen und Schreiben beizubringen, und die wachsende Zahl von Kindern, die diese fundamentalen Fertigkeiten nicht erlernen, werden nicht als Opfer eines unzulänglichen Schulsystems angesehen, sondern als Opfer von Kräften, die jenseits des Wirkungsbereichs liegen, in dem der Lehrer tätig ist. Der Lehrer macht in erster Linie die Eltern verantwortlich, in zweiter Linie die schädlichen Enflüsse der Umwelt. »Kulturelle Deprivation« gilt als weiterer Grund für die Ohnmacht des Lehrers. Schließlich liefert der beständige Strom »wissenschaftlicher Forschung« den Lehrern ein Alibi. So werden für erzieherische Mißerfolge bei Kindern der niedrige Intelligenzquotient (IQ), Entwicklungsverzögerungen bei Jungen oder — seit kurzem — Dyslexie, kaum wahrnehmbare Hirnschäden, zerebrale Dysfunktionen und Wahrnehmungsstörungen verantwortlich gemacht. Adler erkannte das Trügerische des Intelligenz-Tests, doch zu seiner Zeit waren all die anderen Entschuldigungsgründe für dürftige Lehrresultate noch nicht »entdeckt«.

Adler nahm an — und seine Schüler, vor allem Spiel in Wien, der Organisator der Adlerschen Experimentalschulen, wiesen nach —, daß die Schule, sofern sie richtig geleitet wird, die Mängel und Unzulänglichkeiten der Erziehung in früher Kindheit auszugleichen vermag. »Die ideale Schule sollte ein Ort nicht nur für Bücherwissen sein, sondern ein Ort, an dem Wissen und Lebenskunst gelehrt werden.« Wir wissen heute, daß der Lehrer in der Lage ist, jeglichen Schaden, den die Familie und die Gemeinschaft dem Kind zugefügt haben, ungeschehen zu machen, in erster Linie aufgrund seiner Möglichkeit und Fähigkeit, mit einer Gruppe zu arbeiten und dadurch die Gedanken und Wertvorstellungen der Schüler zu beeinflussen.

Adler war sich im klaren darüber, daß wir nicht auf die Idealschule warten können, um die Mängel der frühen Erziehung zu überwinden. In welchem Maße sollten Schule und Elternhaus Verantwortung für die Beeinflussung von Kindern tragen? Adler hat in dieser Hinsicht eine bereits klassische Äußerung formuliert: »Die Hoffnung auf Vorbereitung der Kinder von morgen beruht in erster Linie auf der Veränderung der Schulen und Lehrer — wenngleich natürlich die Mitarbeit der Eltern niemals zurückgewiesen wird.« Der Lehrer sollte zwar die Mitarbeit der Eltern begrüßen und fördern, doch er darf nicht von ihr abhängig sein.

Unsere derzeitigen Praktiken schränken die elterliche Mitarbeit ein. Die Eltern werden für die Fehler und Schwächen des Kindes verantwortlich gemacht, ihnen werden Vernachlässigung und Feindseligkeit vorgeworfen und, fast wie Verbrechern, Schuldgefühle eingeflößt. Es ist übliche Praxis unter Lehrern, den Eltern »Liebesbriefe« zu schicken, wenn das Kind versagt oder den Unterricht stört. Warum verschicken sie diese Schreiben? Gewöhnlich behaupten sie, die Eltern wollten dies nun einmal wissen. Tun die Lehrer immer, was die Eltern möchten? Natürlich nicht. Die nächste Entschuldigung lautet, daß die Eltern es »wissen sollten«. Warum eigentlich? Falls die Eltern einen günstigen Einfluß auf das Kind ausgeübt haben, wird es vermutlich nicht in Schwierigkeiten stecken. Und erwartet der Lehrer wirklich, daß die Eltern etwas tun *können,* um Fehler, Schwächen und Fehlverhalten abzustellen? Nach sorgfältiger Nachforschung kommt es für gewöhnlich ans Licht, warum Lehrer solche Briefe verschicken. Sie haben das Gefühl, durch das Kind in ihrer Klasse eine solche Schlappe erlitten zu haben, daß sie ihm dafür zuhause »eins auswischen« möchten.
In Einklang mit seinem Interesse an der Schule veranstaltete Adler seinen ersten psychologischen Ausbildungskurs für Lehrer in einer Schule und stellte dem gesamten Kollegium Fallgeschichten vor. Später übertrug er seine auf Veränderung durch Gruppeneinfluß beruhende Methode auf die Gemeinde und richtete Erziehungsberatungsstellen für Eltern ein, an denen sich auch Lehrer aktiv beteiligen konnten. Adler erkannte, daß Eltern, denen es nicht gelingt, auf das Kind in der rechten Weise einzuwirken, Erziehung und nicht Therapie benötigen. Kenntnisreiche Lehrer können den Eltern helfen. Lehrer erhalten eine Berufsausbildung und sie können sich Methoden aneignen, die in einem demokratischen Rahmen Auswirkungen nach sich ziehen, während Eltern sich auf überlieferte Vorstellungen verlassen müssen, auf Vorstellungen, die keine angemessene Richtschnur mehr bieten.
Adler beschließt sein Buch mit fünf Fallgeschichten. Die Beispiele sind nicht nur höchst aufschlußreich, ihre tiefere Bedeutung liegt in der Tatsache, daß Adler hier eine Technik darstellt, die sich ausgezeichnet dazu eignet, das psychologische Gespür von Eltern und Lehrern zu schulen. Er nimmt jede Äußerung auf und versucht ihre Bedeutung zu interpretieren. Mit diesem Verfahren führt er das Mutmaßen als eine wissenschaftlich stichhaltige Untersuchungsmethode ein. Er sprach von der Notwendigkeit, »in der richtigen Richtung zu mutmaßen«. Zu seiner Zeit war ein solches Vorgehen für akademische und wissenschaftliche Kreise unannehmbar. Er — wie auch wir, seine Schüler — sah sich ständig dem Vorwurf der

Übervereinfachung, der voreiligen Schlußfolgerung ausgesetzt. Das taten wir allerdings, doch aus guten Gründen. Heute gilt Mutmaßen im Gefolge einer vagen Idee nicht nur als richtig, sondern vielmehr als wesentlich für den »wissenschaftlichen« Fortschritt. Während des »stochastischen Prozesses« stellt man eine Hypothese auf und sucht ihre Gültigkeit nachzuweisen. Nach dem Gesetz des geringsten Aufwandes ist die Wahrscheinlichkeit, daß eine Erklärung zutreffend ist, um so größer, je einfacher sie ist.

Hier liegt Adlers größter Beitrag. Er betrachtete den Menschen nicht nur als ein unteilbares Ganzes — aus diesem Grunde nannte er sein psychologisches System der unteilbaren Persönlichkeit »Individualpsychologie« —, sondern er übergab uns auch eine Technik, die es uns ermöglicht, den Menschen in seinen Bewegungen, in seinen Zielen als eine Ganzheit zu sehen. Dieser holistische Ansatz setzt uns in den Stand, »voreilige Schlüsse zu ziehen«, wenn wir die ganze Person und ihre Verhaltensmuster erkennen. Der ganzheitliche Ansatz setzt sich zwar schnell durch, doch unsere Gesellschafts- und Verhaltenswissenschaften stehen immer noch unter dem Einfluß des kausalistisch-deterministischen Denkens des siebzehnten Jahrhunderts.

Dieser »unwissenschaftliche« Ansatz ließ Adler die Hoffnung auf akademische und wissenschaftliche Unterstützung aufgeben. Folgerichtig wandte er sich der Unterrichtung von Laien zu. Für sie schrieb er seine meisten Bücher. Er ging sogar so weit, Laien zu Beratern und Therapeuten auszubilden. Viele Jahre erwiesen sich seine Bemühungen um Laien als Hindernis auf dem Wege, für sich und seine Anhänger Unterstützung von möglichst vielen Seiten zu erhalten. Erst jetzt, zur Feier seines hundertsten Geburtstages, wird Adler die längst überfällige Anerkennung zuteil.

Für diese neue Entwicklung gibt es verschiedene Gründe. Adlers Menschenbild kommt den Bedürfnissen einer demokratischen Epoche entgegen. Seine Achtung vor der Entscheidungsfähigkeit des Menschen ersetzt langsam, aber sicher das bislang vorherrschende Bild, dem zufolge der Mensch klein und schwach ist, das Opfer von inneren und äußeren Kräften. Adlers Betonung der sozialen Natur des Menschen tritt an die Stelle von biologischen Konzepten, die bislang im Vordergrund standen. Sein holistischer und zielanalytischer Ansatz findet zunehmend Anerkennung. Was zuvor ein Stein des Anstoßes war, wird jetzt zu einer wesentlichen Voraussetzung für Verhaltensänderungen: Beratung und Therapie. Den Menschen kann man nur aufgrund der Rolle, die er in der Gruppe spielt, verstehen und ändern. Gruppenberatung und Gruppentherapie, von Adler zuerst eingesetzt, sind Metho-

den, zwischen denen man sich entscheiden kann; Familientherapie steht im Brennpunkt des Interesses. Und schließlich wird die in der Vergangenheit abgelehnte Ausbildung von Laien inzwischen als Notwendigkeit angesehen. Selbst Universitäten bilden Laien zu Beratern aus. Und Laien können die philosophischen Voraussetzungen Adlers in die Gemeinschaft einbringen.
Die Anerkennung der Theorie und der Methoden Adlers stellen seine Anhänger und Nachfolger vor eine neue Verpflichtung: Sie müssen nicht nur die Richtigkeit der Postulate Adlers nachweisen, sondern sie haben auch der Menschheit ihre Hilfe anzubieten, denn sie kann aus der Anwendung Adlerscher Grundsätze Nutzen ziehen. Was immer Adler als wirksam im Umgang mit Kindern darstellte, hat sich als wertvoll für *alle* menschlichen Beziehungen erwiesen, seien es Beziehungen innerhalb der Familie, in der Schule, in der Gemeinschaft, in der Industrie und schließlich – so wollen wir jedenfalls hoffen – in der Politik. Soziales Interesse wird heutzutage als Grundlage der Normalität angesehen; von daher ist die Entwicklung eines tieferen und stärkeren Sozialinteresses nicht nur das Ziel der Erziehung, der Erziehungsberatung und der Therapie, sondern zugleich eine unabdingbare Voraussetzung für die Befähigung des Menschen, mit seinen Mitmenschen in Frieden zu leben.

Dr. med. Rudolf Dreikurs
Direktor des Alfred-Adler-Instituts in Chicago

## 1. Einführung

Psychologisch gesehen reduziert sich das Erziehungsproblem bei Erwachsenen auf das Problem der Selbsterkenntnis und der Selbstausrichtung. Bei Kindern läßt sich die Erziehung in gleicher Weise angehen, allerdings mit folgendem Unterschied: Die Frage der Führung, auch bei Erwachsenen nicht vollständig auszuklammern, erhält aufgrund der kindlichen Unreife vorrangiges Gewicht. Wenn uns daran gelegen wäre, könnten wir Kindern durchaus gestatten, sich nach eigenem Antrieb zu entwickeln, und wenn sie dazu, sagen wir, zwanzigtausend Jahre Zeit hätten und außerdem in einer günstigen Umwelt aufwüchsen, dann würden sie sich zuguterletzt wahrscheinlich den Verhaltensnormen einer zivilisierten Erwachsenenwelt anpassen. Diese Methode ist natürlich undiskutabel. So muß der Erwachsene notgedrungen ein Interesse an der Führung des Kindes in der Zeit seiner Entwicklung haben.
Unwissenheit ist dabei das schwierigste Hindernis. Für den Erwachsenen ist es schon schwer genug, sich selbst und die Gründe für seine Gefühle, für seine Zuneigungen und Abneigungen zu erkennen, mit einem Wort: seine eigene Psychologie zu verstehen. Doppelt schwer ist es, Kinder zu verstehen und sie auf der Grundlage zureichender Kenntnisse zu führen und anzuleiten.
Die Individualpsychologie hat sich eingehend mit der kindlichen Psychologie beschäftigt, sowohl wegen der Bedeutung dieses Bereichs wie auch wegen der Rückschlüsse auf Charakterzüge und Verhaltensweisen von Erwachsenen. Im Gegensatz zu anderen psychologischen Erklärungsweisen duldet die Individualpsychologie kein Auseinanderklaffen von Theorie und Praxis. Sie hält an der Ganzheit der Persönlichkeit fest und richtet ihr wissenschaftliches Augenmerk auf deren dynamisches Ringen um Entfaltung ihrer Entwicklungs- und Ausdrucksmöglichkeiten. Von diesem Standpunkt aus betrachtet, ist wissenschaftliche Erkenntnis bereits praktisches Wissen, denn Erkenntnis bildet sich aus Fehlern und Irrtümern, und wer immer diese Erkenntnis besitzt — ob der Psychologe, der Elternteil, der Freund oder das Individuum selbst —, der erkennt sogleich ihre praktische Anwendungsmöglichkeit bei der Anleitung der jeweiligen Persönlichkeit.
Die einzelnen Aussagen der Individualpsychologie bilden

aufgrund des methodischen Ansatzes ein organisches Ganzes. Da nach individualpsychologischer Auffassung das Verhalten von Individuen durch die Ganzheit der Persönlichkeit motiviert und entsprechend ausgerichtet wird, spiegeln alle Aussagen der Individualpsychologie über menschliches Verhalten genau die Wechselbeziehungen wider, die sich auch in den psychischen Tätigkeiten manifestieren. Daher soll in diesem Einführungskapitel der Versuch unternommen werden, den Standpunkt der Individualpsychologie insgesamt darzulegen, während es den späteren Kapiteln vorbehalten bleibt, die verschiedenen untereinander verbundenen Probleme, die hier angerissen werden, ausführlicher zu behandeln.

Die Grundtatsache der menschlichen Entwicklung ist das dynamische und zielgerichtete Streben der Psyche. Vom frühesten Säuglingsalter an wird das Kind von einem beständigen Ringen um Entwicklung in Anspruch genommen, von einem Ringen, das in Einklang steht mit einem unbewußt gebildeten, doch allgegenwärtigen Ziel –: einem Wunschbild von Größe, Vollkommenheit und Überlegenheit. Dieses Ringen, diese zielgerichtete Aktivität, spiegelt natürlich die besondere menschliche Fähigkeit des Denkens und der inneren Vorstellung wider; es beherrscht das ganze Leben hindurch alle unsere spezifischen Handlungen, ja selbst unsere Gedanken, denn wir denken keineswegs objektiv, sondern in Einklang mit dem von uns gebildeten Lebensziel und Lebensstil.

Die Einheit der Persönlichkeit ist in der Existenz jedes Menschenwesens angelegt. Jedes Individuum repräsentiert gleichermaßen die Einheit und Ganzheit der Persönlichkeit wie die individuelle Ausformung dieser Einheit. Das Individuum ist mithin sowohl Bild wie Künstler. Es ist der Künstler seiner eigenen Persönlichkeit. Doch als Künstler ist es weder ein vollkommener Handwerker noch ein Mensch mit untrüglichem Verständnis für Seele und Körper. Das Individuum ist vielmehr ein äußerst fehlbares und unvollkommenes Wesen.

Bei der Betrachtung des Persönlichkeitsaufbaus sticht uns als Hauptkonstruktionsfehler ins Auge, daß ihre Ganzheit, ihr besonderes Lebensziel, der ihr eigentümliche Lebensstil sich nicht auf objektive Realität gründen, sondern auf der subjektiven Ansicht des Individuums von den Lebenstatsachen. Die begriffliche Vorstellung, die Auffassung einer Tatsache, ist niemals die Tatsache selbst. Aus genau diesem Grunde nehmen all die in derselben Faktenwelt lebenden Menschen unterschiedliche Formen an. Jeder Mensch formt sich gemäß seiner persönlichen Auffassung von den Dingen aus, und einige Auffassungen sind psychisch gesünder als andere. Bei der Entwicklung eines Menschen müssen wir stets mit solchen individuellen Fehlern und mit Störungen rechnen. Vor allem jedoch müssen wir die in früher Kindheit unterlaufenen Fehldeutungen berücksichtigen, denn sie beeinflussen ganz wesentlich den weiteren Verlauf unseres Lebens.

Der folgende klinische Fall mag dafür ein Beispiel sein. Eine Frau im Alter von zweiundfünfzig Jahren suchte Frauen, die älter waren als sie, ständig herabzusetzen. Dazu fiel ihr ein, daß sie als kleines Kind wegen einer älteren Schwester, der alle Aufmerksamkeit galt, ständig ein Gefühl von Demütigung und Entwertung empfunden hatte. Wenn wir an diesen Fall mit der als »vertikal« zu bezeichnenden Sehweise der Individualpsychologie herangehen, dann erkennen wir zu Beginn wie gegen Ende des Lebens der Patientin den gleichen psychischen Mechanismus, die gleiche psychische Dynamik. Sie befürchtete ständig, entwertet zu werden, und geriet immer dann in Wut und Gereiztheit, wenn sie bemerkte, daß andere begünstigt oder ihr vorgezogen wurden. Selbst wenn wir über das Leben dieser Frau oder über die besondere Ganzheit ihrer Persönlichkeit nichts weiter wüßten, könnten wir auf der Grundlage der beiden uns bekannten Fakten unsere Wissenslücken schon fast füllen. Der Psychologe geht dabei wie ein Romancier vor, der ein menschliches Wesen mit einer genau festgelegten Handlungslinie, einem Lebensstil oder einem Verhaltensmuster auszustatten hat, und zwar dergestalt, daß der Eindruck einer in sich geschlossenen, einheitlichen Persönlichkeit nicht gestört wird. Ein guter Psychologe wäre im Stande, das Verhalten der genannten Frau in bestimmten Situationen vorherzusagen und die mit dieser besonderen »Lebenslinie« ihrer Persönlichkeit einhergehenden Eigenschaften und Charaktermerkmale genau zu beschreiben.

Das für die Ausformung individueller Persönlichkeiten verantwortliche Streben oder die zielgerichtete Aktivität setzt ein weiteres wichtiges psychologisches Faktum voraus, nämlich das Empfinden oder das Gefühl von Minderwertigkeit. Alle Kinder haben ein von der Natur mitgegebenes Gefühl von Minderwertigkeit, das die Phantasie anregt und zu Bemühungen anspornt, das psychisch verankerte Minderwertigkeitsgefühl durch Verbesserung seiner Situation aufzuheben. Eine günstigere Situation mildert das Minderwertigkeitsgefühl. Vom psychologischen Standpunkt kann man von Kompensation sprechen.

Das Minderwertigkeitsgefühl und der Mechanismus psychischer Kompensation sind insofern von Bedeutung, als sie der Möglichkeit von Fehlern Tür und Tor öffnen. Das Minderwertigkeitsgefühl kann dazu anspornen, sich objektiv zu vervollkommnen; es kann allerdings auch zu einer bloß psychischen Anpassung führen und damit zu einer Vergrößerung der Kluft zwischen individueller und objektiver Realität. Schließlich kann das Minderwertigkeitsgefühl als so tragisch erachtet werden, daß zu seiner Überwindung nur die Ausbildung psychischer Kompensationsmerkmale übrig bleibt, die zwar keineswegs dazu angetan sind, mit der Situation fertigzuwerden, die aber nichtsdestoweniger psychisch notwendig und unumgänglich sind.

So lassen sich zum Beispiel drei Gruppen von Kindern unterscheiden, bei denen sich unverkennbar die Bildung kompensatorischer Charakterzüge manifestiert. Da sind zunächst die Kinder, die mit schwachen oder in ihrer Funktion beeinträchtigten Organen zur Welt kommen; dann Kinder, die eine überstrenge Behandlung erfahren und denen Zuneigung vorenthalten wird; schließlich Kinder, die übermäßig verzärtelt werden.

Die drei Gruppen von Kindern stehen gleichsam für drei grundlegende Situationen, anhand derer wir die Entwicklung normalerer Kinder untersuchen und verstehen können. Nicht jedes Kind wird als Krüppel geboren, doch es ist erstaunlich, wie viele Kinder, freilich in unterschiedlichem Maße, psychische Eigenarten zeigen, die auf einer körperlichen Unzulänglichkeit oder einer Organschwäche beruhen. Der Archetyp dieser psychischen Eigenarten läßt sich am Extremfall körperbehinderter Kinder untersuchen. Und was die Untergruppen der verzärtelten und abgelehnten Kinder anlangt, so fallen praktisch alle Kinder mehr oder minder unter eine oder sogar beide Kategorien.

Alle drei Ursituationen erzeugen ein Gefühl der Unzulänglichkeit und Minderwertigkeit und stacheln zu einem als Reaktion zu verstehenden Ehrgeiz an, der den Bereich menschlicher Möglichkeiten übersteigt. Das Minderwertigkeitsgefühl und das Überlegenheitsstreben sind zwei Aspekte derselben Grundtatsache menschlichen Lebens und folglich nicht voneinander zu trennen. In pathologischen Situationen läßt sich schwer angeben, ob das übertriebene Minderwertigkeitsgefühl oder das übermäßige Überlegenheitsstreben am schädlichsten sind. Beide gehen in mehr oder minder rhythmischen Schüben ineinander über. Bei Kindern fällt uns unangemessener Ehrgeiz auf, angestachelt durch übertriebenes Minderwertigkeitsgefühl, das die Seele gleichsam vergiftet und das Kind ständig unzufrieden sein läßt. Diese Unzufriedenheit führt nicht zu sinnvoller Aktivität; sie trägt keine Früchte, weil sie von übermäßigem Ehrgeiz genährt wird. Solchen Ehrgeiz kann man sich als verwoben mit Charakterzügen und mit Manierismen der Persönlichkeit vorstellen. Er wirkt wie ein ständig aktiver Reizstoff, der das Individuum überempfindlich macht und es ständig auf der Hut sein läßt vor Verletzungen oder vor der

Vernichtung.
Menschen dieser Art – und die Annalen der Individualpsychologie sind voll mit ihnen – entwickeln sich zu Personen, deren Fähigkeiten sich nicht entfalten können, die, wie wir sagen, »nervös« oder exzentrisch werden. Wenn Menschen dieses Schlages sich zu weit treiben lassen, dann enden sie in der Welt der Unverantwortlichen und Kriminellen, da sie nur an sich selbst und nicht an andere denken. Ihr zugleich moralischer wie psychologischer Egoismus gebärdet sich absolut. Einige wenden sich von der Realität und den objektiven Tatsachen ab und erschaffen sich eine neue Welt, die nur in ihrer Phantasie besteht. Durch die Hingabe an Tagträume und einfallsreiche Phantasien, an die sie sich festklammern und mit denen sie Umgang pflegen, als stellten sie die Realität dar, gelingt es ihnen zuguterletzt, seelischen Frieden zu finden. Mit der Schaffung von Realität kraft geistiger Vorstellung haben sie Realität und Psyche versöhnt.
Das vom Psychologen und von den Eltern zu beachtende verräterische Zeichen in allen derartigen Entwicklungen ist der Grad an Gemeinschaftsgefühl, den das Kind oder das jeweilige Individuum an den Tag legt. Gemeinschaftsgefühl ist der entscheidende und richtungsweisende Faktor in der normalen seelischen Entwicklung. Jede Störung, die mit der Schwächung des Sozial- oder Gemeinschaftsgefühls einhergeht, hat einen ungeheuer schädigenden Einfluß auf die seelische Entwicklung des Kindes. Gemeinschaftsgefühl ist gleichsam das Barometer kindlicher Normalität.
Die Individualpsychologie hat ihre pädagogische Technik auf das Prinzip des Gemeinschaftsgefühls abgestellt. Eltern oder Erzieher dürfen es nicht dahin kommen lassen, daß ein Kind sich nur an eine Person bindet. Wenn sie es doch tun, dann wird das Kind nur kümmerlich oder unzulänglich auf sein späteres Leben vorbereitet.
Man kann das Maß an Gemeinschaftsgefühl bei einem Kind mit ziemlicher Genauigkeit feststellen, wenn man es zur Zeit seines Schuleintritts beobachtet. Bei dieser Gelegenheit hat sich das Kind einer seiner frühesten und zugleich schwerwiegendsten Prüfungen zu unterziehen. Die Schule stellt für das Kind eine neue Situation dar: sie läßt folglich offenkundig werden, wie gut das Kind vorbereitet worden ist, neuen Situationen zu begegnen, und vor allem, wie gut es auf den Umgang mit neuen Personen vorbereitet worden ist.
Der allgemeine Mangel an Kenntnissen darüber, wie man ein Kind auf die Schule vorbereiten soll, läßt uns verstehen, warum so viele Erwachsene auf ihre Schulzeit wie auf eine Art von Alptraum zurückblicken. Natürlich macht die Schule, sonderlich wenn sie gut geführt wird, häufig die Unzulänglich-

keiten und Mängel im Verlauf der frühkindlichen Entwicklung wieder wett. Die ideale Schule sollte als Mittlerin zwischen der häuslichen Welt und der weiten Welt der Realität dienen; sie sollte nicht nur eine Stätte der Vermittlung papiernen Wissens, sondern darüber hinaus auch eine Stätte der Unterweisung in Lebenswissen und Lebenskunst sein. Doch die ideale Schule, jene Schule, die helfen könnte, die Unzulänglichkeiten elterlicher Kindererziehung zu beheben, läßt noch auf sich warten; unterdessen können wir unser Augenmerk auch auf die Fehler der Eltern richten.

Weil die Schule noch keine ideale Umwelt darstellt, kann sie uns bei der Analyse der Fehler der Familienerziehung als Indikator dienlich sein. Kinder, denen nicht beigebracht worden ist, mit anderen Kontakt aufzunehmen, fühlen sich allein, wenn sie in die Schule eintreten. Als Folge davon hält man sie für eigenartig, und auf diese Weise wiederum verstärkt sich die anfängliche Tendenz immer mehr. In ihrer Entwicklung beeinträchtigt, entwickeln die Kinder Verhaltensprobleme. In solchen Fällen neigen die Leute dazu, der Schule die Schuld zu geben, obwohl die Schule lediglich die latenten Mängel der häuslichen Erziehung ans Licht gebracht hat.

Für die Individualpsychologie ist es seit je eine offene Frage, ob Kinder mit Verhaltensproblemen überhaupt schulische Fortschritte machen können. Wir haben immer nachweisen können, daß es Gefahr anzeigt, wenn ein Kind in der Schule zu versagen beginnt. Dabei handelt es sich nicht so sehr um Lernversagen, als vielmehr um ein seelisches Versagen. Wir können daran erkennen, daß das Kind begonnen hat, sein Selbstvertrauen zu verlieren. Entmutigung hat sich breitgemacht, und das Kind fängt an, sinnvolle Schritte und normale Aufgaben zu meiden, immer auf der Suche nach einer Möglichkeit des Ausweichens, nach einem Weg zur Freiheit und zum leicht errungenen Erfolg. Statt des von der Gesellschaft vorgezeichneten Weges wählt es einen Privatweg, wo es eine Kompensation für seine Minderwertigkeit aufrichten kann, indem es sich an ein Überlegenheitsgefühl klammert. Es wählt den für entmutigte Individuen stets attraktiven Weg — den Weg des schnellsten psychischen Erfolges. Durch Aufgabe sozialer und moralischer Verantwortlichkeiten kann man sein Selbst leichter abgrenzen und ihm müheloser das Gefühl vermitteln, ein Eroberer zu sein, als durch das Beschreiten festgelegter sozialer Wege. Doch dieser leichte Weg zur Überlegenheit deutet immer auf unterschwellige Feigheit und Schwäche hin, gleichgültig, welch augenscheinlicher Wagemut und welche Tapferkeit sich in den sichtbaren Handlungen manifestieren. Eine solche Person versucht immer Dinge zu tun, deren Erfolg sie für sicher hält, um auf diese Weise ihre

Überlegenheit zur Schau zu stellen. Wie uns auffällt, daß Kriminelle trotz offenkundiger Unbekümmertheit und Verwegenheit im Grunde feige sind, so hatten wir Gelegenheit festzustellen, daß Kinder in weit weniger gefährlichen Situationen ihr Schwächegefühl durch mannigfache kleine Winke verräterisch kundtun. So sehen wir häufig Kinder (und auch Erwachsene), die nicht in der Lage sind, sich aufrecht hinzustellen, sondern die sich immer an irgend etwas anlehnen müssen. Nach den alten Methoden der Kinderabrichtung und dem früheren Verständnis solcher Hinweise wurden lediglich die Symptome, jedoch nicht die ihnen zugrunde liegende Situation behandelt. Man pflegte einem solchen Kind zu sagen: »Lehn dich doch nicht immer an!« In Wahrheit ist es hier nicht entscheidend, daß das Kind sich anlehnt, sondern es geht darum, daß es ständig das Bedürfnis nach Hilfe und Unterstützung verspürt. Man kann zwar ohne weiteres, sei es durch Bestrafung, sei es durch Belohnung, das Kind dazu bringen, dieses Schwächezeichen abzulegen, doch damit wird sein großes Hilfsbedürfnis nicht befriedigt. Die Störung ist nicht behoben. Nur der gute Erzieher kann die versteckten Winke erkennen und die ihnen zugrunde liegende krankhafte Störung mit den Mitteln der Sympathie und des Verstehens beseitigen.

Aus einem einzigen Symptom kann man häufig auf das Vorhandensein vieler Eigenschaften und Charakterzüge schließen. Im Fall eines Kindes, das von dem Bedürfnis beherrscht wird, sich anzulehnen, können wir sofort erkennen, daß mit Sicherheit Charakterzüge wie Ängstlichkeit und Abhängigkeit anzutreffen sind. Indem wir das betreffende Kind mit ähnlichen Personen vergleichen, deren Krankengeschichten uns wohlbekannt sind, können wir eine derartige Persönlichkeit rekonstruieren und des weiteren ohne große Mühe feststellen, daß wir es mit einem verzärtelten Kind zu tun haben.

Wir wenden uns nun den Charakterzügen einer anderen Gruppe von Kindern zu, Kindern, die ohne Liebe auskommen mußten. In ihrer am weitesten fortgeschrittenen Form können wir diese Charakterzüge beim Studium der Biographien aller großen Menschheitsfeinde entdecken. Was uns in den Lebensgeschichten all dieser Männer immer wieder ins Auge springt, ist die Tatsache, daß sie als Kinder eine schlechte Behandlung erfahren hatten, daß ihnen übel mitgespielt worden war. Auf diese Weise entwickelten sie Charakterstarre, Neid und Haß. Sie konnten es nicht ertragen, andere glücklich zu sehen. Freilich kann man neidische Menschen dieses Schlages nicht nur unter ausgesprochenen Schurken, sondern auch unter angeblich normalen Menschen finden. Wenn sie selbst Kinder besitzen oder Verantwortung für sie tragen, dann glauben

solche Individuen, daß diese Kinder auch nicht um ein Haar glücklicher sein sollten, als sie es selbst als Kinder gewesen waren. Eine solche Haltung nehmen nicht nur Eltern gegenüber ihren Kindern ein, sondern auch Kinderpfleger, in deren Obhut die Kinder anderer gegeben werden.
Solch eine Einstellung, solche Gedanken entspringen nicht bösen Absichten. Sie spiegeln schlicht und einfach die Mentalität von Menschen wider, die eine überstrenge, harte Erziehung durchgemacht haben. Derartige Personen können mit beliebig vielen vermeintlich guten Gründen und Maximen dienen, wie zum Beispiel: »Wer die Rute spart, verzieht das Kind.« Und sie dienen uns ohne Unterlaß Beweise und Beispiele an, die uns allerdings nicht ganz überzeugen, insofern die Sinnlosigkeit einer harten, autoritären Erziehung sich durch die simple Tatsache erweist, daß sie das Kind dem Erzieher entfremdet.
Nach einiger Praxis kann der Psychologe durch Untersuchung der verschiedenen, miteinander in Verbindung zu bringenden Symptome ein Bezugssystem herstellen, mit dessen Hilfe sich die verborgenen psychischen Prozesse eines Individuums aufdecken lassen. Da jeder mittels dieses Systems untersuchte Einzelpunkt etwas von der Persönlichkeit des jeweiligen Individuums widerspiegelt, können wir uns erst dann zufriedengeben, wenn wir von jedem der besagten Punkte die gleichen Hinweise erhalten. Die Individualpsychologie ist somit Kunst wie Wissenschaft, und es kann nicht nachdrücklich genug betont werden, daß der theoretische Rahmen, das Begriffssystem, bei der Untersuchung eines Individuums nicht stumpfsinnig und mechanisch angewandt werden darf. Das Individuum hat bei allen Untersuchungen im Vordergrund zu stehen; es geht nicht an, daß wir aus ein oder zwei Ausdrucksweisen weitreichende Schlußfolgerungen ziehen, sondern es muß unsere Aufgabe sein, alle Gesichtspunkte zu erfassen, die unsere Schlußfolgerungen möglicherweise absichern können. Nur wenn es uns gelingt, die erste vorläufige Hypothese zu bestätigen, nur wenn wir in der Lage sind, beispielsweise auch in anderen Verhaltensaspekten die gleiche Entmutigung und den gleichen Starrsinn auszumachen, erst dann können wir mit Sicherheit sagen, daß dieser Starrsinn oder diese Entmutigung die gesamte Persönlichkeit durchdringt.
In diesem Zusammenhang ist daran zu erinnern, daß die untersuchte Person sich ihrer eigenen Ausdrucksformen nicht bewußt ist und daher ihr wahres Selbst nicht zu verbergen imstande ist. Wir sehen ihre Persönlichkeit im Ablauf von Handlungen, und ihre Persönlichkeit enthüllt sich nicht durch das, was sie über sich selbst sagt oder denkt, sondern durch ihre im jeweiligen Zusammenhang gedeuteten Handlungen. Es

ist keineswegs so, daß der Patient uns mit Bedacht anlügen möchte, sondern wir haben zu begreifen, daß es zwischen den bewußten Gedanken eines Menschen und seinen unbewußten Antrieben eine große Kluft gibt, eine Kluft, die am besten durch einen nicht unmittelbar interessierten, aber dennoch mitfühlenden Außenseiter überbrückt werden kann. Der Außenseiter – mag es sich um einen Psychologen, die Eltern oder einen Lehrer handeln – sollte sich darin üben, eine Persönlichkeit auf der Grundlage objektiver Fakten zu deuten, von Fakten, die als Ausdruck zielgerichteter, wenngleich mehr oder weniger unbewußter Strebungen des Individuums zu werten sind.

So enthüllt die Einstellung des Individuums zu den drei Grundfragen des Individual- und Soziallebens mehr als alles andere sein wahres Selbst. Die erste Frage betrifft die Sozialbeziehung, die wir bereits im Zusammenhang mit dem Gegensatz zwischen privater und objektiver Realitätssicht erörtert haben. Doch die Sozialbeziehung stellt sich auch als eine spezifische Aufgabe dar, nämlich als Aufgabe, Freunde zu gewinnen und mit den Leuten auszukommen. Wie wird das Individuum mit diesem Problem fertig? Wie reagiert es darauf? Wenn ein Mensch wähnt, er könne der Frage ausweichen, indem er erklärt, es sei ihm völlig gleichgültig, ob er Freunde, ob er Sozialbeziehungen habe, dann ist seine Reaktion eben Gleichgültigkeit. Anhand dieser Gleichgültigkeit können wir selbstredend Schlüsse über die Ausrichtung und Organisation seiner Persönlichkeit ziehen. Darüber hinaus sollten wir festhalten, daß die Sozialbeziehung sich nicht nur darauf bezieht, Freunde zu gewinnen und mit Leuten zurechtzukommen, sondern daß sich all die abstrakten Werte wie Freundschaft, Kameradschaft, Wahrheitsliebe und Treue um diese Beziehung ranken und daß die Antwort auf die Frage nach der Sozialbeziehung die Antwort des jeweiligen Individuums auf die Frage nach diesen Werten gleichsam vorwegnimmt.

Die zweite große Frage betrifft die Art und Weise, wie das Individuum sein Leben einsetzen, es nutzen, anders gesagt, welche Aufgaben es innerhalb der allgemeinen Arbeitsteilung übernehmen möchte. Wenn wir uns darüber einigen können, daß die soziale Frage damit zu tun hat, daß es mehr als ein Ich gibt, daß sie mithin auf der Ich-Du-Beziehung beruht, dann können wir uns gewiß auch darauf einigen, daß die zweite, uns hier berührende Frage die Grundbeziehung Mensch-Welt zur Voraussetzung hat. Wenn man die Menschheit in eine einzige Person pressen könnte, dann stände diese Person immer noch in Wechselbeziehung mit der Welt. Welche Wünsche hat sie an die Welt? Wie bei der ersten Frage ist die Lösung des Problems tätiger Arbeit nicht eine einseitige oder private, sondern eine zwischen Mensch und Welt sich abspielende Angelegenheit. Es handelt sich dabei um eine zweiseitige Beziehung, die der Mensch nicht gänzlich nach seinem Willen gestalten kann. Erfolg bemißt sich nicht nach unserem privaten Wollen, sondern ergibt sich aus der Beziehung zu objektiven Realitäten. Aus diesem Grunde sind die Antwort eines Individuums auf die Frage nach seiner beruflichen Tätigkeit und die Art und Weise seiner Antwort höchst bezeichnend für seine Persönlichkeit und für seine Lebenseinstellung.

Die dritte Grundfrage schließlich leitet sich aus der Tatsache her, daß die Menschheit aus zwei Geschlechtern besteht. Auch die Lösung dieses Problems ist wiederum keine einseitige, subjektive Sache, sondern sie muß in Übereinstimmung stehen mit der inhärenten objektiven Logik der Beziehung. Welche Position nehme ich gegenüber dem anderen Geschlecht ein? Wiederum ist die typische Privatvorstellung nichts als eine Fehlvorstellung. Nur durch sorgfältige Erwägung aller mit der Sexualbeziehung zusammenhängenden Fragen können wir zu einer richtigen Lösung kommen. Und wir gehen nicht fehl in der Annahme, daß jede Abweichung von der richtigen Lösung des Problems Liebe und Ehe auf einen Fehler, einen Irrtum der Persönlichkeit hinweist. Auch viele nachteilige Konsequenzen im Gefolge einer falschen Lösung müssen im Licht des ihnen zugrunde liegenden Irrtums der Persönlichkeit gedeutet werden.

Wir sind daher, wie sich zeigt, durchaus in der Lage, aus den Antworten eines Individuums auf die genannten drei Fragen seinen allgemeinen Lebensstil und sein besonderes Ziel zu erschließen. Das Ziel ist allmächtig. Es bestimmt den Lebensstil einer Person und spiegelt sich in allen seinen Handlungen wider. Liegt das Ziel in Richtung des Strebens, ein Mitmensch zu sein, ist es mithin ein zur nützlichen Seite des Lebens gerichtetes Ziel, dann finden wir in allen Problemlösungen des Individuums den Prägestempel dieses Ziels wieder. Alle Lösungen lassen konstruktive Zweckhaftigkeit erkennen, und das Individuum seinerseits verspürt ein Glücksempfinden und das mit konstruktiver und nützlicher Betätigung einhergehende Gefühl von Wert und Macht. Wenn das Ziel in der anderen Richtung liegt, in Richtung der privaten und unnützlichen Seite des Lebens, dann sieht das Individuum sich nicht in der Lage, Grundprobleme zu lösen, und es entbehrt auch die aus der richtigen Lösung solcher Probleme herrührende Freude.

Zwischen all diesen fundamentalen Problemen besteht ein enger Zusammenhang, der noch dadurch verstärkt wird, daß im Verlauf des Soziallebens aus diesen Problemen spezifische

Aufgaben erwachsen, die nur in einem sozialen oder gemeinschaftlichen Rahmen, mit anderen Worten auf der Grundlage des Gemeinschaftsgefühls angemessen bewältigt werden können. Solche Aufgaben setzen in den frühesten Kindheitsjahren ein, wenn unsere Sinnesorgane sich in Übereinstimmung mit den Reizen des Soziallebens beim Sehen, Sprechen, Hören entwickeln, und zwar in unseren Beziehungen zu Brüdern, Schwestern, Eltern, Verwandten, Bekannten, Kameraden, Freunden und Lehrern. Die Aufgaben kommen im späteren Leben in gleicher Weise auf uns zu, und derjenige ist verloren, der den sozialen Kontakt zu seinen Mitmenschen verliert.

Folglich steht die Individualpsychologie auf festem Boden, wenn sie behauptet, daß »richtig« ist, was der Gemeinschaft nutzt. Wir haben erkannt, daß jegliches Abweichen von der Sozialnorm als ein Angriff gegen das Rechte und Richtige zu werten ist und einen Konflikt mit den objektiven Gesetzen und den objektiven Notwendigkeiten der Realität mit sich bringt. Dieser Zusammenprall mit der Wirklichkeit macht sich in erster Linie in einem Gefühl der Wertlosigkeit auf seiten des angreifenden Individuums bemerkbar und zeigt sich sodann – sogar noch stärker – an den Vergeltungsmaßnahmen der anderen, die sich verletzt und geschädigt fühlen. Schließlich sollten wir nicht vergessen, daß ein Abweichen von der Sozialnorm ein immanentes soziales Ideal verletzt, das jeder von uns, bewußt oder unbewußt, in sich trägt.

Bei ihrer mit Nachdruck vertretenen Auffassung von dem Gemeinschaftsgefühl als einem Gradmesser der Entwicklung hat die Individualpsychologie keine Mühe, den Lebensstil jedes beliebigen Kindes zu bestimmen und zu bewerten. Denn sobald das Kind mit einem Lebensproblem konfrontiert wird, zeigt sich wie in einer Prüfungssituation, ob es »richtig« vorbereitet worden ist oder nicht. Mit anderen Worten, es wird zu erkennen geben, ob es Gemeinschaftsgefühl hat, ob es über Mut und Einsicht verfügt und ganz allgemein ein nützliches Ziel anstrebt. Als nächstes versuchen wir Form und Rhythmus seines Hanges nach oben, den Grad seines Minderwertigkeitsgefühls und die Intensität seines Sozialbewußtseins herauszufinden. All diese Dinge sind eng miteinander verflochten und durchdringen sich wechselseitig derart, daß sie eine organische und unverbrüchliche Einheit bilden – eine Einheit, die so lange unverbrüchlich ist, bis der Konstruktionsfehler entdeckt und ein neuer Aufbau erfolgt ist.

## 2. Die Einheit der Persönlichkeit

Das Seelenleben eines Kindes ist etwas Wunderbares, und welchen Punkt wir auch herausgreifen, er nimmt uns gefangen. Die vielleicht bedeutsamste Tatsache ist darin zu sehen, daß wir genötigt sind, die gesamte Lebensgeschichte eines Kindes aufzurollen, wenn wir ein bestimmtes Einzelereignis verstehen wollen. Jede Handlung scheint das Leben und die Persönlichkeit eines Kindes in ihrer Gesamtheit auszudrücken und folglich ohne Kenntnis dieses unsichtbaren Hintergrundes unverständlich zu sein. Dieses Phänomen bezeichnen wir als Einheit der Persönlichkeit.

Die Entwicklung dieser Einheit – die Koordinierung von Handlungen und Ausdrucksmitteln zu einem bestimmten Muster – setzt in sehr früher Kindheit ein. Die Anforderungen, die das Leben stellt, zwingen das Kind, seine Reaktionen zu vereinheitlichen, und diese vereinheitlichte Reaktionsweise angesichts bestimmter Situationen konstituiert nicht nur den kindlichen Charakter, sondern individualisiert auch alle Handlungen des Kindes und hebt sie von ähnlichen Handlungen anderer Kinder ab.

Die meisten psychologischen Schulen übersehen im allgemeinen die Einheit der Persönlichkeit oder widmen ihr, wenn sie sie nicht gänzlich vernachlässigen, jedenfalls nicht die Aufmerksamkeit, die sie verdient. Infolgedessen betrachten sowohl psychologische Theorie wie psychiatrische Praxis eine bestimmte Geste oder einen bestimmten Ausdruck häufig isoliert, als wenn es sich dabei um unabhängige Einheiten handelte. Gelegentlich wird eine solche Äußerung als Komplex bezeichnet, wobei man von der Annahme ausgeht, daß es möglich sei, sie von den übrigen Aktivitäten des Individuums abzutrennen. Doch ein solches Vorgehen ist dem Versuch vergleichbar, aus einer zusammenhängenden Melodie eine Note herauszulösen und ihre Bedeutung unabhängig von der erst die Melodie bildenden Notenfolge zu verstehen. Obgleich untauglich, ist diese Methode weit verbreitet.

Die Individualpsychologie sieht sich aufgerufen, gegen diesen weit verbreiteten Irrtum aufzustehen, der besonders dann schädliche Folgen mit sich bringt, wenn er in der Kindererziehung Platz greift. In diesem Sinne macht er sich in der Bestrafungstheorie bemerkbar. Was geschieht im allgemeinen, wenn ein Kind etwas tut, was zur Bestrafung herausfordert? Es stimmt nun freilich, daß man gewöhnlich in einem gewissen Sinne den von der kindlichen Persönlichkeit ausgehenden Gesamteindruck in Rechnung stellt, doch dies wirkt sich häufig eher zum Nachteil denn zum Vorteil aus, da Lehrer oder Eltern

dem Kind, wenn es einen Fehler häufig wiederholt, mit einem Vorurteil begegnen und es für unveränderbar halten. Es stimmt ferner, daß man aufgrund eines Gesamteindrucks dazu neigt, die Fehler eines Kindes, dessen Verhalten ansonsten ganz gut ist, milder zu beurteilen. Nichtsdestoweniger kommen wir auf diese Weise keinesfalls an die wahren Wurzeln des Problems heran, wie es bei einem Vorgehen auf der Grundlage des Gesamtverständnisses für die Einheit der kindlichen Persönlichkeit durchaus der Fall sein dürfte. Wir befinden uns damit in der Lage dessen, der versuchen wollte, die Bedeutung einiger weniger aus dem Zusammenhang der ganzen Melodie gerissener Einzeltöne zu verstehen.
Wenn wir ein Kind fragen, warum es so faul und träge ist, dann können wir nicht erwarten, daß es den grundlegenden, den für uns wesentlichen Zusammenhang kennt. Noch können wir von ihm berechtigterweise erwarten, daß es uns mitteilt, warum es lügt. Seit Tausenden von Jahren haben wir einen Ausspruch von Sokrates, dem großen Kenner der menschlichen Natur, in den Ohren: »Wie schwer ist es doch, sich selbst zu erkennen!« Mit welchem Recht können wir demnach erwarten, daß ein Kind uns so komplexe Fragen beantwortet, Fragen, die zu beantworten selbst einem Psychologen nicht leicht fällt. Die Fähigkeit, einen individuellen Ausdruck zu verstehen, hat zur Voraussetzung, daß wir im Besitz einer Methode sind, die es uns ermöglicht, die Gesamtpersönlichkeit zu erfassen. Dabei kommt es nicht auf eine Beschreibung dessen an, was ein Kind tut oder wie es handelt, sondern vielmehr auf das Verstehen der Haltung, die das Kind gegenüber den vor ihm liegenden Aufgaben einnimmt.
Das nachstehende Beispiel soll zeigen, wie wichtig es ist, daß wir uns den gesamten Zusammenhang des kindlichen Lebens vor Augen führen. Ein dreizehnjähriger Junge hatte zwei jüngere Geschwister. Fünf Jahre lang war er das einzige Kind von Eltern gewesen, die einst bessere Tage gesehen hatten. Dann kam eine Schwester zur Welt. Zuvor hatte sich jede Person seiner Umwelt nur zu glücklich geschätzt, alle Wünsche des Jungen zu erfüllen. Die Mutter hatte ihn zweifellos verzärtelt. Der Vater war ein gutmütiger, auf seine Art friedfertiger Mann, der an dem Bedürfnis seines Sohnes, sich an ihn anzulehnen, Gefallen fand. Natürlich stand der Sohn seiner Mutter viel näher, zumal der Vater als Offizier häufig nicht zuhause war. Seine Mutter, eine gescheite, wohlmeinende Frau, suchte jeden aus einer Laune heraus geäußerten Wunsch ihres anlehnungsbedürftigen, jedoch aufdringlichen Sohnes zu erfüllen. Allerdings empfand sie auch häufig Ärger, wenn er ungezogene und drohende Haltungen oder

Gesten an den Tag legte. So entstand ein Spannungszustand, der sich in erster Linie darin äußerte, daß der Sohn beständig versuchte, seine Mutter zu tyrannisieren – indem er sie herumkommandierte, ihr in den Ohren lag, kurz, sich auf lästige Weise in den Vordergrund drängte, wann und wo immer er konnte.

Das Verhalten des Jungen bereitete der Mutter sehr viel Verdruß, doch da er ansonsten keinerlei schlechte Eigenschaften besaß, fügte sie sich seinem aufdringlichen Benehmen, hielt seine Kleidung in Ordnung und war ihm bei der Schularbeit behilflich. Der Junge vertraute stets darauf, daß seine Mutter ihm aus jeder Schwierigkeit helfen würde, in die er geraten sollte. Er war ohne Frage ein intelligentes Kind, mit einer dem Durchschnitt entprechenden guten Erziehung, und bis zum achten Lebensjahr durchlief er die Grundschule ziemlich erfolgreich. Zu jener Zeit jedoch trat eine auffallende Änderung ein, mit der die Beziehung des Kindes zu seinen Eltern sich ins Unerträgliche auswuchs. Nicht nur, daß er seine Mutter in maßlose Wut versetzte, indem er sein Äußeres völlig vernachlässigte und es hinsichtlich sämtlicher Körperfunktionen an Rücksicht fehlen ließ, er zog seiner Mutter auch an den Haaren, wann immer sie versäumte, ihm zu geben, was er haben wollte; er ließ sie niemals in Frieden, zupfte sie ständig an den Ohren oder zerrte sie an den Händen. Er weigerte sich, seine Verhaltensweisen abzulegen, und je älter sein Schwesterchen wurde, um so mehr klammerte er sich an das Verhaltensmuster, das er sich zurechtgelegt hatte. Zugleich wurde seine Schwester das Ziel seiner Schliche. Zwar ging er nicht so weit, ihr körperlich wehzutun, doch seine Eifersucht auf sie war nicht zu übersehen. Die einschneidende Verschlimmerung seines Verhaltens fiel in die Zeit, als seine Schwester geboren wurde und begann, innerhalb der Familienkonstellation eine Rolle zu spielen.

Es bedarf keiner sonderlichen Erwähnung, daß wir in einer derartigen Situation, das heißt wenn das kindliche Verhalten sich verschlechtert oder bestimmte unerfreuliche Symptome neu in Erscheinung treten, nicht nur die Zeit berücksichtigen müssen, als der Zustand zum erstenmal auftrat, sondern auch den auslösenden Grund. Das Wort Grund sollte mit Vorsicht verwandt werden, weil nicht einzusehen ist, warum die Geburt einer Schwester der Grund dafür sein soll, daß ein älterer Bruder zum Sorgenkind wird. Nichtsdestoweniger geschieht dies nur zu häufig, und wir können nicht umhin, darin eine abwegige Haltung auf seiten des Kindes zu sehen. Das ist keine Frage von Kausalität im strikt physikalisch-wissenschaftlichen Sinne, denn man kann schlechterdings nicht behaupten, daß ein Kind sich in seinem Verhalten zum Schlechteren hin verändern muß, *weil* ein anderes Kind geboren wird. Man kann die Behauptung aufstellen, daß ein Stein, der zu Boden fällt, in einer bestimmten Richtung und mit einer bestimmten Geschwindigkeit fallen muß. Die Individualpsychologie kann jedoch aufgrund ihrer Forschungen mit Fug und Recht behaupten, daß bei einem psychischen »Fall« strikte Kausalität keine Rolle spielt – sondern lediglich größere oder kleinere Fehler, die, sobald sie begangen worden sind, die künftige Entwicklung des Individuums beeinflussen.

Es besteht kein Anlaß, sich darüber zu wundern, daß in der Entwicklung der menschlichen Psyche Fehler auftreten, daß diese Fehler und ihre Folgen dicht beieinander liegen und sich in Fehlverhalten oder falscher Orientierung bemerkbar machen. Verantwortlich dafür ist die zielgerichtete Aktivität der Psyche: Zielgerichtetheit hängt mit Beurteilen zusammen, das heißt, also auch mit der Möglichkeit, Fehler zu begehen. Das Festlegen oder Bestimmen eines Ziels geschieht bereits in den frühesten Kindheitsjahren. Mit dem zweiten oder dritten Lebensjahr beginnt das Kind in der Regel, sich ein Ziel der Überlegenheit zu setzen, das es fortan immer vor Augen hat und das es in der ihm eigenen Art und Weise anstrebt. Nun liegt der Zielfestlegung gewöhnlich eine falsche Beurteilung zugrunde, doch das ändert nichts daran, daß das Ziel für das Kind mehr oder weniger verbindlich ist. Mit seinen spezifischen Handlungen sucht das Kind sein Ziel zu verwirklichen, und es richtet sein Leben so ein, daß es sich mehr und mehr in ein ständiges Streben in Richtung dieses Zieles verwandelt.

Wir sehen daran, wie wichtig es ist, sich stets zu vergegenwärtigen, daß die Entwicklung eines Kindes bestimmt wird durch seine persönliche, individuelle Deutung der Dinge; wie wichtig es ferner ist, sich klarzumachen, daß das Kind, wann immer es in eine neue und schwierige Situation gerät, sein Verhalten nach dem Rahmen seiner persönlichen Fehler einrichtet. Wie wir wissen, sind Stärke oder Art des Eindrucks, den die Situation auf das Kind macht, keineswegs abhängig von objektiven Fakten oder Umständen (wie zum Beispiel der Geburt eines zweiten Kindes), sondern vielmehr von der Art, wie das betreffende Kind die Fakten sieht und bewertet. Das ist Grund genug, die Kausalitätstheorie in dem hier erörterten Bereich abzulehnen: Notwendige Verbindungen bestehen zwar zwischen objektiven Fakten und ihrer absoluten Bedeutung, jedoch keineswegs zwischen irrtümlichen Ansichten von Tatsachen.

Höchst bemerkenswert an unserem psychischen Leben ist die Tatsache, daß unsere Ansichten darüber entscheiden, welche Richtung wir einschlagen, und nicht die Fakten selbst. Dieser

Umstand ist außerordentlich wichtig, denn er bildet die Grundlage der Steuerung all unserer Handlungen und der Organisation unserer Persönlichkeit. Ein klassisches Beispiel für den Einfluß subjektiver Vorstellungen auf menschliches Handeln bietet Caesars Landung in Ägypten. Als er ans Ufer sprang, stolperte er und stürzte zu Boden, ein Vorfall, den die römischen Soldaten als ein höchst ungünstiges Omen ansahen. Trotz ihres unbestreitbaren Mutes wären sie mit Sicherheit umgekehrt, hätte Caesar nicht geistesgegenwärtig seinen Arm ausgestreckt und ausgerufen: »Du gehörst mir, Afrika!« Daran können wir erkennen, wie wenig die Realitätsstruktur als Ursache wirkt und wie ihre Auswirkungen durch eine organisierte und wohlintegrierte Persönlichkeit umgeformt und gelenkt werden können. Das gleiche gilt auch für die Beziehung zwischen Massenpsychologie und Vernunft: Wenn in einer massenpsychologisch günstigen Situation gesunder Menschenverstand auf den Plan tritt, dann nicht, weil es sich etwa so verhielte, daß die Situation die Psychologie der Masse oder den common sense ursächlich bestimmt, sondern weil beide spontane Anschauungen darstellen. Gewöhnlich tritt common sense erst dann in Erscheinung, wenn fehlerhafte, irrtümliche Ansichten überprüft und verworfen worden sind.

Um auf den oben geschilderten Fall des Jungen zurückzukommen, so dürfen wir annehmen, daß er bald in eine heikle Situation geriet. Niemand liebte ihn mehr, er machte in der Schule keine Fortschritte und dennoch behielt er sein Verhalten bei, ein Verhalten, das die andern Menschen seiner Umgebung fortwährend beunruhigte; es war zu einem vollständigen Ausdruck seiner Persönlichkeit geworden. Und wie ging es weiter? Jedesmal, wenn er jemanden störte oder aufregte, bekam er sogleich seine Strafe. Er erhielt entweder eine Eintragung ins Klassenbuch oder der Lehrer schrieb einen Beschwerdebrief an seine Eltern. Das ging eine Weile so weiter, bis man seinen Eltern den Rat gab, den Jungen von der Schule zu nehmen, da er sich dem Schulleben offensichtlich nicht anpassen konnte.

Über eine solche Lösung war wahrscheinlich niemand glücklicher als der Junge. Er wünschte gar nichts anderes. Auch in seiner Haltung offenbarte sich die logische Folgerichtigkeit seines Verhaltensmusters. Zwar war es eine fehlerhafte Haltung, doch sobald er sie einmal angenommen hatte, äußerte sie sich konsequent. Seinen grundlegenden Fehler hatte er begangen, als er sich zum Ziel gesetzt hatte, ständig im Mittelpunkt der Aufmerksamkeit zu stehen. Und wenn er überhaupt für einen Fehler hätte bestraft werden sollen, dann für diesen Fehler, für diesen Irrtum. Aus diesem Fehler ergab sich, daß er stets versuchte, seine Mutter warten zu lassen, und aus die-

sem Fehler folgte auch, daß er sich aufführte wie ein König, der nach achtjähriger absoluter Herrschaft unverhofft seines Throns beraubt wird. Bis zu dem Augenblick seiner Thronenthebung existierte nur er für seine Mutter und umgekehrt sie für ihn. Als seine Schwester zur Welt kam, unternahm er heftige Anstrengungen, den verlorenen Thron wiederzugewinnen. Das war zwar wiederum ein Fehler, aber man muß einräumen, daß solch ein Fehlverhalten nicht auf angeborene Bösartigkeit oder Gemeinheit zurückzuführen ist. Bösartigkeit entsteht erst dann, wenn ein Kind in eine Situation gerät, auf die es überhaupt nicht vorbereitet ist, und wenn es sich ohne jegliche Anleitung abmühen und etwas ertrotzen muß. Nehmen wir zum Beispiel ein Kind, daß nur Situationen kennengelernt hat, in denen irgend jemand sich mit seiner ganzen Person nur ihm, dem Kind, widmet: Und plötzlich, unerwartet geschieht das Gegenteil. Das Kind kommt in die Schule, der Lehrer muß notgedrungen seine Aufmerksamkeit auf viele Kinder verteilen, und er ist natürlich ziemlich ungehalten, wenn das Kind mehr verlangt, als was ihm unter den gegebenen Umständen zusteht. Für ein verzärteltes, jedoch zu Anfang nicht im mindesten bösartiges oder unerziehbares Kind ist eine Situation wie die geschilderte höchst gefährlich.
Im oben erwähnten Fall des Jungen ist es ohne weiteres erklärlich und verständlich, daß es zu einem Konflikt zwischen seinem persönlichen Lebensstil und dem von der Schule geforderten und erwarteten kam.
Den Konflikt kann man sogar in Form eines Diagramms darstellen, indem man Richtung und Ziel der Persönlichkeit des Kindes sowie das von der Schule angestrebte Ziel graphisch darstellt. Die beiden Ziele liegen in gegensätzlichen Richtungen. Doch alle Ereignisse im Leben des Kindes sind durch sein eigenes Ziel determiniert; es gibt sozusagen in seinem Gesamtsystem keine Bewegung, die nicht in Richtung seines Ziels verliefe. Auf der anderen Seite erwartet die Schule von jedem Kind einen normalen Lebensstil. Der Konflikt ist unvermeidbar; allerdings ist der Schule anzulasten, daß sie es versäumt, die mit der Situation verbundenen psychologischen Fakten anzuerkennen, und weder Nachsicht walten läßt noch irgendwelche Versuche unternimmt, Konfliktquellen einzudämmen.
Das Leben dieses Kindes wird, wie wir wissen, von dem Wunschmotiv beherrscht, die Mutter zu veranlassen, ihm und nur ihm allein zu Diensten zu sein. In seinem psychischen Existenzschema dreht sich gleichsam alles um den Gedanken: Ich muß meine Mutter beherrschen, ich muß der einzige sein, der sie besitzt. Im Gegensatz dazu erwartet man von ihm andere Dinge: daß es für sich allein arbeitet, daß es auf seine

Schulbücher und seine Schreibhefte aufpaßt, daß es in Ordnung hält, was ihm gehört. Damit spannt man, bildlich gesprochen, ein feuriges Rennpferd vor einen Lastwagen. In einem solchen Fall sind die Leistungen des Jungen nicht gerade die besten, doch wenn wir die wirklichen Umstände kennen, dann sind wir weit eher geneigt, Mitgefühl und Verständnis aufzubringen. Es hat keinen Sinn, den Jungen in der Schule mit Strafen zu belegen, denn dadurch wird er endgültig in seiner Überzeugung bestärkt, daß die Schule nicht der richtige Ort für ihn sei. Wenn er von der Schule gewiesen wird oder an seine Eltern die Aufforderung ergeht, ihn von der Schule zu nehmen, dann ist der Junge seinem Ziel erheblich nähergekommen. Sein fehlerhaftes Wahrnehmungsschema arbeitet gleichsam wie eine Falle. Er hat das Gefühl, gewonnen zu haben, denn jetzt hat er seine Mutter wirklich in seiner Gewalt. Sie muß sich wieder ausschließlich ihm widmen. Und das ist genau das, was er sich wünscht.

Wenn wir die wahre Sachlage erkennen, dann können wir nicht umhin einzuräumen, daß es nicht den geringsten Zweck hat, den Jungen für diesen oder jenen Fehler zu bestrafen. Nehmen wir zum Beispiel an, er habe ein Buch vergessen! Es wäre geradezu ein Wunder, wenn er das nicht tut, denn wenn er etwas vergißt, dann gibt er damit seiner Mutter etwas zu tun. Dabei handelt es sich nicht um eine isolierte individuelle Handlung, sondern vielmehr um einen Teil im Gesamtschema der Persönlichkeit. Wenn wir uns vor Augen halten, daß alle Ausdruckselemente einer Persönlichkeit miteinander verbundene Teile eines Ganzen sind, dann geht uns auf, daß der besagte Junge schlicht und einfach in Einklang mit seinem Lebensstil handelt. Und die Tatsache, daß er folgerichtig, in Übereinstimmung mit der Logik seiner Persönlichkeit handelt, widerlegt gleichzeitig jegliche Vermutung, seine Unfähigkeit, die Schulaufgaben zu erfüllen, sei auf Schwachsinn zurückzuführen. Eine schwachsinnige Person ist überhaupt nicht in der Lage, ihrem eigenen Lebensstil zu folgen.

Dieser hoch komplexe Fall wirft noch eine weitere Frage auf. Wir alle sind in einer Situation, die in gewissem Sinne der des Jungen gleicht. Unsere eigenen Schemata, unsere eigenen Deutungen des Lebens sind niemals in vollständiger Harmonie mit den überkommenen sozialen Traditionen. In früheren Zeiten hat man die soziale Tradition als sakrosankt angesehen; inzwischen ist uns jedoch aufgegangen, daß die sozialen Institutionen der Menschheit nichts Geheiligtes oder unabänderlich Feststehendes an sich haben. Sie befinden sich sämtlich in einem Entwicklungsprozeß, und die bewegende Kraft in diesem Prozeß ist die ständige Auseinandersetzung der Individuen in der Gesellschaft. Soziale Institutionen sind für das

Individuum da und nicht umgekehrt das Individuum für die sozialen Institutionen. Das Heil des Individuums liegt in der Tat in seinem Gemeinschaftsgefühl begründet, doch das heißt noch lange nicht, daß man das Individuum gewaltsam in ein soziales Prokrustesbett zwängen sollte.

Solche Erwägungen über die Beziehung des Individuums zur Gesellschaft, Erwägungen, die für die Lehren der Individualpsychologie grundlegend sind, haben besonderes Gewicht für das Schulsystem und für die Behandlung fehlangepaßter Kinder in der Schule. Die Schule muß lernen, das Kind als eine Persönlichkeit anzusehen, als etwas Wertvolles, das gepflegt und zur Entfaltung gebracht werden muß, und sie muß gleichzeitig lernen, bei der Beurteilung bestimmter Handlungen psychologische Erkenntnisse anzuwenden. Sie sollte, um bei dem Vergleich zu bleiben, den wir weiter oben angestellt haben, bestimmte Handlungen nicht als einzelne Töne betrachten, sondern im Zusammenhang der gesamten Melodie sehen, nämlich der Einheit der Persönlichkeit.

## 3. Das Streben nach Überlegenheit und seine erzieherische Bedeutung

Das wichtigste psychologische Faktum an der Menschennatur ist neben der Einheit der Persönlichkeit das Streben nach Überlegenheit und Erfolg. Dieses Streben steht natürlich in unmittelbarer Beziehung zum Minderwertigkeitsgefühl, denn wenn wir uns nicht minderwertig und unterlegen fühlten, dann verspürten wir überhaupt kein Verlangen, uns über die Lage, in der wir uns jeweils befinden, hinauszuheben. Die beiden Probleme – das Überlegenheitsstreben und das Minderwertigkeitsgefühl – sind in Wahrheit zwei Seiten desselben psychologischen Phänomens, doch aus Gründen der Darstellung ist es von Vorteil, sie mehr oder weniger getrennt zu behandeln. In diesem Kapitel wollen wir uns auf das Streben nach Überlegenheit und seine erzieherische Bedeutung beschränken.

Als erstes bietet sich die Frage an, ob das Streben nach Überlegenheit angeboren ist, wie etwa unsere biologischen Triebe. Darauf können wir nur antworten, daß die Annahme, es handele sich dabei um ein angeborenes Streben, höchst unwahrscheinlich ist. Wir können in keinerlei endgültigem Sinne das Überlegenheitsstreben als einen angeborenen Hang bezeichnen. Allerdings müssen wir einräumen, daß ein Substrat vorhanden sein muß, ein im Embryo angelegter Nährboden mit gewissen Entfaltungsmöglichkeiten. Vielleicht läßt es sich folgendermaßen formulieren: Der Mensch ist seiner Natur nach so angelegt, daß sich ein Streben nach Überlegenheit in ihm entwickeln kann.

Natürlich wissen wir, daß die menschlichen Aktivitäten notgedrungen an gewisse Grenzen gebunden sind und daß wir Fähigkeiten besitzen, die wir niemals entfalten können. So reicht beispielsweise die Fähigkeit unseres Geruchssinns niemals an die eines Hundes heran, und es wird uns auch nicht gelingen, mit unseren Augen die ultravioletten Strahlen des Farbspektrums wahrzunehmen. Doch wir besitzen gewisse funktionale Fähigkeiten, die sich weiter entwickeln und ausbilden können, und in dieser Möglichkeit zu weiterer Entwicklung sehen wir die biologische Voraussetzung des Überlegenheitsstrebens wie überhaupt die Quelle, aus der sich die psychische Entfaltung der Persönlichkeit speist.

Soweit wir erkennen können, ist dieser dynamische Drang, seine Selbstbehauptung unter allen Umständen zu sichern, Kindern wie Erwachsenen gemeinsam. Er läßt sich auf keine Weise auslöschen. Die menschliche Natur erträgt keine permanente Unterwerfung; die Menschheit hat sogar ihre Götter gestürzt. Gefühle der Erniedrigung und Herabsetzung, Stimmungen von Unsicherheit und Minderwertigkeit wecken immer wieder den Wunsch, eine höhere Ebene zu erklimmen, um auf diese Weise Kompensation und Vollkommenheit zu gewinnen.

Wir können zeigen, daß bestimmte Eigenarten bei Kindern das Werk von Umweltkräften verraten, von Kräften, die in den Kindern Gefühle von Minderwertigkeit, Schwäche und Unsicherheit auslösen, wobei diese Gefühle ihrerseits eine aufreizende Wirkung auf das gesamte kindliche Seelenleben ausüben. Die Kinder setzen sich zum Ziel, sich aus ihrem Zustand zu befreien, ein höheres Niveau zu erreichen und ein Gefühl von Gleichwertigkeit zu erlangen. Je heftiger die nach oben gerichteten Ehrgeizbestrebungen sind, desto höher schraubt das Kind seine Ziele, auf der Suche nach Beweisen seiner Stärke – Beweise, die häufig die Grenzen menschlicher Kraft übersteigen. Aufgrund der Unterstützung, die das Kind gelegentlich von verschiedenen Seiten erfährt, fühlt es sich berechtigt und angespornt, ein Zukunftsbild von sich zu entwerfen, das gottähnliche Züge trägt. In ihren Vorstellungen lassen Kinder gemeinhin durchblicken, daß sie von dem Gedanken beherrscht sind, Gottähnlichkeit zu besitzen. Dies gilt vor allem für Kinder mit einem ausgeprägten Schwächegefühl.

Nehmen wir den Fall eines vierzehnjährigen Knaben, der sich in einer höchst schwierigen psychischen Verfassung befand. Auf die Frage nach Kindheitseindrücken erinnerte er sich, wie schmerzlich es für ihn gewesen war, im Alter von sechs Jahren noch nicht pfeifen zu können. Eines Tages jedoch, als er aus dem Haus trat, hatte er Erfolg damit. Er war davon so überrascht, daß er ernsthaft glaubte, es sei Gott gewesen, der aus ihm gepfiffen hätte. Der Fall zeigt deutlich, daß zwischen dem Schwächegefühl auf der einen und der vermeintlichen Ähnlichkeit mit Gott auf der anderen Seite eine innige Verbindung besteht.

Der Hang nach Überlegenheit ist mit auffälligen Charakterzügen gekoppelt. Bei der Beobachtung dieser Tendenz enthüllt sich uns der ganze Ehrgeiz eines Kindes. Sofern der Wunsch nach Selbstbehauptung außerordentlich stark ist, tritt immer auch ein Element von Neid hinzu. Kinder dieser Art nehmen leicht die Gewohnheit an, ihren Konkurrenten alle möglichen Übel an den Hals zu wünschen und nicht nur zu wünschen – was häufig zur Neurose führt –, sondern auch Schaden zu stiften, Ärger heraufzubeschwören und dann und wann richtiggehende kriminelle Züge an den Tag zu legen. Ein solches Kind kann Verleumdungen verbreiten, häusliche Geheimnisse verraten und seinen Spielkameraden herabsetzen, nur um das Gefühl zu haben, daß sein Wert steigt, vor allem, wenn es von anderen beobachtet wird. Niemandem, so wähnt es, soll es gelingen, es zu überholen, und darum spielt es keine Rolle, ob es selbst im Wert steigt oder der Spielkamerad im Wert sinkt. Wenn das Machtstreben über die Maßen stark wird, äußert es sich in Boshaftigkeit, in Rachsucht. Solche Kinder nehmen ständig eine kämpferische, eine herausfordernde Haltung ein, die sich auch in ihrer äußeren Erscheinung zeigt – in blitzenden Augen, plötzlichen Wutausbrüchen, in ihrer Bereitschaft, gegen imaginäre Gegner anzutreten. Für Kinder, die nach Überlegenheit streben, ist es eine äußerst quälende Situation, einer Prüfung unterzogen zu werden, weil sich auf diese Weise ihre Wertlosigkeit leicht herausstellen kann.

Aus dieser Tatsache ergibt sich die Notwendigkeit, Prüfungen den Eigenarten des Kindes anzupassen. Nicht für jedes Kind bedeutet eine Prüfung das gleiche. Wir stoßen häufig auf Kinder, für die eine Prüfung ein höchst belastendes, mühseliges Ereignis ist, die abwechselnd rot anlaufen und erbleichen, die zu stottern und zu zittern beginnen, die infolge von Scham und Angst so gelähmt sind, daß ihr Verstand aussetzt. Einige können nur im Chor mit anderen antworten; sonst können sie überhaupt keine Antwort geben, weil sie befürchten, beobachtet zu werden. Der Wunsch nach Überlegenheit äußert sich auch in den kindlichen Spielen. Ein intensives Verlangen nach Überlegenheit auf diesem Gebiet hindert das Kind beispielsweise daran, die Rolle eines Pferdes zu spielen, wenn zur gleichen Zeit andere Kinder als Reiter auftreten. Es möchte selbst immer der Reiter sein, es versucht immerzu, die Führung zu übernehmen und die Richtung zu bestimmen. Doch wenn es aufgrund zurückliegender Erfahrungen daran gehindert wird, die Rolle auf sich zu nehmen, dann gibt es sich damit zufrieden, die Spiele anderer zu stören. Und wenn es überdies noch durch zahlreiche Niederlagen entmutigt ist, dann ist sein Ehrgeiz wie gefesselt, und jede neue Situation bereitet ihm einen weiteren Rückschlag, statt es zum Vorwärtsschreiten anzuspornen.

Ehrgeizige, noch nicht entmutigte Kinder zeigen die Neigung, sich an allen möglichen Wettkämpfen zu beteiligen, doch auch sie lassen im Falle von Niederlagen gleichfalls Verwirrung erkennen. Grad und Richtung des Selbstbehauptungswillens lassen sich häufig an den vom Kind bevorzugten Spielen, Erzählungen, historischen Figuren und Personen ablesen. Bei Erwachsenen begegnet uns häufig die Verehrung von Napoleon, einer Gestalt, die sich ausnehmend dafür eignet, von ehrgeizigen Leuten zum Vorbild genommen zu werden. Größenwahn in Tagträumen ist stets ein Zeichen starken Minderwertigkeitsgefühls, das enttäuschte Menschen dazu anstachelt, in Gefühlen, die sich nicht auf die Realität zurückführen lassen, Befriedigung und Berauschung zu suchen. Ähnliches geschieht häufig auch in Träumen.

Wenn wir die verschiedenen Richtungen näher betrachten, die Kinder bei ihrem Überlegenheitsstreben einschlagen, dann fallen uns Variationen auf, die wir in bestimmte Arten unterteilen können. Diese Unterteilung kann nicht präzise sein, weil es zahllose Variationen gibt, Variationen, die sich zuvörderst mit Hilfe des mehr oder weniger großen Zutrauens bestimmen lassen, welches das Kind sich selbst gegenüber hegt. In ihrer Entwicklung nicht gehemmte Kinder lenken ihr Überlegenheitsstreben in die Kanäle nützlicher Fertigkeiten; sie suchen ihren Lehrern zu gefallen, achten auf Ordnung und entwickeln sich zu normalen Schulkindern. Allerdings wissen wir aufgrund unserer Erfahrung, daß solche Kinder keineswegs die Mehrheit stellen.

Es gibt auch Kinder, die andere zu übertreffen wünschen und die in ihrem Bemühen, immer die Ersten zu sein, eine verdächtige Hartnäckigkeit an den Tag legen. Nicht selten ist einem derartigen Streben etwas übertrieben Ehrgeiziges beigemischt, das wir häufig übersehen, weil wir uns zur Gewohnheit gemacht haben, Ehrgeiz als eine Tugend anzusehen und das Kind zu vermehrten Anstrengungen anzustacheln. Damit begehen wir gewöhnlich einen Fehler, denn die kindliche Entwicklung wird durch übergroßen Ehrgeiz beeinträchtigt. Aufgeblähter Ehrgeiz erzeugt einen Spannungszustand, den das Kind eine Weile zu ertragen vermag, doch früher oder

später zeigt sich unvermeidlich, daß die Spannung für das Kind zu groß wird. Das Kind mag dann zuviel Zeit zuhause bei seinen Büchern verbringen und andere Tätigkeiten verkümmern lassen. Solche Kinder gehen häufig anderen Problemen aus dem Weg, einzig und allein aus ihrem unbändigen Eifer, stets die Ersten in der Schule zu sein. Mit einer derartigen Entwicklung können wir uns nicht uneingeschränkt anfreunden, denn unter den geschilderten Umständen kann ein Kind weder psychisch noch physisch gedeihen.
Die Art und Weise, wie ein solches Kind sein Leben einrichtet, um es nur ja fertigzubringen, die anderen hinter sich zu lassen, ist für ein normales Wachstum nicht gerade zuträglich. Nach gewisser Zeit muß man ihm zu verstehen geben, es solle nicht so viele Stunden bei seinen Büchern zubringen, sondern lieber häufiger an die frische Luft gehen, mit seinen Freunden spielen und sich jedenfalls mit anderen Dingen beschäftigen. Auch diese Kinder sind nicht in der Überzahl, doch sie sind immerhin häufig genug anzutreffen.
Überdies sind nicht selten in ein und derselben Klasse zwei Schüler, zwischen denen sich eine geheime Rivalität entsponnen hat. Wer in einem solchen Fall Gelegenheit hat, genau hinzuschauen, der wird entdecken, daß Kinder, die miteinander im Wettstreit liegen, bisweilen nicht gerade als angenehm zu bezeichnende Charakterzüge entwickeln. Sie werden neidisch und eifersüchtig, zeigen mithin Eigenschaften, die ganz gewiß nicht in das Bild einer unabhängigen, in sich harmonischen Persönlichkeit gehören. Sie ärgern sich über die Erfolge anderer Kinder, sie bekommen nervöse Kopf- und Magenschmerzen und dergleichen, wenn sich jemand anders an die Spitze setzt. Wenn ein anderes Kind gelobt wird, wenden sie sich ab, ziehen sich in den Schmollwinkel zurück, und selbstredend bringen sie es niemals über sich, jemand anderen zu loben. Solche Anzeichen von Neid lassen übertriebenen Ehrgeiz nicht in einem guten Licht erscheinen.
Kinder dieser Art kommen mit ihren Spielkameraden nicht sonderlich zurecht. Bei allem möchten sie die führende Rolle spielen, und sie sind nicht willens, sich den allgemeinen Spielregeln zu unterwerfen. Daher kommt es, daß sie keinen Spaß daran haben, in Gesellschaft zu spielen, und sich gegenüber ihren Klassenkameraden hochmütig verhalten. Jeder Kontakt zu ihren Schulkameraden ist ihnen unangenehm, denn sie glauben, daß ihre Stellung um so unsicherer wird, je mehr Kontakt sie aufnehmen. Solche Kinder sind sich ihres Erfolges niemals sicher und geraten leicht aus der Fassung, wenn sie das Gefühl haben, von einer Atmosphäre der Unsicherheit umgeben zu sein. Die ihnen von anderen entgegengebrachten Erwartungen und auch die Erwartungen an sich selbst drük-

ken wie eine übergroße Last auf ihnen.
Die Kinder spüren ganz deutlich die Erwartungen ihrer Familien an sie. An jede ihnen übertragene Aufgabe gehen sie mit Erregung und Nervosität heran, denn sie haben ständig das Wunschbild vor Augen, andere zu überholen und eine »Leuchte« zu sein. Sie verspüren das auf ihnen lastende Gewicht der Hoffnungen, ein Gewicht, das sie nur so lange zu ertragen vermögen, als die Umstände günstig sind.
Wir hätten wahrscheinlich keine Kinder mit Verhaltensproblemen, wenn die Menschheit im Besitz der absoluten Wahrheit wäre, wenn wir eine perfekte Methode zu entwickeln vermöchten, die den Kindern Schwierigkeiten der geschilderten Art ersparen würde. Doch da wir über eine solche Methode nicht verfügen und da die Bedingungen, unter denen Kinder zu lernen haben, sich nicht ideal einrichten lassen, liegt auf der Hand, daß die ängstlichen Erwartungen von Kindern, wie wir sie oben beschrieben haben, eine außerordentliche Gefahr bilden. Solche Kinder begegnen Schwierigkeiten mit ganz anderen Gefühlen, als Kinder sie empfinden, die nicht unter dem Druck eines der Gesundheit abträglichen Ehrgeizes stehen. Mit Schwierigkeiten meinen wir unvermeidliche Schwierigkeiten. Ein Kind vor Schwierigkeiten zu bewahren ist unmöglich und wird es mit einiger Wahrscheinlichkeit immer sein. Das hängt zum Teil mit unseren Erziehungsmethoden zusammen, die weiterer Entwicklung bedürfen, die nicht für jedes Kind angebracht sind und die wir beständig zu verbessern trachten. Hinzu kommt die Tatsache, daß übertriebener Ehrgeiz das Vertrauen untergräbt, das Kinder zu sich selbst haben. Schwierigkeiten werden nicht mit dem Mut angegangen, der notwendig wäre, um mit ihnen fertigzuwerden.
Überehrgeizige Kinder haben nur das Endergebnis im Kopf, das heißt die Anerkennung, die ihrem Erfolg gezollt wird. Ohne Anerkennung ist der Erfolg für sie unbefriedigend. Wie wir wissen, ist es für ein Kind in vielen Fällen weitaus wichtiger, bei Auftreten von Schwierigkeiten sein psychisches Gleichgewicht aufrechtzuerhalten, als den ernsthaften Versuch zu unternehmen, die Schwierigkeiten zu bewältigen. Ein Kind, dem eine solch ehrgeizige Richtungslinie aufgezwungen wurde, kennt diese Zusammenhänge nicht; es steht unter dem Eindruck des Gefühls, es sei unmöglich, ohne Bewunderung seitens anderer zu leben. Das Ergebnis dieser Gefühlseinstellung ist ablesbar an der Zahl von Menschen, die auf die Meinung anderer angewiesen und von ihr abhängig sind.
Wie wichtig es ist, in Wertfragen nicht das Gleichgewicht zu verlieren, zeigen beispielhaft jene Kinder, die mit einer Organminderwertigkeit zur Welt kommen. Solche Fälle sind natürlich durchaus üblich. Viele Kinder sind auf der linken Kör-

perseite besser entwickelt als auf der rechten, eine Tatsache, die gewöhnlich nicht bekannt ist. In unserer auf Rechtshändigkeit eingestellten Kultur haben linkshändige Kinder erhebliche Schwierigkeiten. Es ist unumgänglich, mittels bestimmter Methoden festzustellen, ob ein Kind rechts- oder linkshändig ist. Fast ausnahmslos finden wir Linkshänder unter Kindern, die außergewöhnliche Schreib-, Lese- und Zeichenschwierigkeiten haben und die ganz allgemein wenig Geschick bei Handfertigkeiten zeigen, gleichsam »zwei linke Hände haben«. Eine einfache, freilich nicht immer zuverlässige Methode herauszufinden, ob ein Kind von Geburt an rechts- oder linkshändig ist, besteht darin, es aufzufordern, seine Hände zu kreuzen. Linkshändige Kinder legen für gewöhnlich ihre Hände so über Kreuz, daß der linke Daumen auf dem rechten ruht. Es ist erstaunlich zu beobachten, wieviele Menschen geborene Linkshänder sind, ohne daß ihnen dieser Tatbestand jemals aufgegangen wäre.

Durchforschen wir die Lebensgeschichte einer größeren Zahl von linkshändigen Kindern, dann entdecken wir regelmäßig folgende Tatsachen: Als erstes wurden die Kinder für gewöhnlich als unbeholfen und linkisch eingeschätzt (kein Wunder in unserer auf Rechtshändigkeit eingestellten Welt). Wenn wir uns diese Situation vergegenwärtigen wollen, brauchen wir nur daran zu denken, wie verwirrend es für jeden von uns ist, wenn wir, an Rechtsverkehr gewöhnt, in einer Stadt mit Linksverkehr (wie in England zum Beispiel oder in Argentinien) die Straße zu überqueren versuchen. Noch schwieriger gestaltet sich die Lage für Kinder, in deren Familie alle anderen Mitglieder rechtshändig sind. Die Linkshändigkeit stört dann sowohl die Familie wie das Kind selbst. Beim Schreibenlernen vermag es nur unterdurchschnittliche Leistungen zu erbringen. Falls der Grund für seine Schwierigkeiten nicht erkannt wird, wird es ausgeschimpft, erhält schlechte Noten und muß häufig Bestrafungen hinnehmen. Das Kind kann in einem solchen Fall seine Lage nicht anders deuten, als daß es von sich glaubt, es sei irgendwie weniger befähigt als die anderen. In ihm wächst das Gefühl, eine Herabsetzung erfahren zu haben, irgendwie minderwertig zu sein oder unfähig, mit den anderen zu konkurrieren. Sofern es auch zuhause wegen seiner Unbeholfenheit gerügt wird, sieht es darin nur eine Bestätigung seiner Minderwertigkeit.

Natürlich muß das Kind seine Schwierigkeiten nicht als endgültige Niederlage hinnehmen, doch wir sehen viele Kinder, die unter solch entmutigenden Umständen den Kampf aufgeben. Da sie die wirkliche Situation nicht begreifen und da niemand ihnen erklärt, wie sie mit ihren Schwierigkeiten fertigwerden können, bereitet es ihnen unsägliche Mühe, sich weiter strebend zu bemühen und ihre Lage zu bemeistern. Auf die genannten Gründe ist es zurückzuführen, daß viele Leute eine unleserliche Handschrift haben; sie haben mit ihrer rechten Hand niemals ausreichend genug geübt. Daß es möglich ist, diese Widrigkeiten zu überwinden, beweist die Tatsache, daß wir selbst unter den fähigsten Künstlern und Malern wie auch unter Graveuren Linkshänder finden. Diese Menschen haben trotz angeborener Linkshändigkeit mit Hilfe intensiven Trainings die Fähigkeit entwickelt, ihre rechte Hand meisterlich zu benutzen.

Es ist ein Ammenmärchen, daß alle linkshändigen Menschen, die es mittels Übung dahin gebracht haben, ihre rechte Hand angemessen zu benutzen, zu Stotterern werden. Dieser Aberglaube erklärt sich aus der Tatsache, daß die Schwierigkeiten, die solchen Kindern widerfahren, gelegentlich so gravierend sind, daß sie den Mut verlieren, sich der Sprache zu bedienen. Aus diesen Gründen finden wir auch unter Menschen mit anderen Ausdrucksformen der Entmutigung (unter Neurotikern, Selbstmordanfälligen, Kriminellen, Perversen usw.) eine so ungewöhnlich große Zahl von Linkshändern. Andererseits kann man häufig feststellen, daß gerade Menschen, die ihre Linkshändigkeit überwunden haben, es in ihrem Leben zu Rang und Würden bringen, häufig in einer künstlerischen Umwelt.

Gleichgültig, wie unbedeutend das besondere Merkmal der Linkshändigkeit auch erscheinen mag, so lehrt es uns doch etwas ganz Wichtiges, nämlich, daß wir über die Fähigkeit eines Kindes nichts aussagen können, solange wir nicht dafür gesorgt haben, daß sein Mut und seine Ausdauer ein bestimmtes Maß erreichen. Wenn wir die Kinder in Angst versetzen, ihnen die Hoffnung auf eine bessere Zukunft nehmen, dann mag es immer noch so scheinen, als seien sie in der Lage, recht gut voranzukommen. Doch wenn wir ihren Mut stärken, dann könnten sich solche Kinder zu erheblich besseren Leistungen aufschwingen.

Kinder mit übermäßigem Ehrgeiz sind in einer schwierigen Lage, weil es üblich ist, sie nach ihren Erfolgen zu beurteilen und nicht nach ihrer Fähigkeit, Schwierigkeiten zu begegnen und sie durchzustehen. In unserer gegenwärtigen Kulturlandschaft ist es fernerhin Brauch, sich mehr um sichtbaren Erfolg als um gründliche Erziehung zu kümmern. Wir wissen, wie verderblich der mit geringer Anstrengung errungene Erfolg ist. Daher kann es nicht von Nutzen sein, einem Kind Ehrgeiz anzuerziehen. Es ist weitaus wichtiger, wenn man ihm beibringt, Mut, Ausdauer und Selbstvertrauen zu entwickeln, sich klarzumachen, daß ein Fehlschlag nie dazu führen sollte, den Mut zu verlieren, sondern als ein neues Problem angegangen werden muß. Sicherlich wäre alles viel leichter, wenn der Lehrer in der Lage wäre zu erkennen, in welchem Bereich die Anstrengungen eines Kindes aussichtslos erscheinen, und auch festzustellen, ob das Kind sich hinreichend anstrengt.

Ein Überlegenheitsstreben kann sich, wie wir gesehen haben, in einem Charakterzug wie Ehrgeiz ausdrücken. Wir begegnen auch Kindern, deren Überlegenheitsstreben zunächst in Form von Ehrgeiz auftrat, die aber diesen Ehrgeiz als vergeblich aufgegeben haben, weil ein anderes Kind ihnen bereits weit voraus ist.

Viele Lehrer befleißigen sich der Praxis, Kinder, die ihrer Meinung nach nicht genügend Ehrgeiz an den Tag legen, sehr streng zu behandeln oder ihnen schlechte Noten zu geben, um auf diese Weise ihren schlummernden Ehrgeiz zu wecken. Wenn die Kinder noch einen Rest von Mut besitzen, ist diese Erziehungsmethode bisweilen von Erfolg gekrönt. Allerdings ist sie nicht zur allgemeinen Verwendung zu empfehlen. Kinder, die in ihren Lernleistungen bereits nahe an die Gefahrengrenze gelangt sind, werden durch eine solche Behandlung in vollständige Verwirrung und in einen Zustand augenfälliger Dummheit und Dumpfheit getrieben.

Auf der anderen Seite waren wir häufig verblüfft über die unerwartete Intelligenz und Tüchtigkeit, die Kinder zum Vorschein brachten, wenn ihnen Güte, Aufmerksamkeit und Verständnis entgegengebracht wurden. Es stimmt, daß Kinder, die sich in dieser Weise ändern, häufig größeren Ehrgeiz zeigen, und zwar ganz einfach deshalb, weil sie befürchten, in den alten Zustand zurückzufallen. Ihre alte Lebensweise und der hinter ihnen liegende Leistungsmangel bilden gleichsam Warnsignale und treiben sie beständig an. In ihrem späteren Leben verhalten sich viele von ihnen, als seien sie von einem Dämon besessen; sie sind Tag und Nacht rastlos beschäftigt, leiden ständig an den Folgen von Überarbeitung und glauben, sie täten niemals genug.

All diese Zusammenhänge gewinnen an Klarheit, wenn wir uns den Grundgedanken der Individualpsychologie ins Gedächtnis zurückrufen, daß die Persönlichkeit eines jeden Individuums (des Kindes sowohl wie des Erwachsenen) eine in sich geschlossene Einheit bildet und stets in Übereinstimmung mit dem nach und nach herausgebildeten Verhaltensmuster zum Ausdruck kommt. Eine Handlung unabhängig von der Persönlichkeit des Handelnden zu beurteilen ist unsinnig, weil eine spezifische Einzelhandlung auf vielerlei Weise gedeutet werden kann. Die Unsicherheit in der Beurteilung vergeht sofort, wenn wir die besondere Handlung oder Geste – zum Beispiel Säumigkeit – als unausweichliche Reaktion des Kindes auf die ihm von der Schule angetragenen Aufgaben begreifen. Eine derartige Reaktion bedeutet schlicht und einfach, daß das Kind mit der Schule am liebsten gar nichts zu tun haben möchte und daß es sich folglich nicht darum kümmert, den schulischen Anforderungen zu genügen. Tatsächlich tut es alles Erdenkliche, um den Anforderungen nicht zu entsprechen.

Von diesem Standpunkt aus vermögen wir das Gesamtbild des »schlechten« Schulkindes zu übersehen. Wir erkennen die Tragödie, die einsetzt, wenn das Überlegenheitsstreben sich nicht in der Annahme der Schule, sondern vielmehr in ihrer Ablehnung ausdrückt. Es taucht eine Reihe von Verhaltenssymptomen auf, von Symptomen, die sich schrittweise einem Zustand nähern, wo sie unkorrigierbar werden und in Rückschritt übergehen. Das Kind kann immer mehr in die Rolle eines Hofnarren hineinwachsen. Dann vollführt es ständig Faxen und Streiche, um andere zum Lachen zu bringen, und tut im übrigen recht wenig. Oder es ärgert und belästigt seine Mitschüler, schwänzt die Schule oder gerät in schlechte Gesellschaft.

Daran können wir ablesen, daß nicht nur das Schicksal des Schulkindes in unserer Hand liegt, sondern gleichermaßen auch die spätere Entwicklung des Individuums. Die von der Schule bereitgestellte Erziehung und Ausbildung legen in entscheidender Weise das künftige Leben des Individuums fest. Die Schule hat ihren Platz zwischen Familie und gesellschaftlichem Leben. Sie hat die Möglichkeit, Lebensstile zu korrigieren, die unter dem Einfluß der Familienerziehung fehlerhaft geworden sind, und sie trägt Verantwortung, das Kind auf die Anpassung an das Sozialleben vorzubereiten und darauf zu achten, daß das Kind seine individuelle Rolle im orchesterähnlichen Ensemble der Gesellschaft harmonisch spielt.

Wenn wir die Rolle der Schule historisch betrachten, erkennen wir, daß sie stets versucht hat, Individuen entsprechend dem gesellschaftlichen Ideal ihrer Zeit heranzubilden. Sie war nacheinander aristokratische, religiöse, bürgerliche und demokratische Schule und hat die Kinder immer in Übereinstimmung mit den Forderungen der Zeitläufte und der herrschenden Schichten erzogen. Heutzutage muß sich auch die Schule entsprechend dem geänderten gesellschaftlichen Ideal Wandlungen unterziehen. Wenn also heute unabhängige, selbstbeherrschte und mutige Männer oder Frauen das Ideal des erwachsenen Menschen verkörpern, dann muß die Schule sich in der Weise umstellen, daß sie Menschen hervorbringt, die dem genannten Ideal nahekommen.

Mit anderen Worten, die Schule darf sich nicht als Selbstzweck betrachten und hat sich klarzumachen, daß ihre Schüler für die Gesellschaft und nicht für die Schule selbst auszubilden sind. Daher darf sie auch jene Kinder nicht vernachlässigen, die das Ideal, Musterschüler zu sein, aufgegeben haben. Diese Kinder haben nicht notwendigerweise ein weniger starkes Überlegenheitsstreben als andere Kinder. Sie können ihre Aufmerksamkeit anderen Dingen zuwenden, die sie nicht in dem starken Maße beanspruchen und überfordern und die in ihnen die Vorstellung wachrufen, mag sie nun richtig sein oder nicht, daß in diesem Bereich Erfolge leichter zu erzielen sind. Das mag auf die Tatsache zurückzuführen sein, daß sie sich in früheren Jahren unbewußt auf andere Betätigungen eingestellt und sie erprobt haben. So mögen sie keine brillanten Mathematiker werden, aber sich in sportlichen Tätigkeiten durchaus hervortun. Der Erzieher sollte eine derart herausragende Leistung nicht geringschätzen, sondern sollte sie als Ausgangspunkt nehmen, um das Kind zu ermutigen, auch in anderen Tätigkeitsbereichen Verbesserungen anzustreben. Die Aufgabe des Erziehers ist viel leichter zu lösen, wenn er mit einer einzigen ermutigenden Leistung beginnen und sie dahingehend einsetzen kann, daß das Kind den Glauben gewinnt, es könne auch in anderen Bereichen gleichermaßen erfolgreich sein. Auf diese Weise wird das Kind sozusagen von einem fruchtbaren Weidegrund zum anderen gelockt. Und da alle Kinder, mit Ausnahme der schwachsinnigen, durchaus fähig sind, ihre Schularbeiten erfolgreich zu bewältigen, bedarf es einfach nur der Überwindung künstlich errichteter Schranken. Diese Schranken stellen sich in den Weg, wenn man als Beurteilungsgrundlage abstrakte Schulleistungen und nicht die letztlich entscheidenden erzieherischen und gesellschaftlichen Zielvorstellungen nimmt. Auf Seiten des Kindes spiegelt sich die Schranke in einem Mangel an Selbstzutrauen wider, ein Mangel, der seinerseits dazu führen kann, daß das Überlegenheitsstreben sich von nützlicher Tätigkeit abkehrt, weil es dort seinen angemessenen Ausdruck nicht finden kann.

Wie verhält sich das Kind in einer solchen Lage? Es denkt an eine Ausflucht. Häufig stellen wir fest, daß es eine Eigenart annimmt, die ihm nicht unbedingt lobende Worte des Lehrers einträgt, die aber seine Aufmerksamkeit auf sich zieht oder lediglich die Bewunderung anderer Kinder angesichts eines derartigen Schauspiels von Unverfrorenheit und Eigensinn erregt. Aufgrund der Unruhe, die es hervorruft, hält sich ein solches Kind häufig für einen Helden und für einen kleinen Riesen.

Derartige psychische Manifestationen und Abweichungen von normalem Betragen treten im Verlauf der gleichsam als Prüfung wirkenden Schulzeit deutlich in Erscheinung. Ihr Ursprung läßt sich freilich nicht vollständig auf die Schule zurückführen, wenngleich sie in der Schule an die Oberfläche kommen und

sichtbar werden. In passivem Sinne, will sagen, losgelöst von ihrer aktiven erzieherischen und korrektiven Aufgabe, ist die Schule sozusagen eine Prüfstation, in der die Defekte der frühen häuslichen Erziehung ans Licht gebracht werden.
Ein guter, aufmerksamer Lehrer kann bereits am ersten Schultag eines Kindes eine ganze Reihe von Dingen feststellen. Denn viele Kinder zeigen sogleich alle Anzeichen, mit denen ein verzärteltes Kind zu verstehen gibt, daß ihm die neue Situation (die Schule) äußerst peinvoll und unangenehm ist. Solch ein Kind hat keine Erfahrung darin, Kontakte zu anderen aufzunehmen, und dabei ist es besonders wichtig, daß es bereit und in der Lage ist, Freunde zu gewinnen. Es wäre zu wünschen, daß ein Kind bereits bei Schuleintritt einige Kenntnisse mitbringt, wie man Kontakte zu anderen herstellt. Es darf nicht unter Ausschluß aller anderen Menschen von einer Person abhängig sein. Der Fehler der Familienerziehung muß in der Schule bereinigt werden, doch es ist natürlich weitaus besser, wenn das Kind mehr oder weniger frei von einem solchen Fehler eingeschult wird.
Von einem Kind, das zuhause verzärtelt worden ist, kann man nicht erwarten, daß es mit einem Mal in der Lage ist, sich auf seine Schularbeiten zu konzentrieren. Ein solches Kind ist unaufmerksam. Es wird den Wunsch äußern, lieber zuhause zu bleiben als zur Schule zu gehen – es besitzt tatsächlich keinen »Sinn für die Schule«. Die Anzeichen seiner Abneigung gegen die Schule sind nicht schwer zu entdecken. So müssen die Eltern das Kind morgens geradezu überreden, aus den Federn zu steigen; sie müssen es beständig drängen, dies oder jenes zu tun; sie müssen feststellen, daß das Kind seine Zeit beim Frühstück vertrödelt und so weiter. Es hat den Anschein, als habe ein solches Kind eine unüberwindbare Schranke aufgerichtet, um auf diese Weise zu verhindern, daß es Fortschritte macht.
Für die Heilung, für die Abhilfe in einer solchen Lage gilt das gleiche wie für linkshändige Personen: wir müssen derartigen Kindern Zeit geben zu lernen und wir dürfen sie nicht bestrafen, wenn sie zu spät zur Schule kommen, denn damit verstärken wir nur ihr Gefühl, in der Schule unglücklich zu sein. In der Strafe sieht das Kind nur eine Bestärkung für sein Gefühl, daß es nicht in die Schule gehört. Wenn Eltern ihr Kind schlagen, um es auf diese Weise zu zwingen, die Schule zu besuchen, dann wird das Kind nicht nur wünschen, daß es nicht zur Schule gehen muß, sondern nach Mitteln und Wegen Ausschau halten, um seine Lage erträglicher zu machen. Natürlich handelt es sich dabei um eine Ausflucht und nicht um Wege, die tatsächlich dahin führen, die Lage und ihre Schwierigkeit zu bemeistern. Die Abneigung des Kin-

des gegenüber der Schule, seine Unfähigkeit, die schulischen Probleme zu lösen, offenbaren sich in jeder Geste und in jeder Bewegung. Es wird niemals seine Bücher beisammen halten und sie stets vergessen oder verlieren. Wenn ein Kind die Gewohnheit annimmt, Bücher zu vergessen oder zu verlieren, dann können wir ganz sicher sein, daß es mit seiner Schule nicht gerade auf bestem Fuße steht.
Wenn wir uns mit solchen Kindern näher befassen, stellen wir fast regelmäßig fest, daß sie keinerlei Hoffnung haben, in der Schule jemals auch nur die geringsten Erfolge zu erzielen. Diese Selbstunterschätzung ist nicht gänzlich ihr eigener Fehler. Die Umwelt hat dazu beigetragen, sie in diese falsche Richtung zu drängen. Zuhause mag ihnen jemand in einem Anfall von Wut eine düstere Zukunft prophezeit oder sie als dumm oder wertlos beschimpft haben. Wenn diese Kinder in der Schule etwas erfahren, was als Bestätigung solcher Anwürfe erscheint, dann mangelt es ihnen an Urteilsvermögen, an analytischer Fähigkeit (die Älteren gleichfalls häufig abgeht), ihre Fehleinschätzung zu korrigieren. Sie geben den Kampf auf, ehe sie auch nur den Versuch zu kämpfen unternommen haben, und sie betrachen die Niederlage, die sie sich selbst beibringen, als unüberwindbares Hindernis und als Bestätigung ihrer Unzulänglichkeit und Minderwertigkeit.
Da aufgrund der Umstände nur geringe Möglichkeit besteht, einen Fehler, sobald er erst einmal begangen ist, wieder zu korrigieren und da die genannten Kinder trotz ihrer augenfälligen Anstrengungen gewöhnlich in ihren Leistungen zurückbleiben, geben sie ihre Bemühungen bald auf und verwenden ihre Aufmerksamkeit darauf, sich Entschuldigungen auszudenken, warum sie der Schule fernbleiben. Fernbleiben von der Schule, das, was wir Schwänzen nennen, ist eines der schwerwiegendsten Symptome. Es wird als eines der schlimmsten Vergehen betrachtet, und für gewöhnlich folgt drastische Bestrafung auf dem Fuße. Aufgrund dessen sehen die Kinder sich gezwungen, zu List und Verfälschung, zu Verdrehungen von Tatsachen ihre Zuflucht zu nehmen. Ihnen stehen allerdings noch einige Wege offen, auf denen sie sich immer tiefer in Missetaten verstricken. So können sie unbefugterweise häusliche Mitteilungen selbst abfassen oder Zeugnisse fälschen. Ferner kann es sein, daß sie daheim ein Netz von Lügen ausspinnen, Lügen über all jene Betätigungen, denen Kinder in der Schule gemeinhin nachgehen, während sie in Wahrheit die Schule seit einiger Zeit überhaupt nicht mehr besucht haben. In einem solchen Falle müssen sie einen Ort finden, an dem sie sich während der Schulstunden verbergen können. Überflüssig zu sagen, daß sie in solchen Verstecken für gewöhnlich andere Kinder antreffen, die den von ihnen

eingeschlagenen Weg bereits seit einiger Zeit verfolgt haben. Und da sie lediglich die Schule geschwänzt haben, bleibt ihr Überlegenheitsstreben unbefriedigt – es treibt sie vielmehr zu neuen Taten, genauer gesagt: zu Gesetzesverstößen. So folgt eine Fehlhandlung auf die andere, bis hin zur ausgemachten Kriminalität. Sie schließen sich zu Banden zusammen, gehen auf Diebestouren, werden mit sexuellen Perversionen vertraut und fühlen sich dabei, als seien sie bereits erwachsen.

Haben sie erst den großen Schritt getan, suchen sie nach neuer Nahrung für ihren Ehrgeiz. Sofern sie bei ihren Handlungen unentdeckt geblieben sind, sonnen sie sich in dem Gefühl, sie könnten die waghalsigsten Verbrechen begehen. Damit erklärt sich, warum so viele Kinder ihr kriminelles Leben nicht aufgeben wollen. Sie wollen auf dem einmal eingeschlagenen Weg weitergehen, weil sie dem Glauben anhängen, sie könnten in keinem anderen Bereich jemals irgendwelche Erfolge erzielen. Sie verschließen sich gegen alles, was sie dazu anspornen könnte, einer nützlichen Tätigkeit nachzugehen. Ihr durch die Taten von Kameraden ständig angestachelter Ehrgeiz treibt sie zu asozialen oder antisozialen Handlungen. Wir begegnen keinem Kind mit kriminellen Tendenzen, bei dem uns nicht gleichzeitig eine extreme Selbstgefälligkeit auffiele. Dieses selbstgefällige Angebertum entstammt der gleichen Quelle wie der Ehrgeiz; er übt auf das Kind einen beständigen Zwang aus, sich auf die eine oder andere Weise von anderen abzusetzen. Und wenn es auf der nützlichen Seite des Lebens keinen Platz für sich finden kann, dann wendet es sich der unnützlichen Seite zu.

Betrachten wir den Fall eines Jungen, der seinen Lehrer umgebracht hat! Bei näherer Untersuchung des Falles entdecken wir bei dem Jungen all die charakteristischen Züge. Es handelt sich um einen Knaben, der unter der Obhut einer Erzieherin, die von sich glaubte, sie wisse alles Notwendige über den Ausdruck und die Funktion psychischen Lebens, sorgsam behütet, aber in allzu nervöser Atmosphäre aufgewachsen war. Der Junge verlor seinen Glauben an sich selbst, weil sein Ehrgeiz aus Himmelshöhe ins Nichts fiel, das heißt in blanke Entmutigung. Leben und Schule genügten seinen hohen Erwartungen nicht, und so verlegte er sich auf Gesetzesübertretungen. Dadurch entzog er sich der Kontrolle der Erzieherin und des heilpädagogischen Fachmanns, denn die Gesellschaft hat es bislang verabsäumt, Einrichtungen zu entwickeln, in denen es möglich ist, Kriminelle, vor allem jugendliche Kriminelle, als erziehungsbedürftig zu behandeln, mit anderen Worten, als Problem der Korrektur psychischer Fehlerhaftigkeit.

Für jeden, der viel mit Pädagogik zu tun hat, ist es eine vertraute, wenngleich immer wieder merkwürdig berührende

Tatsache, daß wir in Familien von Lehrern, Geistlichen, Ärzten und Richtern besonders häufig verwahrloste Kinder antreffen. Das gilt nicht bloß für Erziehungspersonen, deren berufliches Ansehen nicht sonderlich hoch eingeschätzt wird, sondern auch für Menschen, auf deren Meinungen wir besonderes Gewicht legen. Trotz ihrer beruflichen Autorität scheinen sie außerstande zu sein, für Friede und Ordnung in ihrer eigenen Familie zu sorgen. Als Erklärung bietet sich an, daß in all diesen Familien bestimmte wichtige Gesichtspunkte entweder völlig übersehen oder überhaupt nicht verstanden werden. Die Schwierigkeit ergibt sich beispielsweise zum Teil aus den strengen Regeln und Anweisungen, die der jeweilige, als Erzieher auftretende Elternteil mit Hilfe seiner vermeintlichen Autorität der Familie aufzuzwingen sucht. Damit erlegt er dem Kind eine zu schwerwiegende Unterdrückung auf. Er bedroht die Unabhängigkeit des Kindes, und häufig raubt er sie ihm tatsächlich. Es hat den Anschein, als erzeugte der betreffende Erzieher in dem Kind eine Stimmung, die es dem Zwang aussetzt, Rache zu nehmen für seine Unterdrückung, die sich dem Gedächtnis durch die zum Schlagen benutzte Rute eingeprägt hat. Man sollte sich überdies daran erinnern, daß bewußt verfolgte Pädagogik die Beobachtung außerordentlich schärft. In den meisten Fällen ist das vom großen Vorteil, doch bei eigenen Kindern führt es nicht selten zu dem Wunsch, ständig im Mittelpunkt der Aufmerksamkeit zu stehen. Solche Kinder neigen dazu, sich als Versuchskarnickel zu betrachten, das zur Schau gestellt werden soll, und sie machen andere dafür verantwortlich, sehen in ihnen die Drahtzieher. Diese anderen sollen all die Schwierigkeiten beseitigen; die Kinder selbst fühlen sich frei von jeglicher Verantwortung.

## 4. Die Steuerung des Überlegenheitsstrebens

Wie wir festgestellt haben, strebt jedes Kind nach Überlegenheit. Es ist die Aufgabe der Eltern oder Erzieher, dieses Streben so zu lenken, daß es Früchte trägt und Nutzen bringt. Die Erziehungspersonen haben dafür zu sorgen, daß das Überlegenheitsstreben Gesundheit und Glück und nicht Neurosen und Störungen mit sich bringt.

Wie ist das zu erreichen? Welches ist die Grundlage zur Unterscheidung zwischen nützlichen und unnützlichen Äußerungen des Überlegenheitsstrebens? Die Antwort lautet: Grundlage ist das Gemeinschaftsgefühl. Wir können uns keine Errungenschaft vorstellen, keine jemals von einem Menschen vollbrachte nennenswerte Leistung, die nicht in Bezug zur

Gemeinschaft stände. Wenn wir uns die großen Taten ins Gedächtnis rufen, Taten, die uns edel, erhaben und wertvoll erscheinen, dann erkennen wir, daß diese Taten nicht nur für den Vollbringer, sondern auch für die jeweilige Gemeinschaft von Wert gewesen sind. Folglich muß die Erziehung eines Kindes so eingerichtet werden, daß es das Sozialgefühl oder einen Sinn für Solidarität mit der Gemeinschaft anerkennt.
Kinder, die nicht begreifen, was Sozialgefühl eigentlich ist, entwickeln sich zu Sorgenkindern. Bei ihnen handelt es sich schlicht um Kinder, deren Überlegenheitsstreben auf die Anwendung nicht vorbereitet worden ist.
Wahr ist freilich, daß es erhebliche Meinungsunterschiede hinsichtlich der Frage gibt, was als nützlich für die Gemeinschaft anzusehen sei. Eins jedenfalls ist sicher: wir können einen Baum nach seinen Früchten beurteilen. Die Folgen jeder einzelnen Handlung lassen erkennen, ob sie für die Gemeinschaft nützlich oder unnützlich gewesen ist, das heißt, wir müssen Zeit und Auswirkung in Rechnung stellen. Schließlich muß die Handlung sich mit der Logik der Realität decken, und das Maß dieser Deckung läßt deutlich werden, ob die Handlung für die Bedürfnisse der Gemeinschaft von irgendeiner Bedeutung ist. Den Wertmaßstab liefert die universale Struktur der Dinge. Früher oder später muß der Widerspruch zu diesem Maßstab oder der Einklang mit ihm ans Licht kommen. Glücklicherweise befinden wir uns allerdings im Alltagsleben nicht allzu häufig in der Lage, komplizierte Beurteilungstechniken anwenden zu müssen. Auf dem Felde politischer Veränderungen, sozialer Entwicklungen usw., deren Auswirkungen wir nur vage voraussehen können, ist Raum genug für Auseinandersetzungen. Doch selbst auf diesem Gebiet – im Leben der Völker wie auch im Leben des Einzelnen – zeigen die Auswirkungen letztlich doch an, ob bestimmte Handlungen nützlich und richtig sind oder nicht. Von einem wissenschaftlichen Standpunkt aus können wir freilich niemals irgend etwas als für alle Menschen gut und nützlich bezeichnen, es sei denn, es handle sich um eine absolute Wahrheit und um eine richtige Lösung des Problems des Lebens, eines Problems, das bedingt ist durch die Erde, den Kosmos und die Logik der Beziehungen zwischen Menschen. Diese Bedingungen des objektiven und des menschlichen Universums treten an uns heran wie ein mathematisches Problem, das seine Lösung in sich selbst birgt, auch wenn wir nicht immer in der Lage sind, es lösen zu können. Die Richtigkeit einer Lösung können wir nur bestimmen, wenn wir sie vor dem Hintergrund der einzelnen Tatbestände des Problems prüfen. Leider haben wir gelegentlich erst zu einem derart späten Zeitpunkt die Möglichkeit, die Richtigkeit einer Lösung zu prüfen, daß wir Fehler nicht mehr korri-

gieren können.
Menschen, die ihre Lebensstruktur nicht von einem logischen und objektiven Gesichtspunkt aus betrachten, sind größtenteils unfähig, den Zusammenhang und die Stimmigkeit ihres Verhaltensmusters zu erkennen. Sobald ein Problem auftaucht, geraten sie in Panik, und statt das Problem anzugehen, sitzen sie dem Glauben auf, sie hätten einen Irrtum begangen, als sie einen Weg einschlugen, der ihnen Probleme bescherte. Was Kinder angeht, so ist daran zu erinnern, daß sie nicht in der Lage sind, aus negativen Erfahrungen positive Lehren zu ziehen, wenn sie den Weg der Nützlichkeit verlassen, weil sie ganz einfach die Bedeutung der Probleme nicht verstehen. Es ist daher vonnöten, einem Kind beizubringen, daß es sein Leben nicht als eine Reihe von unverbundenen Ereignissen betrachtet, sondern als einen durchgängigen Faden, der sich durch all die Wechselfälle seiner Existenz zieht. Kein Einzelgeschehnis darf aus dem Zusammenhang seines gesamten Lebens gerissen werden, sondern es kann nur in Bezug zu allem Vorausgegangenen erklärt werden. Wenn ein Kind dies erst einmal begreift, dann wird es auch im Stande sein zu durchschauen, warum es vom rechten Weg abgewichen ist.
Ehe wir über den Unterschied zwischen richtiger und falscher Ausrichtung des Überlegenheitsstrebens weitere Überlegungen anstellen, erscheint es angebracht, sich einer Verhaltensweise zuzuwenden, die unserer allgemeinen Theorie zu widersprechen scheint. Ich meine das träge, das faule Verhalten – eine Verhaltensweise, die auf den ersten Blick der Ansicht zu widersprechen scheint, daß alle Kinder ein angeborenes Überlegenheitsstreben haben. Tatsächlich wird ein faules Kind deswegen mit Schelte bedacht, weil es kein Überlegenheitsstreben, keinen Ehrgeiz zu haben scheint. Doch wenn wir uns mit der Lage des faulen Kindes näher befassen, dann erkennen wir, wie fehlerhaft die übliche Betrachtungsweise ist. Das faule Kind genießt bestimmte Vorteile. Es steht nicht unter dem Druck von Erwartungen, die andere Menschen an es haben; bis zu einem gewissen Maße wird es für seine mangelhaften Leistungen entschuldigt; es müht sich nicht ab und nimmt daher eine lässige, gleichgültige Haltung an. Doch aufgrund seiner Faulheit gelingt es ihm oft, sich ins Rampenlicht zu rücken, denn seine Eltern sehen sich genötigt, sich mit ihm zu beschäftigen. Wenn wir überlegen, wie viele Kinder es gibt, die um jeden Preis im Vordergrund stehen möchten, dann dürfte uns auch aufgehen, daß einige Kinder auf den Gedanken kommen, Beachtung auf sich zu lenken, indem sie faul sind.
Diese psychologische Erklärung der Faulheit ist jedoch unvollständig. Viele Kinder nehmen eine faule Haltung an, um sich ihre Lage zu erleichtern. Ihre augenscheinliche Unfähigkeit

und ihr Leistungsmangel werden stets der Faulheit zugeschrieben. Nur selten hören wir, daß ihnen Mangel an Fähigkeiten vorgeworfen wird; im Gegenteil, ihre Familien erklären gewöhnlich: »Was könnte es alles tun, wenn es nicht so faul wäre!« Die Kinder beruhigen sich mit der Versicherung, sie *könnten* alles leisten, wenn sie nur nicht so faul wären. Das bedeutet eine Tröstung für das Ich des Kindes, das zu geringes Vertrauen in sich selbst hat. Außerdem ist es ein Erfolgsersatz, und zwar nicht nur für Kinder, sondern gleicherweise auch für Erwachsene. Der trügerische Wenn-Satz: »Wenn ich nicht so faul wäre, was könnte ich da alles tun!« macht das Gefühl des Versagens erträglicher. Tun solche Kinder wirklich einmal etwas, dann sind auch mäßige Leistungen in ihren Augen von besonderer Bedeutsamkeit. Die eine unwichtige Leistung bildet eine Art Gegensatz zu dem vorherigen gleichförmigen Leistungsmangel, und infolgedessen werden sie dafür gelobt, während andere Kinder, die ständig tätig sind und sich eifrig bemühen, für größere Leistungen weniger Anerkennung ernten.

Wir erkennen mithin, daß sich hinter der Faulheit eine gewöhnlich nicht durchschaute Diplomatie verbirgt. Faule Kinder sind wie Seiltänzer, die durch ein Netz gesichert sind: wenn sie fallen, dann fallen sie weich. Kritik an faulen Kindern fällt milder aus als an anderen Kindern und sie trifft das Ich nicht so stark. Es ist weniger schmerzlich, wenn man zu hören bekommt, man sei faul, als wenn einem gesagt wird, man sei unfähig. Kurz gesagt, Faulheit dient als Deckmantel für mangelndes Zutrauen des Kindes zu sich selbst, für einen Mangel, der das Kind hindert, den Versuch zu unternehmen, sich mit Problemen, vor die es gestellt wird, auseinanderzusetzen.

Nehmen wir die derzeit gängigen Erziehungsmethoden in Augenschein, dann fällt uns auf, daß sie den Wünschen des faulen Kindes genau entsprechen. Denn je mehr man ein faules Kind ausschimpft, desto näher kommt es seinem Ziel. Man beschäftigt sich mit ihm die ganze Zeit, und das Ausschimpfen lenkt von der Frage nach seiner Fähigkeit ab, befriedigt folglich sein Verlangen. Bestrafung hat weitgehend ähnliche Folgen. Lehrer, die glauben, sie könnten ein Kind durch Bestrafung von seiner Faulheit heilen, erleben stets eine Enttäuschung. Die schwerste Strafe macht aus einem faulen Kind kein eifriges.

Wenn tatsächlich eine Änderung eintritt, dann durch eine veränderte Lage, wenn beispielsweise ein solches Kind einen unerwarteten Erfolg verbuchen kann. Oder es kann auch geschehen, daß das Kind sich ändert, wenn es von einem strengen Lehrer zu einem gütigeren kommt, zu einem Lehrer, der das Kind versteht, der ernsthaft mit ihm spricht und ihm neuen

Mut gibt, anstatt das Wenige an Mut, das es besitzt, noch zu schwächen. In einer derartigen Lage tritt gelegentlich in verblüffend kurzer Zeit an die Stelle von Faulheit eifrige Tätigkeit. So haben wir Kinder, die in den ersten Schuljahren zurückgeblieben sind und die sich nach dem Eintritt in eine neue Schule ungewöhnlich eifrig zeigen, weil die schulische Umwelt sich geändert hat.
Einige Kinder, die nicht mit Hilfe von Faulheit eine Ausflucht suchen, gehen nützlicher Tätigkeit aus dem Weg, indem sie krank spielen. Andere Kinder legen während der Zeit von Prüfungen eine ungewöhnliche Aufregung an den Tag, weil sie das Gefühl haben, sie würden aufgrund ihrer nervösen Spannung bevorzugt. Die gleiche psychische Tendenz zeigt sich bei weinenden Kindern: Weinen und Erregung sind gleichsam Bitten um besondere Vorrechte.
Zur selben Gruppe von Kindern gehören auch jene, die wegen eines Gebrechens besondere Beachtung verlangen, zum Beispiel die Stotterer. Wer viel mit Kleinkindern zu tun hat, wird bemerken, daß fast alle Kinder, die zu sprechen beginnen, eine gewisse Tendenz zum Stottern zeigen. Wie wir wissen, wird die Sprachentwicklung durch viele Faktoren beschleunigt oder gehemmt, in erster Linie durch das Maß an Gemeinschaftsgefühl. Kinder mit Gemeinsinn, die den Wunsch verspüren, mit ihren Mitmenschen in Berührung zu kommen, lernen weit schneller und leichter sprechen als Kinder, die anderen Menschen aus dem Wege gehen. Wir kennen sogar Lagen, in denen Sprechen eine überflüssige Tätigkeit ist, zum Beispiel im Fall eines Kindes, das so behütet und verzärtelt worden ist, daß jeder seiner Wünsche erahnt und erfüllt wird, noch ehe es Gelegenheit hat, ihn zu äußern (wie man notgedrungen mit taubstummen Kindern umgeht).
Wenn Kinder vor ihrem vierten oder fünften Lebensjahr nicht sprechen lernen, beginnen die Eltern allmählich in Angst und Sorge zu geraten, es könne sich dabei um Taubstummheit handeln. Doch recht bald bemerken sie, daß die Kinder ziemlich gut zu hören im Stande sind, und damit ist natürlich die Annahme Taubstummheit hinfällig. Auf der anderen Seite hat man beobachtet, daß diese Kinder in der Tat einer Umwelt ausgesetzt sind, in der Reden etwas Überflüssiges ist. Wenn dem Kind alles, wie wir sagen, »auf einem Silberteller« serviert wird, so daß es einfach keinen Drang zu sprechen verspürt, dann wird es mit einiger Sicherheit recht spät sprechen lernen. Die Sprache gibt Auskunft über das kindliche Überlegenheitsstreben und über seine Entwicklungsrichtung. Das Kind bedarf der Sprache, um sein Überlegenheitsstreben äußern zu können, mag es nun mit seinen Äußerungen die Familie ergötzen oder mag es sich auf diese Weise die Befrie-

digung seiner ganz natürlichen Bedürfnisse verschaffen. Wo diese Art des Ausdrucks nicht möglich ist, weder in der einen, noch in der anderen Form, da kann man natürlich erwarten, daß sich bei der Sprachentwicklung Schwierigkeiten einstellen.

Doch wir haben es noch mit anderen Sprachstörungen zu tun, etwa mit dem Unvermögen, bestimmte Konsonanten wie r, k und s richtig auszusprechen. All diese Störungen sind heilbar, und schon deshalb stimmt es nachdenklich, daß es so viele Erwachsene geben soll, die stottern, lispeln oder unverständlich sprechen.

Die meisten Kinder entwachsen gleichsam dem Stottern. Ein kleiner Prozentsatz muß behandelt werden. Welche Schwierigkeiten mit dem Behandlungsprozeß verbunden sind, mag der Fall eines dreizehnjährigen Jungen verdeutlichen. Ein Arzt begann mit der Behandlung, als der Junge sechs Jahre alt war. Sie dauerte ein Jahr und blieb ohne Erfolg. Nach einem Jahr ohne fachmännische Behandlung nahm sich ein weiterer Arzt des Jungen an. Doch auch er vermochte in einjähriger Behandlung das Stottern nicht zu beseitigen. Im darauffolgenden Jahr wurde nichts gegen die Sprachstörung unternommen, und während der beiden ersten Monate des fünften Jahres wurde der Junge einem Sprachpädagogen anvertraut, der seinen Zustand noch verschlechterte. Einige Zeit später wurde der Junge in ein Spezialinstitut für die Behebung von Sprachfehlern geschickt. Die zwei Monate währende Behandlung war zunächst erfolgreich, doch nach einem Zeitraum von sechs Monaten kam es zu einem Rückschlag.

Der Junge wurde darauf für weitere acht Monate der Obhut eines anderen Sprachpädagogen übergeben. Doch statt daß irgendeine Besserung zu bemerken gewesen wäre, erfolgte diesmal eine schrittweise Verschlimmerung. Ein weiterer Arzt wurde hinzugezogen, wiederum ohne Erfolg. Während des folgenden Sommers verbesserte sich der Zustand des Jungen, doch gegen Ende der Ferienzeit fiel er wieder in seine alte Sprechweise zurück.

Die Behandlung bestand zum größten Teil darin, daß man den Jungen anwies, laut zu lesen, langsam zu sprechen, Übungen durchzuführen usw. Es fiel auf, daß einige Erregungszustände zeitweilige Besserungen mit sich brachten, denen jedoch sofortige Rückschläge folgten. Der Junge wies keinerlei organische Mängel auf, obwohl er als Kleinkind aus dem zweiten Stock eines Hauses gefallen war und sich dabei eine Gehirnerschütterung zugezogen hatte.

Der Lehrer des Jungen, der ihn ein Jahr lang unterrichtet hatte, beschrieb ihn als »einen wohlerzogenen, fleißigen Burschen, der leicht errötet und ein wenig nervös ist«. Nach den

Worten des Lehrers waren Französisch und Geographie für den Jungen die schwierigsten Fächer. Zur Zeit von Prüfungen war er besonders aufgeregt. Als besondere Vorlieben nannte der Lehrer eine Neigung zu Turnübungen und sportlichen Wettkämpfen sowie ein Interesse an technischen Verrichtungen. Der Junge ließ in keiner Weise das Wesen eines Führers erkennen; mit seinen Schulkameraden kam er gut zurecht, doch mit seinem jüngeren Bruder zankte er sich gelegentlich. Er war Linkshänder, und ein Jahr zuvor hatte er einen Anfall von Gesichtslähmung auf der rechten Seite erlitten.

Was seine häusliche Umwelt angeht, so haben wir einen Geschäftsmann als Vater, der hoch nervös ist und den Sohn häufig lautstark anfährt, wenn er stottert. Trotzdem hat der Junge vor seiner Mutter stärkere Angst. Da er zuhause einen Privatlehrer hat, kann er nur selten ins Freie gehen. Die Beschränkung seiner Freiheit bedrückt ihn sehr. Er glaubt ferner, seine Mutter sei ungerecht, weil sie den jüngeren Sohn bevorzugt.

Vor dem Hintergrund dieser Tatsachen möchten wir folgende Erklärung anbieten: Das schnelle Erröten des Jungen weist auf das Anwachsen innerer Spannung hin, die sich sofort einstellt, wenn er einen Sozialkontakt aufnehmen soll. Es ist sozusagen ein Verwandter seiner Stottergewohnheit. Selbst einem Lehrer, den er mag, gelingt es nicht, ihn vom Stottern zu befreien, denn es hat sich seinem Körpersystem als ein Mechanismus eingeschliffen und bringt seine allgemeine Ablehnung anderer Menschen zum Ausdruck.

Der Antrieb zum Stottern liegt, wie wir wissen, nicht in der Außenwelt, sondern in der Art und Weise, wie der Stotterer diese Umwelt wahrnimmt. Seine Reizbarkeit ist psychologisch höchst bedeutsam. Beim Stotterer handelt es sich nicht um ein passives Kind. Sein Streben nach Anerkennung und Überlegenheit äußert sich in Aufregung und Reizbarkeit, wie bei allen schwächlichen Naturen. Ein weiterer Beweis für seine Entmutigung findet sich in der Tatsache, daß er sich nur mit seinem jüngeren Bruder streitet. Seine Aufregung vor einer Prüfung läßt einen Spannungszuwachs erkennen, der mit der Furcht zusammenhängt, er könne versagen, sowie mit dem Gefühl, er sei nicht so begabt wie die anderen. Er steht unter dem Eindruck eines starken Minderwertigkeitsgefühls, das sein Überlegenheitsstreben in eine unnützliche Richtung lenkt.

Der Junge ist glücklich, zur Schule gehen zu können, da die Situation zuhause für ihn nicht so angenehm ist wie in der Schule. Zuhause steht der jüngere Bruder im Mittelpunkt. Es ist eine schiere Unmöglichkeit, daß eine körperliche Verletzung oder ein erschreckendes Erlebnis den Grund für sein

Stottern gelegt haben, doch es mag durchaus sein, daß dies oder jenes Erlebnis dazu beigetragen hat, ihm den Mut zu nehmen. Eine größere Wirkung übt sein jüngerer Bruder auf ihn aus, denn er war es, der ihn an den Rand der Familienkonstellation gedrängt hat.

Es ist auch bezeichnend, daß der Junge bis zu seinem achten Lebensjahr an Bettnässen litt, an einem Symptom mithin, das in erster Linie Kinder entwickeln, die zunächst verwöhnt und verzärtelt und später »entthront« worden sind. Das Bettnässen ist ein sicherer Hinweis, daß er sogar nachts um die Aufmerksamkeit seiner Mutter rang. In diesem Fall ist es ein Zeichen dafür, daß das Kind sich nicht damit abfinden konnte, allein gelassen zu werden.

Der Junge kann von seiner Störung befreit werden, wenn man ihn ermutigt und ihm beibringt, wie er seine Unabhängigkeit erringt. Man muß ihm Aufgaben übertragen, die er bewältigen und aus deren Bewältigung er Zutrauen zu sich selbst gewinnen kann. Der Junge räumt ein, daß die Ankunft des jüngeren Bruders für ihn unangenehm war, und folglich muß er nun verstehen lernen, daß seine Eifersucht ihn in eine falche Richtung getrieben hat.

Über die Symptome, die das Stottern begleiten, läßt sich vieles sagen. So möchten wir wissen, was geschieht, wenn ein Stotterer in einen Zustand der Erregung gerät. Viele Stotterer können, wenn sie wütend werden, ohne jede Spur von Stottern schimpfen. Auch ältere Stotterer sprechen häufig fehlerfrei, wenn sie rezitieren oder sich verlieben. Genau diese Tatsachen lassen erkennen, daß die Beziehung des Stotterers zu anderen den entscheidenden Faktor seines Sprechfehlers ausmacht. Das ausschlaggebende Moment ist die Konfrontation, ist die Spannung, die in einem Kind aufsteigt, wenn es zwischen sich und anderen eine Beziehung herstellen oder sich mittels sprachlicher Mittel ausdrücken soll.

Wenn ein Kind ohne übermäßige Schwierigkeit zu sprechen lernt, zollt niemand seinen Fortschritten sonderliche Aufmerksamkeit; doch wenn es Schwierigkeiten zeigt, dann ist in dem betreffenden Haus von nichts anderem mehr die Rede, und der Stotterer rückt in den Mittelpunkt der Aufmerksamkeit. Die Familie beschäftigt sich ausschließlich mit dem Kind, und das hat natürlich zur Folge, daß auch das Kind seinem Sprechen zuviel Aufmerksamkeit widmet. Es beginnt seinen Ausdruck bewußt zu überwachen, im Gegensatz zu normal sprechenden Kindern. Wir wissen, daß die bewußte Überwachung von Funktionen, die automatisch ablaufen sollten, zu einer Störung dieser Funktionen führt. Ein schönes Beispiel dafür bietet Meyrink in seinem Märchen »Der Flug der Kröte«. Die Kröte begegnet einem Tier mit tausend Füßen und beginnt sogleich ein Loblied auf die Fertigkeiten des bemerkenswerten Lebewesens anzustimmen. »Kannst du mir verraten«, fragt die Kröte, »welches von deinen tausend Beinen du zuerst anhebst und in welcher Reihenfolge die anderen neunhundertneunundneunzig Beine nachfolgen?« Der Tausendfüßler beginnt nachzudenken und die Bewegungen seiner Beine zu beobachten, doch in dem Versuch, sich über sie klar zu werden, gerät er in Verwirrung und kann kein einziges Bein mehr bewegen.

So wichtig es ist, sich über seinen Lebensverlauf klar zu werden, so schädlich ist der Versuch, jede einzelne Bewegung zu überwachen. Wir können Kunstwerke nur dann hervorbringen, wenn es uns gelingt, die Körperbewegungen, die notwendig sind, um diese Werke zu schaffen, zu automatisieren.

Trotz der verheerenden Folgen der Stottergewohnheit auf die künftigen Möglichkeiten des Kindes und trotz der Nachteile des Stotterns für das Kind während der Zeit des Heranwachsens (die Zuneigung und die besondere Aufmerksamkeit seitens seiner Familie), gibt es immer noch viele Menschen, die ihre Zuflucht zu Entschuldigungen nehmen, anstatt sich um eine Verbesserung des Zustandes zu bemühen. Das gilt sowohl für Eltern wie für Kinder, denn beide können kein Vertrauen in die Zukunft aufbauen. Das Kind vor allem gibt sich damit zufrieden, sich an andere anzulehnen und sich durch einen offensichtlichen Nachteil einen Vorteil zu bewahren.

Eine der Erzählungen von Balzac beleuchtet, wie häufig augenfällige Nachteile zum Vorteil verdreht werden können. Balzac erzählt von zwei Händlern, von denen jeder bei einem Handel versucht, das Beste aus dem anderen herauszuschlagen. Während sie feilschten, begann einer von ihnen zu stottern. Der andere gewahrte ganz überrascht, daß der Stotterer durch seinen Sprachfehler Zeit gewann, vor jedem neuen Angebot nachzudenken. Er sah sich eilends nach einer Gegenwaffe um, und plötzlich tat er so, als könne er nicht mehr hören. Da war der Stotterer im Nachteil, insofern er sich heftig abmühen mußte, sich dem anderen verständlich zu machen. Dadurch war das Gleichgewicht wiederhergestellt.

Stotterer sollten nicht wie Asoziale behandelt werden, auch wenn sie den Mechanismus gelegentlich dazu verwenden, Zeit für sich zu gewinnen oder andere warten zu lassen. Stotternde Kinder sollten ermutigt und mit Freundlichkeit behandelt werden. Nur durch freundliche Aufklärung und Stärkung des kindlichen Mutes lassen sich dauernde Heilungen erzielen.

## 5. Der Minderwertigkeitskomplex

Bei jedem Menschen gehen Überlegenheitsstreben und Minderwertigkeitsgefühl Hand in Hand. Wir streben und strengen uns an, weil wir uns minderwertig fühlen, und wir überwinden dieses Minderwertigkeitsgefühl durch erfolgreiches Streben. Das Minderwertigkeitsgefühl wird jedoch psychologisch erst dann bedeutsam, wenn entweder der Mechanismus erfolgreichen Strebens gehemmt wird oder wenn es aufgrund psychischer Reaktionen auf Organminderwertigkeit ins Unerträgliche anwächst. Dann haben wir es mit einem Minderwertigkeitskomplex zu tun – mit einem abnorm gesteigerten Minderwertigkeitsgefühl, das notwendigerweise nach leicht erreichbaren Kompensationen und trügerischen Befriedigungen trachtet und gleichzeitig den Weg zu Leistung und Erfolg verbaut, indem es die Hindernisse vergrößert und die Zufuhr von Mut drosselt.

Betrachten wir in diesem Zusammenhang erneut den Fall des dreizehn Jahre alten stotternden Jungen. Wie wir gesehen haben, ist für sein fortwährendes Stottern zum Teil seine Entmutigung verantwortlich, und sein Stottern wiederum verstärkt seine Entmutigung. Dabei handelt es sich um den üblichen *circulus vitiosus* eines neurotischen Minderwertigkeitskomplexes. Der Junge möchte sich verbergen. Er hat die Hoffnung aufgegeben; vielleicht hat er sogar Selbstmordgedanken gehabt. Das Stottern des Jungen ist Ausdruck und Fortsetzung seines Lebensmusters geworden. Es macht Eindruck auf seine Umwelt, es rückt ihn in den Mittelpunkt der Aufmerksamkeit und lindert so seine psychische Not.

Der Junge hat sich das ziemlich überspannte Ziel gesetzt, im Leben etwas zu bedeuten und zu erreichen. Er wird immer nach Geltung streben, und deshalb muß er sich als freundlich darstellen, als bereit und in der Lage, mit den anderen auszukommen, seine Arbeit ordentlich zu verrichten. Obendrein hat er das Gefühl, für den Fall, daß er eine Niederlage einstecken muß, ein Alibi zu brauchen, und dieses Alibi ist sein Stottern. Der Fall dieses Jungen ist um so aufschlußreicher, als sein Leben zum größten Teil eine nützliche Orientierung hat: Nur in einem einzigen Bereich sind sein Urteil und sein Mut beeinträchtigt.

Stottern ist natürlich nur eine von zahllosen Waffen, die entmutigte Kinder einzusetzen wissen, wenn sie den Glauben verloren haben, sie könnten aufgrund ihrer eigenen Begabung Erfolge erzielen. Die Waffen der Entmutigung lassen sich mit den Waffen vergleichen, welche die Natur den Tieren zu ihrem Schutz mitgegeben hat – mit Klauen und Hörnern. Es ist unschwer zu erkennen, daß diese Waffe der Schwäche des Kindes

entstammen und daß sie ihren Ursprung in seiner Hoffnungslosigkeit haben, ohne solche eigentlich nicht zu ihm gehörige Rüstung das Leben jemals bestehen zu können. Einige Kinder besitzen keine andere Waffe als ihren Mangel an Stuhl- und Blasenbeherrschung. Daran läßt sich ablesen, daß sie ihre Kindheit nicht verlassen möchten, das heißt einen Lebenszustand, der frei ist von Arbeit und Mühe. Bei solchen Kindern ist nur selten eine Organschwäche der Blase oder des Darmtraktes festzustellen. Sie nehmen lediglich ihre Zuflucht zu solchen Tricks, die ihnen die Beschäftigung der Eltern oder Erzieher mit ihnen eintragen, und sie tun dies trotz der Tatsache, daß ihre Spielkameraden sie deswegen gelegentlich verspotten und auslachen. Folglich sollten solche Äußerungen nicht als Krankheit behandelt werden, sondern vielmehr als Ausdruck eines Minderwertigkeitskomplexes oder eines gefährdeten Überlegenheitsstrebens.
Wir können uns bildlich vorstellen, wie sich die Beschwerde des Stotterns entwickelt hat, wahrscheinlich sogar aus einem winzigen physiologischen Kern. Der Junge war lange Zeit das einzige Kind, mit dem die Mutter sich ständig beschäftigte. Als er größer wurde, erwachte in ihm wahrscheinlich das Gefühl, daß er nicht mit genug Aufmerksamkeit bedacht wurde, daß seine Ausdrucksmöglichkeiten beschnitten wurden, und so verfiel er auf einen neuen Trick, um die Aufmerksamkeit auf sich zu ziehen. Das Stottern nahm allmählich größere Bedeutung an: Er bemerkte, daß die Person, zu der er sprach, seinen Mund aufmerksam betrachtete. Durch sein Stottern war er mithin in der Lage, sich etwas von der Zeit und der Aufmerksamkeit zu sichern, die anderenfalls seinem jüngeren Bruder zugefallen wären.
In der Schule war es ähnlich. Er bekam einen Lehrer, der ihm viel Zeit widmete. So vermochte er aufgrund seines Stotterns sowohl zuhause wie in der Schule die Rolle des Überlegenen zu spielen. Ihm fehlte nichts von der Popularität, die guten Schülern überreichlich zufällt und nach der er sich verzehrte. Zweifellos war er ein guter Schüler, doch auf jeden Fall brauchte er sich so weniger abzumühen.
Auf der anderen Seite ist sein Stottern, auch wenn es seinen Lehrer dazu bringt, ihm gegenüber Nachsicht zu üben, kaum eine empfehlenswerte Methode. Der Junge ist weit mehr als andere Kinder getroffen, wenn es ihm nicht gelingt, das zu bekommen, was er als sein Maß an Aufmerksamkeit betrachtet. Dieser Versuch, sich Aufmerksamkeit zu sichern, wurde in der Tat mit dem Auftauchen seines jüngeren Bruders in der Familienkonstellation ein heikles Thema. Im Unterschied zu normalen Kindern hatte er nie die Fähigkeit entwickelt, sein Interesse anderen zuzuwenden: Unter Ausschluß jedes ande-

ren Menschen baute er seine Mutter zur wichtigsten Person in der häuslichen Umwelt auf.

Die Behandlung solcher Kinder muß man damit beginnen, daß man sie ermutigt und sie dazu bringt, an ihre eigene Kraft und Fähigkeit, an ihre Begabung zu glauben. Es ist zwar lobenswert, doch bei weitem nicht genug, mit Hilfe teilnehmend mitfühlender Haltung freundschaftliche Beziehungen zu solchen Kindern herzustellen und sie nicht durch strenge Maßnahmen abzuschrecken. Die Freundschaftsbeziehung muß vielmehr dazu genutzt werden, die Kinder zu ständig besseren Leistungen anzuspornen und zu ermutigen. Das läßt sich nur erreichen, wenn man die Kinder unabhängiger macht, wenn man sie – durch verschiedene Kunstgriffe – in eine Lage versetzt, in der sie notwendigerweise Zutrauen zu ihren eigenen seelischen und körperlichen Kräften gewinnen. Sie müssen ganz einfach zu der Überzeugung kommen, daß sie durch Fleiß, Ausdauer, Übung und Mut ohne weiteres alles erreichen können, was sie bislang noch nicht geschafft haben.

In der Kindererziehung ist es der folgenschwerste Fehler, wenn Eltern oder Erzieher einem Kind, das vom rechten Pfad abgewichen ist, ein böses Ende prophezeien. Eine solch dumme Prophezeiung verewigt die Situation, da durch sie die Feigheit des Kindes nur gesteigert wird. Man sollte genau das Gegenteil tun, nämlich dem Kind Optimismus einflößen. Oder wie Virgil meinte: »Sie können es, weil sie daran glauben.«

Wir sollten nur nicht meinen, wir könnten ein Kind durch Herabsetzung oder Beschämung dazu veranlassen, sein Betragen wirklich zu verbessern, selbst wenn wir gelegentlich beobachten, daß Kinder, die Angst davor haben, sie könnten ausgelacht werden, ihr Verhalten zu ändern scheinen. Wie fragwürdig dieser Anreiz durch Lächerlichmachen ist, mag man anhand des folgenden Falles beurteilen. Es handelt sich um einen Jungen, der von seinen Freunden ständig gehänselt wurde, weil er nicht schwimmen konnte. Zum Schluß konnte er den Hohn und Spott nicht länger ertragen und ließ sich vom Sprungbrett ins tiefe Wasser fallen. Nur mit Mühe konnte er vor dem Ertrinken bewahrt werden. Es mag sein, daß ein Feigling, der in Gefahr ist, seinen Ruf zu verlieren, etwas unternimmt, um seine Feigheit zu überwinden, doch er tut selten etwas Richtiges. Wie der soeben geschilderte Fall uns lehrt, ist ein solcher Versuch, mit seiner ursprünglichen Feigheit fertigzuwerden, häufig feige und unnützlich. Die wirkliche Feigheit liegt nämlich in der Tatsache, daß der Junge Angst hatte einzugestehen, daß er nicht schwimmen konnte, weil er damit seinen Freundeskreis verloren hätte. Durch seinen Verzweiflungssprung ins Wasser konnte er diese Feigheit nicht beheben, sondern damit verstärkte er nur seinen

feigen Hang, den Tatsachen nicht ins Auge zu sehen.
Feigheit ist ein allemal menschliche Beziehungen zerstörender Charakterzug. Ein Kind, das sich ständig derart um seine eigene Person sorgt, daß es auf andere keinen Gedanken mehr verwenden kann, ist bereit und entschlossen, auf Kosten seiner Mitmenschen Geltung zu erwerben. Feigheit hat mithin eine individualistische, streitsüchtige Haltung im Gefolge, die das Gemeinschaftsgefühl auslöscht, die allerdings weit davon entfernt ist, die Furcht vor der Meinung anderer auszulöschen. Ein Feigling hat ständig Angst davor, von den Leuten ausgelacht, übersehen oder entwertet zu werden. Folglich ist er jederzeit auf die Meinung anderer angewiesen, ihr auf Gedeih und Verderb ausgeliefert. Er ist wie ein Mensch, der in einem feindlichen Land lebt; er entwickelt die Charakterzüge des Argwohns, des Neides und der Selbstsucht.
Kinder dieses Schlages werden häufig zu krittelnden und nörgelnden Menschen, denen es widerstrebt, andere zu loben, und die voller Groll sind, wenn andere gelobt werden. Es ist folglich ein Zeichen von Schwäche, wenn man andere nicht durch eigene Leistungen, sondern durch Entwertung zu überrunden sucht. Kinder von feindseligen Gefühlen gegen andere zu befreien ist eine pädagogische Aufgabe, vor der man sich nicht drücken kann, sofern man die Symptome erkannt hat. Wer sie nicht sieht, ist natürlich entschuldigt, doch er wird die sich daraus ergebenden ungünstigen Charakterzüge niemals zu korrigieren vermögen. Doch wenn wir uns klarmachen, daß das Problem darin besteht, das Kind mit der Umwelt und mit dem Leben zu versöhnen, ihm seine Fehler zu zeigen und ihm zu erklären, es strebe nach dem Preis des Prestiges, ohne sich tätig darum bemüht zu haben, dann dürfte uns auch klar sein, welche Richtung wir bei der Arbeit mit Kindern einzuschlagen haben. Wie wir wissen, müssen wir die freundlichen Gefühle stärken, die Kinder füreinander haben sollten. Wir wissen auch, daß wir Kindern beibringen müssen, nicht auf ein anderes Kind hinabzuschauen, weil es eine schlechte Note bekommen oder weil es etwas Falsches getan hat. Anderenfalls tragen sie zum Entstehen eines Minderwertigkeitskomplexes bei und rauben dem Kind seinen Lebensmut.
Ein Kind, dem das Zutrauen in die Zukunft genommen ist, wird sich aus der Wirklichkeit zurückziehen und in unnützlichen Lebensbereichen ein Kompensationsstreben heranbilden. Die wichtigste Aufgabe eines Erziehers – man kann fast sagen: seine heiligste Pflicht – besteht darin, Sorge zu tragen, daß kein Kind in der Schule entmutigt wird und daß ein Kind, das bereits entmutigt in die Schule eintritt, durch seine Schule und durch seinen Lehrer Vertrauen in sich selbst gewinnt. Hier kommt die Berufung, die Begabung des Lehrers ins Spiel, denn

nur mit Kindern, die voller Hoffnung und mit frohem Mut in die Zukunft schauen, ist eine Erziehung überhaupt möglich.
Hin und wieder begegnen wir einer Art Entmutigung, die nur zeitweilig auftritt, vor allem bei ehrgeizigen Kindern, die trotz der Fortschritte, die sie machen, gelegentlich die Hoffnung verlieren, weil sie die letzte Prüfung hinter sich haben und sich nun der Wahl eines Berufes zuwenden müssen. Auch geben einige ehrgeizige Kinder für eine Zeitlang ihr Bemühen auf, wenn sie bei ihren Prüfungen nicht die besten Noten bekommen. Dann bricht plötzlich der lange im Unbewußten vorbereitete Konflikt auf. Er kann sich in völliger Verwirrung oder in einer Angstneurose äußern. Solche Kinder fangen immer etwas Neues an, ohne es zu Ende zu bringen, sofern ihre Entmutigung nicht rechtzeitig erkannt und behoben wird; in späteren Jahren wechseln sie häufig ihren Arbeitsplatz, glauben stets, daß für sie alles ein böses Ende nehmen wird, und fürchten sich immerzu vor einer Niederlage.
Mithin ist die Selbsteinschätzung eines Kindes von allergrößter Wichtigkeit. Es ist freilich unmöglich herauszufinden, was ein Kind wirklich von sich hält, wenn man es einfach danach fragt. Gleichgültig, wie diplomatisch wir auch zu Werke gehen, wir werden lediglich unsichere und unbestimmte Antworten erhalten. Einige Kinder werden erklären, daß sie ziemlich viel von sich halten, andere hingegen, daß sie rein gar nichts wert sind. Bei den letzteren Fällen ergibt eine Nachforschung häufig, daß die Erwachsenen in ihrer Umwelt ihnen Hunderte von Malen vorgehalten haben: »Du taugst überhaupt nichts!« oder: »Du bist dumm!«
Nur wenige Kinder sind nicht tief getroffen, wenn sie derart vernichtende Vorwürfe hören müssen. Andere Kinder allerdings schützen und schirmen ihr Ich durch Entwertung ihrer Begabung und ihrer Fähigkeiten.
Sofern wir durch Befragen eines Kindes nicht in Erfahrung bringen können, wie es um seine Selbsteinschätzung bestellt ist, dann bleibt uns doch die Möglichkeit, die Art und Weise zu beobachten, wie es an ein Problem herangeht – ob es sich zum Beispiel zuversichtlich und entschlossen ans Werk macht oder ob es ein am häufigsten bei entmutigten Kindern zu entdeckendes Anzeichen zur Schau stellt, eine zögernde Art des Verhaltens. Gleichsam schematisch läßt sich dies am Beispiel eines Kindes illustrieren, das anfangs tapfer voranschreitet, dann aber seinen Gang um so mehr verlangsamt und zaudert, je näher die Aufgaben heranrücken, und schließlich in einiger Entfernung stehenbleibt, noch ehe es mit ihnen in Berührung gekommen ist. Solche Kinder werden gelegentlich als faul bezeichnet, gelegentlich als geistesabwesend. Die Be-

schreibungen mögen verschieden ausfallen, die Ergebnisse sind stets die gleichen. Die Kinder nehmen die ihnen aufgegebene Arbeit nicht in Angriff, wie wir es von normalen Menschen erwarten, sondern sind fortwährend mit ihren Hemmnissen und Hindernissen beschäftigt. Bisweilen hat ein Kind soviel Erfolg dabei, die Älteren zum Narren zu halten, daß sie dem Fehler verfallen, zu glauben, ihm mangele es an Begabung. Wenn wir das Gesamtbild im Auge behalten und es gleichsam mit den Grundsätzen der Individualpsychologie ausleuchten, dann wird uns nicht entgehen, daß der Mangel an Vertrauen, die Entwertung, die ganze Schwierigkeit ausmacht.

Wenn wir uns mit einem fehlgeleiteten Überlegenheitsstreben beschäftigen, dann sollten wir immer im Gedächtnis behalten, daß ein völlig auf sich selbst konzentriertes Individuum eine gesellschaftliche Anomalie darstellt. Wir begegnen häufig Kindern, die aufgrund eines übermäßigen Überlegenheitsstrebens keinerlei Rücksicht auf irgendeinen anderen Menschen nehmen. Sie sind feindselig und asozial, habgierig und selbstsüchtig. Wenn sie ein Geheimnis herausfinden, dann werden sie es stets dazu verwenden, einen anderen zu verletzen.

Doch auch bei jenen Kindern, deren Betragen höchst tadelnswert ist, entdecken wir immer einen unverkennbar menschlichen Zug; bei der einen oder anderen Gelegenheit verspüren sie ein Gefühl der Zugehörigkeit zur Menschheit. Die Beziehung ihres Ichs zur Umwelt ist irgendwie vorhanden, macht sich in irgendeiner Weise bemerkbar, auch wenn es um so schwieriger ist, ein Gemeinschaftsgefühl zu entdecken, je weiter sich ihr Lebensplan vom Gedanken der Zusammenarbeit entfernt. Wir sollten dann nach Ausdrucksformen schauen, in denen sich das verborgene Minderwertigkeitsgefühl enthüllt. Solche Ausdrucksweisen sind ohne Zahl. Das beginnt mit den Blicken eines Kindes. Das Auge ist nicht nur ein Organ, das Lichtstrahlen aufnimmt und sie weiterleitet, sondern auch ein Organ zur sozialen Verständigung. Die Art und Weise, wie eine Person eine andere ansieht, offenbart das Maß seiner Neigung, mit dem anderen in Verbindung zu treten. Darum haben alle Psychologen und Schriftsteller den Blicken eines Menschen soviel Bedeutung zugemessen. Wir alle beurteilen die Meinung eines anderen über uns nach der Art und Weise, wie er uns anschaut, und wir versuchen in seinen Blicken einen Teil seiner Seele zu fassen. Mögen uns auch Fehler oder Fehldeutungen unterlaufen, es ist doch ein wenig leichter, aus den Blicken eines Kindes zu folgern, ob es ein freundlich gesonnener Mensch ist oder nicht, als auf irgendeine andere Weise.

Kinder, die Erwachsenen nicht ins Gesicht schauen können, sind bekanntermaßen anfällig für Argwohn und Mißtrauen.

Dabei handelt es sich keineswegs immer um Kinder mit schlechtem Gewissen oder um Kinder, die gewohnheitsmäßig fehlgeleiteten Sexualpraktiken nachhängen. Wenn das Kind zur Seite schaut, kann darin ganz einfach der Versuch zum Ausdruck kommen, jeder, wenn auch nur momentanen, Bindung an einen anderen Menschen auszuweichen. Dieses Wegblicken zeigt an, daß das Kind sich der Gesellschaft seiner Spielkameraden zu entziehen trachtet. Wie weit das Kind sich nähert, wenn man es ruft, auch dies läßt Rückschlüsse zu. Viele Kinder bleiben in einiger Entfernung stehen, sie wollen zunächst herausfinden, worum es überhaupt geht, und sie kommen nur dann näher, wenn es unbedingt notwendig ist. Engen Kontakt betrachten sie mit Argwohn, weil sie vielleicht einige schlechte Erfahrungen hinter sich haben, weil sie ihre einseitigen Kenntnisse verallgemeinert und so fehlerhaft eingesetzt haben. Gleichermaßen interessant ist es, die Tendenz einiger Kinder zu beobachten, sich entweder an die Mutter oder an den Lehrer anzulehnen. Die Person, zu der ein Kind bereitwilliger hingeht, ist weit wichtiger als die Person, von der es erklärt, es liebe sie am meisten.

Mit der Art und Weise, wie sie gehen, mit aufrechtem Gang, erhobenem Kopf, mit klarer, fester Stimme und ohne Furchtsamkeit lassen manche Kinder ein ausgeprägtes Gefühl von Selbstvertrauen und Mut erkennen. Andere Kinder fahren zusammen, ducken sich, wenn sie angesprochen werden, und zeigen damit auf den ersten Blick ihr Minderwertigkeitsgefühl, ihre Angst, sie könnten mit der Lage nicht fertigwerden.

Wenn wir dem Minderwertigkeitskomplex nachgehen, stoßen wir häufig auf die Meinung, er sei angeboren. Dagegen spricht, daß jedes Kind, gleichgültig, wie mutig es ist, in Angst versetzt werden kann. Ein Kind, dessen Vater und Mutter furchtsam sind, wird wahrscheinlich auch furchtsam sein, allerdings nicht, weil es die Furchtsamkeit geerbt hätte, sondern weil es in einer von Furcht geschwängerten Atmosphäre aufgewachsen ist. Für die Entwicklung des Kindes sind die häusliche Atmosphäre und die Charakterzüge der Eltern von höchster Wichtigkeit. Kinder, die in der Schule nicht aus sich herausgehen können, stammen häufiger aus Familien, die wenig oder gar keine Beziehungen zu anderen haben, als aus Familien, für die das Gegenteil gilt. Man ist natürlich zunächst versucht, an vererbte Charaktermerkmale zu denken, doch diese Theorie läßt sich nicht mehr halten. Keine Änderungen körperlicher Art in den Organen oder im Gehirn vermöchten eine Unfähigkeit zur Kontaktaufnahme mit anderen Menschen hervorzubringen. Es finden sich jedoch Tatsachen, die zwar nicht notwendigerweise eine solche Haltung erzwingen, die aber das Auftreten einer solchen Eigenart verständlich

machen.
Der einfachste Fall, der uns in die Lage versetzt, die besagte Angelegenheit zumindest theoretisch zu verstehen, ist das Beispiel eines Kindes, das mit schwachen Organen zur Welt kommt, das einige Zeitlang krank gewesen und aufgrund von Schmerz und Schwäche vom Leben niedergedrückt worden ist. Solche Kinder sind sehr ausgiebig mit sich selbst beschäftigt, und die Umwelt ist für sie rauh und feindselig. Ein schwaches Kind ist auf eine Person angewiesen, die sein Leben erleichtert, die sich dem Kind über die Maßen widmet und die durch genau diese Hingabe und beschützende Haltung bei dem Kind ein heftiges Minderwertigkeitsgefühl erzeugt. Alle Kinder haben aufgrund des Unterschiedes an Größe und Stärke zwischen sich und den Erwachsenen ein relatives Minderwertigkeitsgefühl. Dieses Gefühl, »weniger« zu sein, wird leicht verstärkt, wenn einem Kind, wie es häufig geschieht, erklärt wird, »Kinder sollte man sehen, aber nicht hören«.
All diese Eindrücke schärfen die Wahrnehmung des Kindes für die Tatsache, daß es sich in einer benachteiligten Stellung befindet. Die Feststellung, daß es kleiner und weniger mächtig ist als andere, ist derart bedrückend, daß es sich mit ihr nicht abfinden kann. Je heftiger das Kind den Stachel des Gedankens verspürt, daß es kleiner und schwächer ist, desto größere Anstrengungen wird es unternehmen, mehr zu werden, als es ist. Auf diese Weise erhält sein Streben nach Anerkennung einen zusätzlichen Antrieb. Statt den Versuch zu unternehmen, sein Leben so einzurichten, daß es mit dem Leben anderer Menschen seiner unmittelbaren Umgebung in Einklang steht, stellt es für sich die neue Formel auf: »Denk nur an dich selbst!« Ein Kind dieser Art kann nicht aus sich herausgehen.
Mit einiger Sicherheit können wir behaupten, daß die Mehrzahl der schwächlichen, mißgebildeten und häßlichen Kinder ein starkes Minderwertigkeitsgefühl hat, das in zwei extremen Verhaltensweisen zum Ausdruck kommt. Entweder zucken sie zusammen, ziehen sich zurück, sind ängstlich, wenn sie angesprochen werden, oder sie werden aggressiv. Die beiden Verhaltensweisen scheinen nichts miteinander zu tun zu haben, doch in Wahrheit lassen sie sich auf die gleiche Ursache zurückführen. Kinder, die sich derart verhalten, verraten sich in ihrem Streben nach Anerkennung, indem sie einmal zu wenig, ein andermal zu viel sagen. Ihr Gemeinschaftsgefühl ist schwach entwickelt, weil sie entweder nichts vom Leben erwarten und dem Glauben anhängen, sie seien tatsächlich nicht fähig, etwas von sich zu geben, oder weil sie ihr Gemeinschaftsgefühl zu persönlichen Zwecken mißbrauchen.
Von einem Kind, das sich seit Jahren bemüht, eine falsche Richtung einzuhalten, können wir unmöglich erwarten, daß

eine einzige Unterhaltung seinen Lebensstil ändert. Der Erzieher muß sich in Geduld üben. Wenn Kinder sich um Besserung bemühen und hin und wieder Rückschläge erleiden, ist es bisweilen ratsam, ihnen zu erklären, daß Besserungen und Fortschritte sich nicht schnell einstellen. Solche Erklärungen beruhigen das Kind und hindern es daran, der Entmutigung anheimzufallen. Wenn ein Kind über zwei Jahre hin in Mathematik versagt hat, dann kann es seine Versäumnisse schlechterdings nicht in zwei Wochen aufholen, doch es ist unbestreitbar, daß es sie aufzuholen vermag. Ein normales, das heißt ein mutiges Kind ist in der Lage, alles aufzuholen. Wir stellen immer wieder fest, daß für ein Unvermögen eine fehlgeleitete Entwicklung verantwortlich ist, eine aus dem Rahmen fallende, mit Schwierigkeiten verbundene, von Unzulänglichkeiten geprägte Bildung der Gesamtpersönlichkeit. Kindern mit Verhaltensproblemen ist immer zu helfen, sofern sie nicht schwachsinnig sind.

Unvermögen oder anscheinende Dummheit, Ungeschicklichkeit, Apathie sind kein hinreichender Beweis für Schwachsinn. Bei schwachsinnigen Kindern finden wir immer Anzeichen für eine fehlerhafte Gehirnbildung. Dieser Körperdefekt kann durch Drüsen verursacht sein, welche die Hirnentwicklung beeinflussen. Gelegentlich verschwinden solche körperlichen Mängel im Laufe der Zeit, und es bleiben lediglich die psychischen Spuren der ursprünglichen körperlichen Beeinträchtigung zurück. Anders ausgedrückt, ein Kind, das aufgrund einer Organschwäche zunächst beeinträchtigt war, kann sich weiterhin so verhalten, als leide es unter einer Schwäche, auch wenn es inzwischen zu körperlicher Stärke herangewachsen ist.

Wir müssen sogar noch weitergehen. Psychische Minderwertigkeit und egozentrische Haltung können nicht nur Folgen zurückliegender Organminderwertigkeit und Körperschwäche sein, sie können auch mit gänzlich anderen, von Organminderwertigkeit völlig unabhängigen Umständen zusammenhängen, etwa mit falscher Ernährung oder liebloser, überstrenger Erziehung. In solchen Fällen hat das Kind den Eindruck, das Leben sei ein einziges Elend, und nimmt infolgedessen gegenüber seiner Umwelt eine feindselige Haltung ein. Die Folgen sind ähnlich, wenn nicht identisch mit denen einer Störung des seelischen Lebens aufgrund einer Organminderwertigkeit.

Wir müssen uns darauf gefaßt machen, daß die Behandlung von Kindern, die in einer lieblosen Atmosphäre aufgewachsen sind, uns vor große Schwierigkeiten stellt. Sie betrachten uns wie sie alle anderen betrachten, die ihnen wehtun; jede Aufforderung, zur Schule zu gehen, wird von ihnen als Unterdrückung empfunden. Sie fühlen sich ständig eingeengt, wie angekettet, und zeigen ständig die Tendenz zu revoltieren, soweit es in ihrer Macht liegt. Sie können gegenüber ihren Spielkameraden keine richtige Haltung einnehmen, weil sie Neid empfinden auf Kinder, die eine glücklichere Kindheit hatten als sie.

Mit derartiger Verbitterung erfüllte Kinder entwickeln sich häufig zu Charakteren, denen es gefällt, das Leben anderer Menschen zu vergiften. Sie besitzen nicht genug Mut, ihre Umwelt zu bezwingen, und so suchen sie ihr Gefühl der Unzulänglichkeit zu kompensieren, indem sie Schwächere demütigen oder sich durch auffällige Freundlichkeit über sie erheben. Ihre Freundlichkeit hält jedoch nur so lange an, wie die anderen sich beherrschen lassen. Viele Kinder gehen so weit, nur Freunde zu wählen, die unter widrigen Umständen leben, wie wir Erwachsenen begegnen, die sich besonders zu Menschen hingezogen fühlen, die leiden. Oder sie bevorzugen jüngere, ärmere Kinder. Jungen haben gelegentlich auch eine Vorliebe für freundliche, unterwürfige Mädchen, ohne daß Sexualität dabei eine Rolle spielte.

## 6. Die Entwicklung des Kindes; Verhütung des Minderwertigkeitskomplexes

Ein Kind, das zum Gehenlernen ungewöhnlich lange Zeit braucht, seine Beine aber ganz normal setzt, sobald es das Gehen erst einmal gelernt hat, solch ein Kind muß nicht unbedingt für den Rest seines Lebens unter einem Minderwertigkeitskomplex leiden. Wir wissen allerdings, daß ein Kind, dessen psychische Entwicklung ansonsten normal verlaufen ist, durch jede Einschränkung seiner Bewegungsfreiheit stets stark in Mitleidenschaft gezogen wird. Es fühlt sich in seiner Lage unglücklich und wird mit einiger Wahrscheinlichkeit aufgrund dessen pessimistische Schlußfolgerungen ziehen, die geeignet sind, sein künftiges Handeln zu beeinträchtigen, auch wenn die ursprünglich körperliche, funktionale Unzulänglichkeit im Verlauf der Zeit verschwindet. Viele Kinder haben zuzeiten Rachitis und lassen auch nach der Heilung noch die Spuren und Zeichen der Krankheit erkennen: gekrümmte Beine, Unbeholfenheit, Bronchialkatarrh, eine bestimmte Kopfverformung (caput quadratum), gebogenes Rückgrat, vergrößerte Knöchel, zarte Gelenke, schlechte Körperhaltung usw. Psychisch bleibt ein während der Krankheit erworbenes Gefühl von Niederlage und der daraus abgeleitete Hang zum Pessimismus erhalten. Angesichts der Geschicklichkeit und Leich-

tigkeit, mit der ihre Spielkameraden sich fortbewegen, verspüren sie ein niederdrückendes Minderwertigkeitsgefühl. Sie entwerten sich selbst und schlagen einen von zwei Wegen ein: entweder verlieren sie jegliches Zutrauen zu sich selbst und bemühen sich nur zaghaft, wenn überhaupt, um Fortschritte, oder sie werden durch ihre anscheinend verzweifelte Lage dazu angespornt, trotz ihrer körperlichen Beeinträchtigung mit ihren unter einem glücklicheren Stern aufgewachsenen Spielkameraden gleichzuziehen. Offensichtlich verfügen Kinder nicht über genügend geistige Überlegenheit, als daß sie ihre Lage richtig einzuschätzen vermöchten.
Wir haben als bedeutsame Tatsache zu werten, daß die kindliche Entwicklung weder durch eigentliche Begabung noch durch die objektive Umwelt bestimmt wird, sondern vielmehr durch die Art und Weise, wie das Kind mehr oder minder zufällig die äußere Wirklichkeit und seine Beziehung zu ihr versteht. Die mit dem Kind zur Welt gebrachten Möglichkeiten und Fähigkeiten sind keineswegs von vorrangiger Bedeutung, genauso wenig wie unsere Bewertung der kindlichen Lage vom Standpunkt des Erwachsenen aus. Wesentlich ist vielmehr, daß wir die Lage des Kindes mit den Augen des Kindes selbst zu sehen versuchen und sie mittels seiner eigenen fehlerhaften Beurteilung interpretieren. Wir können nicht erwarten, daß Kinder sich logisch verhalten – das heißt in Übereinstimmung mit dem gesunden Menschenverstand von Erwachsenen –, sondern wir müssen uns bereitfinden anzuerkennen, daß Kinder bei dem Verständnis ihrer eigenen Lage Fehler machen. Tatsächlich sollten wir dessen eingedenk sein, daß Kindererziehung unmöglich wäre, ginge es dabei nicht um die Tatsache, daß Kindern Fehler unterlaufen. Wir könnten ein Kind schlechterdings nicht erziehen oder zu besserem Verhalten anleiten, wenn die Fehler, die es begeht, angeboren wären. Jemand, der an angeborene Charakterzüge glaubt, kann und sollte folglich keine Kinder erziehen.
Es ist einfach nicht wahr, daß in einem gesunden Körper stets ein gesunder Geist wohnt. Wir können durchaus einen gesunden Geist in einem kranken Körper entdecken, wenn nämlich ein Kind trotz seiner körperlichen Mängel mit Mut an das Leben herangeht. Auf der anderen Seite kann ein Kind auch bei körperlicher Unversehrtheit seelischen Schaden davontragen, wenn es durch eine Reihe widriger Umstände zu einer fehlerhaften Auffassung von seinen Fähigkeiten veranlaßt worden ist. Ein Versagen bei irgendeiner gegebenen Aufgabe ruft bei einem Kind häufig den Glauben an sein eigenes Unvermögen hervor. Dieser Umstand ist damit zu erklären, daß gefährdete Kinder ungewöhnlich empfindlich sind gegenüber Schwierigkeiten und jedes Hindernis als Bestätigung

ihres Mangels an Kraft und Ausdauer betrachten.
Manche Kinder haben neben der Behinderung ihrer motorischen Betätigung auch noch Schwierigkeiten beim Sprechenlernen. Für gewöhnlich sollte Sprechenlernen mit Gehenlernen einhergehen. Zwischen den beiden Fertigkeiten besteht natürlich keinerlei Verbindung; sie sind vielmehr abhängig von der Erziehung des Kindes und von den häuslichen Umständen. Manche Kinder, die andernfalls keine Schwierigkeit hätten, versagen beim Sprechenlernen, weil ihre Familie es versäumt, ihnen zu helfen. Es ist jedoch unbestreitbar, daß jedes Kind, das nicht taub ist und dessen Sprechorgane ansonsten keine Mängel aufweisen, in einem angemessenen Lebensalter sprechen lernt. Unter bestimmten Umständen verzögert sich die Beherrschung des Sprechens, vor allem bei extrem visuellen Typen. In anderen Fällen verzärteln Eltern ihr Kind, indem sie statt seiner alles sagen und es damit an dem Versuch hindern, sich selbst auszudrücken. Ein solches Kind braucht so lange Zeit, um sprechen zu lernen, daß wir bisweilen glauben, es leide unter Taubheit. Wenn es schließlich doch noch sprechen lernt, dann hat sich sein Hang zu sprechen so verstärkt, daß es in seinem späteren Leben nicht selten zum Redner wird. Klara Schumann, die Frau des Komponisten, konnte bis zu ihrem vierten Lebensjahr überhaupt nicht sprechen, und auch bis zu ihrem achten Lebensjahr sprach sie nur recht wenig. Sie war ein sonderbares, sehr verschlossenes Kind und sie liebte es, ihre Zeit mit Nichtstun in der Küche zu verbringen. Wir können daraus schließen, daß sich niemand um sie kümmerte. »Seltsam«, meinte ihr Vater, »daß dieser auffallende geistige Mißklang der Anfang eines Lebens so erfüllt von wunderbarer Harmonie war.« Ihr Leben ist ein Beispiel für Überkompensation.
Es ist darauf zu achten, daß taubstumme Kinder Sonderunterricht erhalten, denn es scheint sich mehr und mehr als Tatsache herauszustellen, daß vollständige Taubheit nur selten auftritt. Gleichgültig, wie beeinträchtigt das Gehör eines Kindes ist, seine schwache Hörfähigkeit sollte so weit wie möglich gefördert werden. Professor David Katz aus Rostock konnte nachweisen, daß es ihm gelungen ist, Kindern, die als unmusikalisch galten, auf dem Wege der Einübung ein unfassendes Verständnis für Musik und Klangschönheit zu vermitteln.
In den meisten Schulfächern mit Erfolgen glänzende Kinder versagen bisweilen jämmerlich in einem Fach, häufig in Mathematik, und lassen damit den Verdacht keimen, sie litten unter einer leichten Form von Schwachsinn. Es besteht immer die Möglichkeit, daß Kinder, die im Rechnen nicht mitkommen, zu irgendeiner Zeit durch das Thema verschreckt und in ihren Bemühungen, damit fertigzuwerden, entmutigt worden sind.

Manche Familien, gelegentlich in Künstlerkreisen, sind stolz auf die Tatsache daß sie nicht mit Zahlen umgehen können. Beiläufig, die allgemeine Auffassung, Mathematik falle Mädchen schwerer als Jungen, beruht auf einem Irrtum. Wir finden unter Frauen viele ausgezeichnete Mathematikerinnen und Sachverständige auf dem Gebiet der Statistik. Schulmädchen müssen sich häufig sagen lassen: »Jungen können besser rechnen als Mädchen«, eine Bemerkung, die Entmutigung bei ihnen auslöst.

Wir betrachten es als einen wichtigen Fingerzeig, ob ein Kind mit Zahlen umgehen kann. Mathematik ist eines der wenigen Wissensgebiete, die dem Menschen ein Gefühl von Sicherheit vermitteln. Sie ist eine Gedankenoperation, die zur Stabilisierung der uns umgebenden chaotischen Eindrücke mit Hilfe von Zahlen beiträgt. Menschen mit starkem Unsicherheitsgefühl sind für gewöhnlich schlechte Rechner.

Das gilt gleichermaßen auch für andere Lernbereiche. Schreiben, das Festhalten von Klängen auf dem Papier, die nur dem nach innen lauschenden Bewußtsein bekannt sind, erfüllt das Individuum mit Sicherheit. Mit Zeichnen und Malen kann man einem fließenden optischen Eindruck Dauer verleihen. Leibesübungen und Tanzen sind Ausdruck für erreichte Körpersicherheit und ganz besonders für ein mehr oder minder großes Maß an psychischer Sicherheit, zu der die sichere Beherrschung des Körpers verhilft. Wahrscheinlich sind deswegen so viele Erzieher eifrige Befürworter von Leibesübungen.

Eine ins Auge fallende Äußerung von Minderwertigkeitsgefühlen bei Kindern ist ihre Mühsal beim Schwimmenlernen. Wenn es einem Kind leicht fällt, schwimmen zu lernen, dann ist das ein gutes Zeichen dafür, daß es auch andere Schwierigkeiten zu meistern vermag. Ein Kind hingegen, das sich schwer tut, schwimmen zu lernen, zeigt damit einen Mangel an Zutrauen zu sich selbst und zu seinem Schwimmlehrer. Es ist bemerkenswert, daß viele Kinder, die zunächst Schwierigkeiten hatten, später ausgezeichnete Schwimmer werden. Dabei handelt es sich um Kinder, die, empfindlich für die ursprüngliche Schwierigkeit, durch einen Erfolg, der sich schließlich einstellt, angespornt werden, sich Vollkommenheit zum Ziel zu setzen, und die häufig zu Meisterehren im Schwimmen kommen.

Es ist wichtig zu wissen, ob ein Kind sich besonders an eine Person hängt oder ob es sich zu mehreren Menschen hingezogen fühlt. Gewöhnlich ist ein Kind am innigsten seiner Mutter verbunden oder, sofern sie fehlt, einem anderen Familienmitglied. Die Bindungsfähigkeit ist bei jedem Kind vorhanden, ausgenommen es ist schwachsinnig oder idiotisch. Wenn ein

Kind von der Mutter aufgezogen wird und sich trotzdem an ein anderes Familienmitglied hängt, dann ist es wichtig, den Grund herauszufinden. Es liegt auf der Hand, daß kein Kind seine ganze Zuneigung und Aufmerksamkeit ausschließlich der Mutter widmen sollte, denn die wichtigste Aufgabe einer Mutter besteht darin, das Interesse und das Zutrauen des Kindes auf seine Mitmenschen auszuweiten. Bei der kindlichen Entwicklung spielen auch die Großeltern eine wichtige Rolle – gewöhnlich verzärteln sie das Kind. Der Grund für dieses Verhalten liegt in der Befürchtung alternder Menschen, nicht länger gebraucht zu werden. Sie entwickeln ein überstarkes Minderwertigkeitsgefühl und nehmen infolgedessen die Rolle nörgelnder Kritiker oder weichherziger, wohlwollender älterer Leute an, die den Kindern nichts abschlagen, um sich bei ihnen wichtig zu machen. Kinder, die ihre Großeltern besuchen, werden häufig so verwöhnt, daß sie nicht mehr nach Haus zurückkehren wollen, wo mehr Disziplin von ihnen erwartet und gefordert wird. Bei ihrer Heimkehr führen sie Klage, daß es zuhause nicht so schön sei wie bei den Großeltern. Wir erwähnen in diesem Zusammenhang die Rolle, die Großeltern bisweilen im Leben von Kindern spielen, damit Erzieher diese bedeutsame Tatsache nicht übersehen, wenn sie den Lebensstil eines bestimmten Kindes zu erkunden trachten.

Von Rachitis herrührende Unbeholfenheit im Bewegungsablauf (Frage zwei des Psychologischen Fragebogens [s. Anhang 1]) läßt sich bei Fortdauer über einen längeren Zeitraum hin für gewöhnlich auf die Tatsache zurückführen, daß das Kind zuviel Fürsorge erhalten hat und folglich verzärtelt worden ist. Mütter sollten klug genug sein, die Unabhängigkeit eines Kindes nicht abzuwürgen, auch wenn es krank ist und besondere Aufmerksamkeit benötigt.

Eine wichtige Frage ist, ob das Kind viel Sorge und Mühe bereitet hat (Frage drei). Wenn wir erfahren, daß dies der Fall gewesen ist, dann können wir sicher sein, daß die Mutter dem Kind übermäßig zugetan war. Es ist ihr nicht gelungen, dem Kind zur Unabhängigkeit zu verhelfen. Schwierigkeiten stellen sich gewöhnlich beim Schlafengehen oder Aufstehen, beim Esssen oder Waschen ein, äußern sich ferner in Alpträumen oder Bettnässen. Alle diese Symptome weisen auf den Versuch hin, die Aufmerksamkeit einer bestimmten Person zu gewinnen. Ein Symptom löst das andere ab; es ist, als entdecke das Kind eine Waffe nach der anderen, die es bei seinem Bemühen, die ältere Person zu beherrschen, einsetzen kann. Wir dürfen sicher sein, daß die Umwelt eines Kindes Schwächen aufweist, wenn es derartige Symptome entwickelt. In solchen Fällen hilft keine Strafe; Kinder dieser Art reizen gewöhnlich ihre Eltern, sie zu bestrafen, um ihnen auf diese

Weise zu verstehen zu geben, daß Bestrafung völlig nutzlos ist.
Eine besonders wichtige Frage betrifft die Entwicklung der kindlichen Intelligenz. Bisweilen ist es jedoch schwierig, diese Frage richtig zu beantworten, und gelegentlich erscheint es ratsam, sich des Binet-Simon-Tests zu bedienen, der freilich nicht immer zu verläßlichen Ergebnissen führt. Das gilt auch für alle anderen Intelligenztests; man sollte sich niemals der Illusion hingeben, sie seien für das ganze kindliche Leben konstant. Im allgemeinen hängt die Intelligenzentwicklung zu einem großen Teil von den häuslichen Umständen ab. Besser gestellte Familien sind in der Lage, ihren Kindern zu helfen, und Kinder mit guter körperlicher Entwicklung lassen für gewöhnlich eine vergleichbar gute psychische Entwicklung erkennen. Unglücklicherweise bringen es die Verhältnisse mit sich, daß Kinder, deren psychisches Wachstum reibungsloser vonstatten geht, für »Qualitätsarbeit« oder bessere Berufe vorherbestimmt sind, während Kindern mit langsamerer Entwicklung die niederen Arbeiten zugewiesen werden. Soweit wir beobachten können, hat sich bei dem neuerdings in vielen Ländern eingeführten Schulsystem von Klassen für lernschwächere Kinder herausgestellt, daß die meisten Kinder aus ärmeren Familien stammen. Daraus müssen wir den Schluß ziehen, daß diese ärmeren Kinder, lebten sie in einer günstigeren Umwelt, durchaus in der Lage wären, sich erfolgreich mit Kindern zu messen, die das Glück hatten, in materiell besser gestellte Familien geboren zu werden.
Ein anderer wichtiger, der Untersuchung bedürftiger Punkt ist die Frage, ob das Kind jemals die Zielscheibe von Spöttelei gewesen oder durch Hänselei entmutigt worden ist. Einige Kinder können solche Entmutigung ertragen; andere verlieren den Mut, meiden die schwierigen Wege nützlicher Betätigung und widmen ihre Aufmerksamkeit ihrem äußeren Erscheinungsbild, ein Zeichen, daß ein Kind wenig Zutrauen zu sich selbst hat. Wir dürfen auf eine feindselige Umwelt schließen, wenn ein Kind aus Angst, zuerst angegriffen zu werden, sofern es nicht selbst als Angreifer auftritt, sich fortwährend mit anderen zankt und streitet. Solche Kinder lassen es an Gehorsam fehlen; sie halten Gehorsam für ein Zeichen von Unterwerfung. Nach ihrer Auffassung ist die höfliche Erwiderung eines Grußes eine Degradierung; sie geben unverschämte Antworten; sie beklagen sich niemals, weil sie das ihnen von anderen entgegengebrachte Mitleid als persönliche Erniedrigung empfinden. In Gegenwart anderer vergießen sie niemals Tränen, sie lachen sogar bisweilen, wenn sie eigentlich weinen sollten, was den Eindruck von Gefühlsmangel erweckt, in Wahrheit jedoch lediglich ein Zeichen von Angst ist,

Schwäche zu zeigen. Kein jemals begangener Akt von Grausamkeit, dem nicht eine verborgene Schwäche zugrunde läge! Wirklich starken Menschen steht der Sinn nicht nach Grausamkeit. Derart ungehorsame Kinder sind oft körperlich unrein, vernachlässigen ihr Äußeres, kauen an den Nägeln, bohren in der Nase und legen große Verstocktheit an den Tag. Sie brauchen Ermutigung; es muß ihnen klargemacht werden, daß sich hinter ihren Handlungen nur die Angst verbirgt, sie könnten als Schwächlinge erscheinen.

Unsere vierte Frage, ob das Kind leicht Freunde gewinnt oder ungesellig ist, ob es Führer oder Gefolgsmann ist, betrifft seine Fähigkeit zur Kontaktaufnahme – mit anderen Worten, das Maß seines Gemeinschaftsgefühls oder seiner Entmutigung. Bei der Frage geht es ferner um seinen Wunsch zu gehorchen oder zu beherrschen. Wenn ein Kind sich isoiert, dann deutet es damit an, daß es nicht genug Zutrauen zu sich selbst hat, um mit anderen zu konkurrieren, und daß sein Überlegenheitsstreben so stark ist, daß es befürchtet, in der Menge könne seine Persönlichkeit nur eine untergeordnete Rolle spielen. Kinder, welche die Tendenz erkennen lassen, Dinge zu sammeln, liefern damit den Hinweis, daß sie ihre Stärke zu mehren und andere zu überholen trachten. Diese Sammeltendenz ist bedenklich, da sie leicht zu weit gehen und sich zu übermäßigem Ehrgeiz oder zur Gier auswachsen kann, Ausdruck eines allgemeinen Schwächegefühls, das einen Rückhalt, eine Stütze sucht. Solche Kinder lassen sich leicht zum Stehlen verführen, wenn sie glauben, vernachlässigt oder übersehen worden zu sein, denn sie spüren stärker als andere einen Mangel an Aufmerksamkeit.

Frage fünf bezieht sich auf die Einstellung des Kindes zur Schule. Wir sollten darauf achten, ob ein Kind säumig ist, zur Unpünktlichkeit neigt und ob es über den Schulbesuch in Aufregung gerät (solche Aufregung ist häufig ein Zeichen von Ablehnung). Die kindlichen Ängste angesichts bestimmter Situationen finden vielfältigen Ausdruck. Wenn solche Kinder Hausaufgaben zu erledigen haben, zeigen sie Nervosität und Gereiztheit; infolge des Spannungszustandes, in den sie sich hineinversetzen, scheinen sie so etwas wie Herzklopfen zu bekommen. Ein Typ im besonderen kann sogar bestimmte organische Veränderungen wie etwa sexuelle Erregung aufweisen. Das System der Notenvergabe ist nicht in allen Fällen zu empfehlen. Kinder wären einer großen Last ledig, wenn sie nicht auf derartige Weise klassifiziert würden. Die Schule wird zu einer Art Dauerexamen oder -prüfung, die das Kind vor die Notwendigkeit stellt, nach einer guten Note zu streben, solange ihm eine schlechte Note wie eine Verurteilung für immer anhaftet.

Verrichtet das Kind seine Hausaufgaben bereitwillig oder muß es dazu gezwungen werden? Das Vergessen von Hausarbeiten zeigt die Tendenz an, sich der Verantwortung zu entziehen. Unbefriedigend ausfallende Klassenarbeiten und Ungeduld bei der Anfertigung sind bisweilen Mittel, die das Kind einsetzt, um der Schule zu entkommen, weil es etwas anderes tun möchte.

Ist das Kind faul? Wenn ein Kind bei Klassenarbeiten versagt, dann möchte es als Grund lieber Faulheit als Unfähigkeit und mangelnde Begabung angegeben wissen. Ein faules Kind, das eine Aufgabe gut bewältigt, wird gelobt und muß sich dann sagen lassen: »Es könnte so viel leisten, wenn es nicht so faul wäre.« Mit dieser Meinung ist das Kind freilich durchaus zufrieden, denn sie festigt seine Überzeugung, daß es seine Begabung fürderhin nicht mehr unter Beweis zu stellen braucht. Zu diesem Typ zählen auch die indolenten Kinder, denen es an Mut fehlt, die sich nicht konzentrieren können, die ständig abhängig sind; ferner die verzärtelten Kinder, die den Unterricht stören, weil sie die Aufmerksamkeit auf sich lenken möchten.

Nicht leicht ist die Frage zu beantworten: Welche Einstellung hat das Kind gegenüber dem Lehrer? Für gewöhnlich verbergen Kinder ihre wahren Gefühle gegenüber ihren Lehrern. Wenn ein Kind seine Schulfreunde ständig kritisiert und zu entwerten versucht, dann dürfen wir annehmen, daß diese Entwertungstendenz ein Zeichen für seinen eigenen Mangel an Selbstvertrauen darstellt. Derartige Kinder sind hochfahrend, nörglerisch, wissen stets alles besser als andere. Mit dieser Haltung verbergen sie ihre eigene Schwäche.

Größere Schwierigkeiten bereiten die gleichgültigen, apathischen, passiven Kinder. Auch sie tragen eine Maske, denn in Wirklichkeit sind sie nicht so gleichgültig. Wenn solche Kinder die Selbstbeherrschung verlieren, dann reagieren sie im allgemeinen in Form eines wilden Wutanfalls oder eines Selbstmordversuches. Sie tun nur etwas, wenn sie dazu angehalten werden, wenn es ihnen befohlen wird. Sie fürchten sich vor Rückschlägen und überschätzen andere Menschen. Ihnen fehlt Ermutigung.

Kinder, die bei sportlichen Betätigungen oder Leibesübungen Ehrgeiz an den Tag legen, geben damit die Tatsache zu erkennen, daß sie auch in anderen Bereichen Ehrgeiz verspürt, aber Angst vor Niederlagen gehabt haben. Mehr als normal dem Lesen verfallene Kinder lassen Mut vermissen und deuten auf diese Weise an, daß sie sich mit der Hoffnung tragen, durch Lektüre Macht zu gewinnen. Solche Kinder haben zwar ein reiches Phantasieleben, sind aber in Furchtsamkeit verfangen, wenn sie mit der Wirklichkeit zusammenstoßen. Es ist auch wichtig zu beachten, welche Art von Geschichten Kinder bevorzugen: Romane, Märchen, Biographien, Reisebeschreibungen oder objektive, wissenschaftliche Werke. Während der Pubertät fühlen sich Kinder leicht zu pornographischen Büchern hingezogen. Unglücklicherweise finden sich in jeder größeren Stadt Buchläden, die solche Druckwerke an den Kunden zu bringen suchen. Der verstärkte Sexualtrieb und das Verlangen nach Erfahrung lenken die Gedanken der Kinder in die geschilderte Richtung. Zur Bekämpfung solch schädigender Einflüsse sollten folgende Mittel verwandt werden: Vorbereitung des Kindes auf seine Rolle als Mitmensch, sexuelle Aufklärung in frühem Alter und freundschaftliche Bindungen an die Eltern.

Frage sechs bezieht sich auf die familiären Bedingungen – Krankheiten in der Familie, etwa Alkoholismus, Neurosen, Tuberkulose, Lues (Syphilis), Epilepsie. Von großer Bedeutung ist auch eine ausführliche Geschichte der kindlichen Körperentwicklung mit ihren Beschwerden und Fehlbildungen. Ein Kind, das durch den Mund atmet, besitzt häufig einen dümmlichen Gesichtsausdruck, als Folge von Nasenpolypen und Mandelwucherungen, die ein richtiges Luftholen beeinträchtigen. In solchen Fällen ist eine Operation wichtig, um die Beschwerden zu beseitigen, und bisweilen gibt die Gewißheit, daß die Operation ihm helfen werde, dem Kind genügend Mut, um nach der Entlassung aus dem Krankenhaus den schulischen Anforderungen genügen zu können.

Erkrankungen in der Familie hemmen häufig den Fortschritt des Kindes. Chronisch kranke Eltern sind für ihre Kinder eine schwere Belastung. Nervöse und psychische Störungen bringen die ganze Familie in Bedrängnis. Kinder sollten, sofern irgend möglich, nicht erfahren, daß ein Familienmitglied von einem seelischen Leiden betroffen ist. Psychische Störungen werfen ihren Schatten auf die ganze Familie, auch wenn man von dem Aberglauben absieht, solche Erkrankungen würden vererbt. Das gleiche gilt für die zahllosen Tuberkulose- und Krebsfälle. All diese Krankheiten üben auf die Seele eines Kindes einen schrecklichen Einfluß aus, und bisweilen ist es weit besser, ein Kind aus einer solchen häuslichen Atmosphäre zu entfernen, als es darin zu belassen. Chronischer Alkoholismus und kriminelle Neigungen innerhalb der Familie wirken wie Gift, dem das Kind häufig keinen Widerstand entgegenzusetzen vermag. Doch es häufen sich die Schwierigkeiten, wenn es gilt, einen geeigneten Platz zu finden für Kinder, die dem schädlichen Einfluß der Familien entzogen werden sollen. Epileptiker sind für gewöhnlich erregt und reizbar, sie stören die Harmonie des Familienlebens. Das schlimmste Übel jedoch ist die Syphilis. Kinder syphilitischer Eltern sind meistens sehr

schwächlich, selbst von der Krankheit befallen und haben bei der Meisterung von Lebensproblemen häufig als tragisch zu bezeichnende Schwierigkeiten.
Wir können uns auch über die Tatsache nicht hinwegtäuschen, daß die materiellen Bedingungen des Familienlebens auf die Einstellung des Kindes zum Leben und zur Zukunft abfärben. Armut im Vergleich zu besseren Umständen, unter denen andere Kinder leben, bringt ein Gefühl des Ungenügens mit sich. Kindern aus verhältnismäßig wohlsituierten Familien fällt es nicht leicht, ohne den bis dahin gewohnten häuslichen Komfort auszukommen, wenn die finanziellen Mittel der Familie einmal zur Neige gehen. Noch stärkere Spannungen treten auf, wenn die Großeltern wohlhabender sind als die Eltern, wie im Fall von Peter Ghent, der sich des peinigenden Gedankens nicht entledigen konnte, daß sein Großvater mit großer Macht ausgestattet war, während sein Vater in allen Dingen versagte. Nicht selten entwickelt ein Kind Fleiß und Eifer als Protest gegen einen antriebslosen Vater.
Die erste Begegnung mit dem Tode ist häufig, sofern sie unerwartet geschieht, ein Schock, der so niederschmetternd ist, daß er das ganze Leben des Kindes in Mitleidenschaft zieht. Ein auf den Tod nicht vorbereitetes Kind, das ihm unverhofft von Angesicht zu Angesicht gegenübersteht, wird zum erstenmal gewahr, daß das Leben ein Ende hat. Diese Erkenntnis kann das Kind völlig entmutigen oder macht es zum mindesten sehr ängstlich. In den Biographien von Ärzten entdecken wir häufig, daß für ihre Berufswahl eine plötzliche, erschrekkende Begegnung mit dem Tode den Ausschlag gab, ein Beweis dafür, daß ein Kind von der Erkenntnis des Todes tief betroffen wird. Es ist nicht ratsam, Kinder mit diesem Problem zu befrachten, weil sie nicht in der Lage sind, es vollständig zu bewältigen. Waisen- und Stiefkinder machen für ihr Unglück häufig den Tod ihrer Eltern verantwortlich.
Wichtig ist auch zu wissen, wer in der Familie das entscheidende Wort führt. Gewöhnlich ist es der Vater. Wenn die Mutter oder die Stiefmutter die führende Rolle spielt, ist mit anormalen Folgen für die kindliche Entwicklung zu rechnen, und der Vater verliert nicht selten den Respekt seiner Kinder. Söhne dominierender Mütter tragen für gewöhnlich eine gewisse Furcht vor Frauen mit sich herum, eine Furcht, die sie nur selten abstreifen können. Solche Männer meiden entweder Frauen oder machen den Frauen in ihren Familien das Leben zur Qual.
Notwendig ist ferner, in Erfahrung zu bringen, ob die Erziehung des Kindes streng oder milde gewesen ist. Wir Individualpsychologen sind nicht der Auffassung, daß bei der Erziehung von Kindern entweder strenge oder milde Methoden einge-

setzt werden sollten. Notwendig sind Verständnis, Vermeiden von Fehlern und fortwährende Ermutigung des Kindes, sich seinen Problemen zu stellen und sie zu lösen sowie Gemeinschaftsgefühl zu entwickeln. Eltern, die an ihren Kindern herumnörgeln, fügen ihnen Schaden zu, denn sie entmutigen die Kinder völlig. Eine verzärtelnde Erziehung führt zu einer Haltung der Abhängigkeit und zu einer Tendenz, sich an eine Person zu klammern. Die Eltern sollten sich sowohl davor hüten, den Kindern rosarote Bilder der Wirklichkeit vorzugaukeln, wie auch die Welt mit pessimistischen Vorstellungen zu verdüstern. Ihre Aufgabe ist es, die Kinder so gut als möglich auf das Leben vorzubereiten, so daß sie später in der Lage sind, für sich selbst zu sorgen. Kindern, denen nicht beigebracht worden ist, Schwierigkeiten ins Auge zu sehen, werden jede Not und Mühsal zu meiden suchen, ein Verhalten, das dazu führt, daß ihre Tätigkeit sich in einem immer enger werdenden Kreis abspielt.

Man sollte auch wissen, wem die Sorge für die Kinder anvertraut ist. Es ist nicht unbedingt vonnöten, daß die Mütter ständig um ihre Kinder sind, doch sie sollten die Menschen, denen sie ihre Kinder übergeben, genau kennen. Der beste Weg, einem Kinde Wissen beizubringen, besteht darin, ihm zu gestatten, durch Erfahrung zu lernen – freilich innerhalb vernünftiger Grenzen –, denn auf diese Weise wird sein Betragen nicht durch Einschränkungen gelenkt, die andere ihm auferlegen, sondern durch die Logik der Tatsachen.

Frage sieben betrifft die Stellung des Kindes innerhalb der Familienkonstellation: sie ist für den Charakter des Kindes von allergrößter Bedeutung. Ein Einzelkind befindet sich in einer besonderen Lage; ein jüngstes Kind, ein einziger Junge unter Mädchen oder ein einziges Mädchen unter Jungen – sie alle nehmen eine besondere Stellung ein.

Frage acht bezieht sich auf die Berufswahl. Sie ist besonders wichtig, weil sie uns etwas über den Einfluß der Umwelt, über das Maß an Mut und Gemeinschaftsgefühl und über den Lebensrhythmus des Kindes verrät.

Tagträume (Frage neun) sind ebenfalls bedeutsam, genauso wie Erinnerungen an die frühe Kindheit. Leute, die gelernt haben, Kindheitserinnerungen zu deuten, vermögen aus ihnen häufig den ganzen Lebensstil des Kindes abzulesen. Auch Träume sind ein Hinweis darauf, in welche Richtung das Kind sich bewegt, sind ein Hinweis darauf, ob ein Kind versucht, Seine Probleme zu lösen oder ihnen auszuweichen (Frage zehn).

Man muß auch wissen, ob ein Kind Sprachfehler hat. Ferner, ob es häßlich oder gutaussehend ist, wohlgestaltet oder mißgebildet (Frage dreizehn).

Frage vierzehn: Spricht das Kind offen über seine Lage oder nicht? Einige Kinder neigen als Kompensation für ihr Minderwertigkeitsgefühl zum Prahlen und Angeben. Andere weigern sich zu sprechen, aus Angst, die anderen könnten sich ihre Aussagen zunutze machen, oder aus Angst vor neuen Leiden, wenn sie ihre Schwäche bekennen.
Frage fünfzehn. Ein Kind, das in einem Fach erfolgreich ist, sagen wir im Zeichnen oder in Musik, sollte vor diesem Hintergrund ermuntert werden, seine Leistungen in anderen Fächern zu steigern.
Kinder, die im Alter von fünfzehn Jahren noch nicht wissen, was sie werden wollen, müssen wir als völlig entmutigt betrachen und sie entsprechend behandeln. Berücksichtigt werden sollten der Beruf der Familienmitglieder wie auch die soziale Stellung von Brüdern und Schwestern. Die gesamte Entwicklung eines Kindes kann durch die unglückliche Ehe der Eltern gestört werden. Der Lehrer hat die Pflicht, mit Umsicht und Besonnenheit zu verfahren, sich ein zutreffendes Bild von dem Kind und seiner Umwelt zu machen und seine Behandlungs- und Besserungsversuche mit den Kenntnissen abzustimmen, die ihm der Fragebogen vermittelt hat.

## 7. Das Gemeinschaftsgefühl und Hindernisse bei seiner Entwicklung; die Position des Kindes in der Familie

Im Gegensatz zu den Fällen von Überlegenheitsstreben, die wir in den vorausgegangenen Kapiteln erörtert haben, finden wir bei vielen Kindern und Erwachsenen eine Tendenz, sich mit anderen Menschenwesen zu verbinden, ihre Aufgaben in Zusammenarbeit mit anderen zu erfüllen und sich vom sozialen Standpunkt aus ganz allgemein nützlich zu machen. Solche Bekundungen lassen sich am besten mit dem Begriff Gemeinschaftsgefühl beschreiben. Welches ist die Wurzel dieses Gefühls? Darüber gibt es erhebliche Meinungsverschiedenheiten. Doch es scheint, jedenfalls soweit der Verfasser herauszufinden vermochte, daß wir es hier mit einem Phänomen zu tun haben, das unaufhebbar mit dem Begriff Mensch überhaupt verbunden ist.
Man kann sich sogar fragen, ob in gewissem Sinne solch ein seelisches Gefühl nicht noch weit eher angeboren ist als das psychische Überlegenheitsstreben. Die Antwort lautet, daß beide im Grunde denselben Kern besitzen – daß das individualistische Verlangen nach Überlegenheit und Vorherrschaft und das Gefühl der Sozialgesinnung auf der gleichen Grundlage der menschlichen Natur beruhen. Beide sind Ausdruck eines Grundverlangens nach Bestätigung; sie unterscheiden sich in

der Form, und ihre unterschiedlichen Ausdrucksformen bedingen zwei unterschiedliche, stillschweigend mitverstandene Beurteilungen der menschlichen Natur. So beruht das individuallistische Streben nach Vorherrschaft auf der Auffassung, das Individuum könne ohne die Gruppe auskommen, während das Gefühl der Sozialgesinnung von der Ansicht ausgeht, das Individuum sei in gewisser Weise von der Gruppe abhängig. Was die Ansicht über die menschliche Natur betrifft, so kann kein Zweifel bestehen, daß das Gemeinschaftsgefühl dem individualistischen Streben überlegen ist. Das erstere steht für eine gesündere, begründetere und logisch grundlegendere Anschauung, während das letztere nur als ein oberflächlicher Standpunkt bezeichnet werden kann, auch wenn es als psychologisches Phänomen im Leben der Menschen weit häufiger anzutreffen ist.

Wenn wir erfahren möchten, in welchem Sinne das Gemeinschaftsgefühl Wahrheit und Logik auf seiner Seite hat, dann brauchen wir lediglich den Menschen in seiner Geschichte zu betrachten, und wir werden schnell bemerken, daß der Mensch stets in Gruppen gelebt hat. Auch ist diese Tatsache nicht weiter erstaunlich, wenn wir uns überlegen, daß jene Geschöpfe, die als Einzelne nicht in der Lage sind, sich selbst zu schützen, sich gezwungen sehen, aus Gründen des Selbstschutzes ständig zusammenzuleben. Wir brauchen nur einen Menschen mit einem Löwen zu vergleichen, um zu erkennen, daß der Mensch, als tierische Spezies verstanden, ziemlich unsicher lebt und daß die meisten anderen, an Größe vergleichbaren Tiere über mehr Kraft verfügen und durch die Natur mit besseren Waffen für körperlichen Angriff und Verteidigung ausgerüstet sind. Darwin beobachtete, daß alle Tiere, deren Verteidigungswerkzeuge die Natur vernachlässigt hat, stets in Rudeln leben und sich fortbewegen. Der Orang-Utan zum Beispiel mit seiner ungewöhnlichen Körperkraft lebt allein mit seiner Gefährtin, während die kleineren und schwächeren Mitglieder der Affenfamilie stets in Gruppen anzutreffen sind. Die Gruppenbildung dient, wie Darwin hervorgehoben hat, als Ersatz oder Kompensation für das, was die Natur den Tieren individuell verweigert hat – für Klauen, Reißzähne, Flügel usw.

Die Gruppenbildung gleicht nicht nur aus, was den Einzeltieren als Individuen fehlt, sondern sie setzt die Tiere auch in den Stand, neue Schutzmethoden zu erfinden, Methoden, die ihre Lage verbessern, sie sicherer gestalten. Manche Affenhorden beispielsweise wissen Kundschafter auszusenden, um herauszufinden, ob Feinde in der Nähe sind. Auf diese Weise sind sie in der Lage, ihre geballte Stärke so zur Geltung zu bringen, daß sie die Schwäche jedes Gruppenmitglieds mehr als wettmacht. Wir wissen auch, daß eine Büffelherde sich zu einer kreisförmigen Abwehrmauer zusammenschart und auf diese Weise einzelne Feinde von weit größerer Körperstärke abzuschlagen vermag.

Tiersoziologen, die sich mit diesem Problem eingehend beschäftigt haben, berichten, daß wir in solchen Gruppen häufig auf Vorkehrungen gleichsam institutioneller Art stoßen, die unseren Gesetzen entsprechen. So müssen die Kundschafter, die vorausgeschickt werden, ihr Leben nach bestimmten Verhaltensregeln einrichten, und jeder Fehler oder Verstoß gegen die Regeln wird von der ganzen Horde geahndet.

In diesem Zusammenhang ist es interessant zu vermerken, daß viele Historiker der Ansicht sind, daß die ältesten Gesetze der Menschheit sich auf das Verhalten von Stammeswächtern bezogen haben. Wenn dem so ist, dann haben wir damit eine anschauliche Vorstellung von der Erfindung des Gruppengedankens aufgrund der Unfähigkeit schwächerer Formen tierischen Lebens, sich selbst vor Gefahren zu schützen. Und in einem gewissen Sinne ist jedes Gefühl von Sozialgesinnung stets auch eine Widerspiegelung körperlicher Schwäche, mit der es unlösbar verknüpft ist. Bei menschlichen Wesen wird das Gemeinschaftsgefühl vielleicht am stärksten durch die Hilflosigkeit und langsame Entwicklung von Säuglingen und Kindern gefördert.

Im gesamten tierischen Bereich finden wir außer dem Menschen kein Lebewesen, dessen Junge mit einer solch vollständigen Hilflosigkeit zur Welt kommen. Wie wir wissen, braucht das Menschenkind auch die längste Zeit, um den Reifezustand zu erreichen. Der Grund liegt nicht darin, daß ein Kind, ehe es erwachsen wird, zahllose Dinge lernen muß, sondern der Grund liegt in der Art und Weise, wie es sich entwickelt. Kinder benötigen den Schutz der Eltern weit länger als andere Lebewesen, weil ihr Organismus dringend darauf angewiesen ist, und die menschliche Rasse würde aussterben, wenn Kinder solchen Schutz nicht erhielten. Wir können die körperliche Schwäche des Kindes als den Umstand betrachten, der Erziehung und Sozialgesinnung miteinander verknüpft. Aufgrund der körperlichen Unreife des Kindes ist Erziehung eine unabdingbare Notwendigkeit, und das Erziehungsziel ergibt sich aus der Tatsache, daß die Überwindung der kindlichen Unreife nur durch das Hinwachsen in das Beziehungsfeld der Gruppe gelingen kann. Erziehung muß notwendigerweise einen sozialen Zweck verfolgen.

Bei all unseren Erziehungsregeln und -methoden dürfen wir niemals den Gedanken des Gemeinschaftslebens und der sozialen Anpassung an dieses Gemeinschaftsleben aus den Augen verlieren. Ob wir Kenntnis davon haben oder nicht, wir sind stets angenehmer durch Handlungen berührt, die vom Standpunkt der Gemeinschaft gut sind, als von Handlungen, die für die Gesellschaft ganz allgemein nachteilig oder schädlich sind.

Alle Erziehungsfehler, die wir beobachten, sind Fehler nur deshalb, weil wir der Auffassung sind, daß sie schädliche Auswirkungen auf die Gemeinschaft haben. Jede große Leistung, mehr noch jede Entwicklung menschlicher Fähigkeiten vollzieht sich unter dem Druck des Soziallebens und zielt in Richtung des Gemeinschaftsgefühls.

Nehmen wir beispielsweise die Sprache! Ein Mensch, der für sich allein lebt, braucht keine Sprachkenntnisse. Der Umstand, daß Menschen überhaupt Sprache entwickelt haben, ist ein unbestreitbarer Beweis für die Notwendigkeit des Zusammenlebens. Sprechen stellt deutliche Bindungen zwischen Menschen her und ist gleichzeitig eine Hervorbringung ihres Zusammenlebens. Die Psychologie der Sprache und des Sprechens ist verständlich nur, wenn wir die Idee der Gemeinschaft als Ausgangspunkt nehmen. Allein lebende Individuen haben kein Interesse an Sprache und Sprechen. Wenn einem Kind die breite Grundlage der Teilhabe an der Gemeinschaft fehlt, wenn es isoliert aufwächst, dann wird auch seine Sprachentwicklung gehemmt und verzögert sein. Was wir als Sprachbegabung bezeichnen, kann ein Individuum nur erwerben und entfalten, wenn es in Beziehungen zu anderen tritt.

Man nimmt gemeinhin an, daß Kinder, die sich besser auszudrücken vermögen als andere, ganz einfach begabter sind. Das stimmt nicht. Kinder mit Schwierigkeiten beim Sprechen oder bei der sprachlichen Kontaktaufnahme haben für gewöhnlich kein sonderlich starkes Gemeinschaftsgefühl. Wenn Kinder nicht richtig sprechen lernen, dann handelt es sich häufig um verzärtelte Kinder, für die ihre Mütter alles und jedes tun, noch ehe die Kinder Zeit haben, einen Wunsch zu äußern. Auf diese Weise verlieren sie den Kontakt zu anderen Menschen und die Fähigkeit zur sozialen Anpassung, weil sie kein Bedürfnis zum Sprechen verspüren.

Manche Kinder sprechen nur zögernd und ungern, weil ihre Eltern ihnen niemals gestatten, einen Satz zu vollenden oder selbst eine Frage zu beantworten; andere sind ausgelacht oder lächerlich gemacht worden und sind deshalb entmutigt. Dieses beständige Verbessern und Bekritteln scheint in der Kindererziehung ein weit verbreitetes Fehlverhalten zu sein. Als schlimmes Ergebnis dieser Praxis schleppen Kinder über Jahre hin ein Gefühl von Erniedrigung und Minderwertigkeit mit sich herum. Das können wir an Menschen bemerken, die jeden Satz mit der stereotypen Wendung einleiten: »Doch bitte lachen Sie nicht über mich!« Solche Äußerungen hören wir

häufig, und in einem solchen Falle ist uns sogleich klar, daß solche Menschen häufig ausgelacht worden sind, als sie noch Kinder waren.
Da ist der Fall eines Kindes, das sprechen und hören konnte, dessen Eltern jedoch beide taubstumm waren. Es schrie jedesmal, wenn es sich verletzt hatte, ohne einen Laut von sich zu geben. Es war zwar sinnvoll und notwendig, seine Eltern den Schmerz sehen zu lassen, doch völlig zwecklos, seinem Leid auch hörbaren Ausdruck zu verleihen.
Die Entwicklung anderer menschlicher Fähigkeiten, beispielsweise die Zunahme an Verständnis und Sinn für Logik, sind ohne Gemeinschaftsgefühl gar nicht denkbar. Ein völlig allein lebender Mensch hat kein Bedürfnis nach Logik oder zum wenigsten nicht mehr Bedürfnis danach als irgendein Tier. Auf der anderen Seite muß ein Mensch, der fortwährend in Kontakt mit anderen steht, der im Umgang mit anderen Sprache, Logik und common sense einzusetzen hat, Gemeinschaftsgefühl eintwickeln oder erwerben. Das ist das Endziel allen logischen Denkens.
Gelegentlich erscheinen uns Handlungen von Menschen unklug, während sie vor dem Hintergrund ihrer persönlichen Ziele in Wahrheit ganz intelligent sind. Das trifft häufig auf Menschen zu, die dem Glauben anhängen, jedermann müsse so denken wie sie, eine Einstellung, die uns zeigt, wie bedeutsam bei der Beurteilung der Faktor des Gemeinschaftsgefühls oder des common sense ist (ganz zu schweigen davon, daß die Ausbildung von common sense nicht notwendig wäre, wenn das Gemeinschaftsleben nicht so kompliziert wäre und den Einzelnen nicht vor so viele verwickelte Probleme stellte). Wir können uns sehr gut vorstellen, daß primitive Menschen auf einem primitiven Niveau stehengeblieben sind, weil ihr relativ einfaches Dasein sie nicht zu tieferem Denken anregte. Gemeinschaftsgefühl spielt eine höchst wichtige Rolle bei der menschlichen Fähigkeit, zu sprechen und logisch zu denken – zwei beinahe als heilig zu betrachtende Funktionen des Menschen. Wenn jedermann versuchte, seine Probleme ohne Rücksicht auf die Gemeinschaft, in der er lebt, zu lösen oder eine eigene Sprache zu benutzen, die nur er versteht, dann wäre Chaos das Ergebnis. Gemeinschaftsgefühl vermittelt eine Sicherheit, die jedes Individuum verspüren kann und die seinem Leben Halt und Stütze gibt. Vielleicht ist sie nicht völlig identisch mit der Zuversicht, die uns logisches Denken und Wahrheit vermitteln, doch sie ist jedenfalls der offenkundigste Bestandteil dieser Zuversicht. Um diesen Sachverhalt zu verdeutlichen: Warum wird dem Berechnen und Zählen allseits ein derart großes Vertrauen entgegengebracht, so daß wir dazu neigen, als unbedingt wahr nur das zu betrach-

ten, was wir in Zahlen ausdrücken können? Der Grund ist, daß Rechenoperationen unseren Mitmenschen leichter als andere Gedankengänge zu vermitteln sind und daß der Verstand gleichzeitig leichter mit ihnen umgehen kann. Wir haben nicht allzu viel Zutrauen zu Wahrheiten, die wir anderen nicht mitteilen und die sie nicht mit uns teilen können. Diese Überlegung stand ohne Zweifel hinter Platons Versuch, die gesamte Philosophie auf Zahlen und mathematische Gesetze zu gründen. Der Zusammenhang mit dem Gemeinschaftsgefühl wird sogar noch deutlicher, wenn wir uns der Tatsache erinnern, daß Plato von dem Philosophen forderte, er solle in die »Höhle« zurückkehren, was besagen soll, am Leben seiner Mitmenschen teilhaben. Plato stand unter dem Eindruck, daß selbst der Philosoph ohne die mit dem Gemeinschaftsgefühl einhergehende Sicherheit nicht richtig zu leben vermöchte.

Kinder, die mit Sicherheitsgefühl sozusagen nicht gerade überhäuft sind, lassen diesen Mangel erkennen, sobald sie in Kontakt mit anderen treten oder bestimmte Aufgaben in eigener Initiative erfüllen sollen. Sie offenbaren ihre Unsicherheit in der Schule vor allem in jenen Fächern, die objektives, logisches Denken verlangen, wie etwa die Mathematik.

Die Leitgedanken, auf die man ein Menschenwesen in seiner Kindheit verpflichtet (beispielsweise moralische Empfindungen, ethische Grundsätze usw.), werden für gewöhnlich in recht einseitiger Weise dargeboten. Für einen Menschen, der dazu verdammt ist, für sich allein zu leben, ist eine Sittenlehre unverständlich und sinnlos. Moralvorstellungen sind nur dann am Platze, wenn wir dabei an die Gemeinschaft und an die Rechte anderer Menschen denken. Diese Ansicht läßt sich ein wenig schwieriger vertreten, wenn wir an ästhetische Gefühle denken, an unsere Vorliebe für künstlerische Schöpfungen. Doch selbst in den Gefilden der Kunst fällt uns ein allgemein durchgängiges, in sich geschlossenes Muster auf, dessen Wurzeln in ein Verständnis für Gesundheit, Stärke, richtige soziale Entwicklung usw. hinabreichen. Was Kunst angeht, so sind die Grenzen durchlässig, nachgiebig, und in ihr ist vielleicht mehr Raum für individuellen Geschmack vorhanden. Im großen und ganzen jedoch folgt auch die Ästhetik sozialen Leitlinien.

Stellt man uns die praktische Frage: Wie können wir den Entwicklungsgrad des Gemeinschaftsgefühls in einem Kind angeben? dann hat unsere Antwort zu lauten, daß wir bestimmte Verhaltensäußerungen berücksichtigen müssen. Wenn wir zum Beispiel beobachten, daß Kinder sich in ihrem Überlegenheitsstreben ohne Rücksicht auf andere an die Spitze drängen, dann können wir ziemlich sicher sein, daß sie weniger Gemeinschaftsgefühl haben als Kinder, welche diese besondere Vorgehens- und Verhaltensweise nicht an den Tag legen. In unserer gegenwärtigen Kultur kann man sich unmöglich ein Kind vorstellen, das nicht den Wunsch nach individualistischer Vorherrschaft und Überlegenheit verspürte. Als Folge davon ist sein Gemeinschaftsgefühl für gewöhnlich nicht ausreichend entwickelt. Über diese menschliche Seinsweise haben sich die Kritiker der Menschheit, die älteren und modernen Moralisten, stets beklagt – darüber, daß der Mensch von Natur aus egoistisch sei und mehr an sich als an andere denke. Diese Kritik wird stets in Form einer Moralpredigt vorgetragen, die keinerlei Wirkung auf Kinder oder Erwachsene ausübt, weil mit dem Grundsatz allein nichts zu erreichen und zu ändern ist; und schließlich haben sich die Leute mit dem Gedanken getröstet, daß alle anderen auch nicht besser sind als sie.

Wenn wir mit Kindern zu tun haben, deren Gedanken derart verwirrt sind, daß sie bereits schädliche oder kriminelle Tendenzen entwickelt haben, dann müssen wir uns vor Augen halten, daß noch so viele Moralpredigten bislang keinerlei Wirkung gezeigt haben. In einer solchen Lage ist es viel ratsamer, ein wenig tiefer zu bohren, um schließlich das Übel mit der Wurzel ausrotten zu können. Mit anderen Worten, wir müssen unsere Rolle als Richter aufgeben und die eines Kameraden oder heilenden Arztes übernehmen.

Wenn wir einem Kind fortwährend zu verstehen geben, daß es böse oder dumm ist, dann wird es innerhalb ganz kurzer Zeit davon überzeugt sein, daß wir recht haben, und anschließend nicht mehr genug Mut haben, um irgendeine ihm übertragene Aufgabe in Angriff zu nehmen. Schließlich versagt das Kind bei allem, was es anzufassen versucht, und die Überzeugung, es sei dumm, nistet sich immer tiefer in seinem Innern ein. Das Kind versteht nicht, daß seine Umwelt letztlich schuld daran ist, daß sein Selbstvertrauen unterhöhlt ist, und daß es im Unterbewußten sein Leben so arrangiert, daß es damit den Beweis liefert, daß sein fehlerhaftes Urteil richtig ist. Das betroffene Kind fühlt sich weniger begabt als seine Spielkameraden, fühlt sich in seinen Fähigkeiten und Möglichkeiten eingeschränkt. Seine Haltung läßt unmißverständlich seinen depressiven Gemütszustand erkennen, der seinerseits in direktem Verhältnis zu der Stärke des Drucks steht, den die Umwelt mit ihren ungünstigen Bedingungen auf das Kind ausübt.

Die Individualpsychologie hat sich bemüht aufzuzeigen, daß der Umwelteinfluß stets an den Fehlern ablesbar ist, die das Kind begeht. So steht zum Beispiel ein unordentliches Kind immer im Schatten einer Person, die seine Angelegenheiten und Dinge in Ordnung hält; ein lügenhaftes Kind befindet sich immer im Einflußbereich eines dominierenden Erwachsenen, der das Kind mit Hilfe von Härte und Strenge von seiner Unehrlichkeit zu heilen versucht. Wir können sogar am Prahlen und Angeben eines Kindes Umweltspuren entdecken. Ein solches Kind hat für gewöhnlich das Gefühl, daß Lob für es eine Notwendigkeit ist und nicht die gelungene Bewältigung einer ihm anvertrauten Aufgabe; in seinem Streben nach Überlegenheit ist es ständig auf lobende Bemerkungen seiner Familienmitglieder erpicht.

Im Leben eines jeden Kindes gibt es Situationen, die von den Eltern gewöhnlich übersehen oder mißverstanden werden. So befindet sich jedes Kind, das zusammen mit Brüdern oder Schwestern aufwächst, in einer anderen Lage als etwa ein Einzelkind. Die Lage des erstgeborenen Kindes ist insofern einzigartig, als es für eine Weile das einzige Kind gewesen ist. Eine derartige Erfahrung ist dem zweitgeborenen Kind unbekannt. Das jüngste Kind wiederum erfährt eine ganze Reihe von Umständen, die nicht jedes Kind durchlebt, denn es ist eine Zeitlang das kleinste und schwächste Kind der Umwelt, in die es hineingeboren wurde. Solche Situationen treten noch in Variationen auf. Wenn zwei Brüder oder zwei Schwestern zusammen aufwachsen, dann hat der biologisch ältere und aufgrund dessen erfahrenere Geschwisterteil bereits bestimmte Schwierigkeiten überwunden, die der jüngste noch zu meistern hat. Das jüngere der beiden Kinder ist in einer relativ ungünstigen Position und verspürt dies auch. Um dieses Minderwertigkeitsgefühl zu kompensieren, kann es unter Umständen sein Streben mit dem Ziel verstärken, den älteren Bruder oder die ältere Schwester zu überflügeln.

Individualpsychologen, die längere Zeit mit Kindern gearbeitet haben, sind für gewöhnlich in der Lage, die Stellung, die Kinder innerhalb der Familienkonstellation innehatten, in Erfahrung zu bringen, gleichsam aufzuspüren. Wenn das ältere Kind normale Fortschritte gemacht hat, dann ist das jüngere dazu angespornt worden, verstärkte Anstrengungen zu unternehmen, um mit dem älteren mitzuhalten. Als Folge davon ist das jüngere Kind gewöhnlich aktiver und auch aggressiver. Wenn das ältere Kind schwächlich gewesen ist und sich nur langsam entwickelt hat, dann sieht sich das jüngere Kind nicht gezwungen, im Konkurrenzkampf mit dem älteren eine derart große Anstrengung auf sich zu nehmen.

Es ist mithin wichtig festzustellen, welche Position ein Kind innerhalb der Familie innegehabt hat, denn ein Kind kann man nur dann völlig verstehen, wenn sein Platz in der Familienkonstellation ausgemacht worden ist. Die jüngsten Kinder von Familien weisen aufgrund der Tatsache, daß sie die jüngsten gewesen sind, unmißverständliche Zeichen auf. Natürlich finden wir Ausnahmen, doch der gemeinhin übliche Typ des jüngsten Kindes ist jenes Kind, das alle anderen zu übertreffen wünscht, das niemals ruhig ist, sondern sich durch das Gefühl und den Glauben, es müsse schließlich mehr werden als alle anderen, ständig zu neuer Aktivität aufgerufen sieht. Diese Beobachtungen sind bedeutsam für die Kindererziehung, weil sie die Übernahme bestimmter Erziehungsmethoden bedingen. Es ist einfach unmöglich, bei allen Kindern den gleichen erzieherischen Regeln zu folgen. Jedes Kind ist einmalig, und wenn wir die Kinder auch nach bestimmten allgemeinen Typen klassifizieren, so müssen wir doch sorgsam darauf achten, jedes Kind als Individuum zu behandeln. Diese Bedingung ist in der Schule kaum erfüllbar, doch sie kann mit Sicherheit zuhause gewährleistet werden.

Die jüngsten Kinder gehören dem Typ an, der gleichsam auf jedem Bild im Vordergrund stehen möchte, und in vielen Fällen hat er Erfolg damit. Dies ist eine außerordentlich wichtige Überlegung, denn sie läßt die Vorstellung der Vererbbarkeit psychischer Eigenschaften höchst fragwürdig erscheinen. Wenn die jüngsten Kinder verschiedener Familien untereinander so große Ähnlichkeit zu erkennen geben, dann bleibt für den Glauben an Vererbung nicht allzu viel Raum.

Ein weiterer Typ des jüngsten Kindes, das genaue Gegenteil des oben beschriebenen aktiven Typs, ist der vollständig entmutigte Heranwachsende. Solch ein Kind ist faul und träge bis an die Grenze des Möglichen. Es dürfte einleuchten, daß der scheinbar große Unterschied zwischen diesen beiden Typen sich psychologisch erklären läßt. Niemand wird so leicht durch Schwierigkeiten getroffen wie ein Mensch, der den unangemessenen Ehrgeiz hat, alle anderen zu übertreffen. Sein Ehrgeiz macht ihn unglücklich, und wenn die Hindernisse fast unüberwindlich erscheinen, dann ergreift er schneller die Flucht und macht sich davon als jemand, dessen Streben nicht einem so bedeutenden Ziel gilt. Wir erkennen in diesen beiden Typen von jüngsten Kindern die Personifizierung des lateinischen Sprichworts: »Aut Caesar, aut nullus« oder, wie wir sagen: »Alles oder nichts«.

In der Bibel finden wir ausgezeichnete Beschreibungen von jüngsten Kindern, die mit unserer Erfahrung genau übereinstimmen – so zum Beispiel die Geschichten von Joseph, David, Saul usw. Dem Einwand, der sich erheben mag, daß Joseph einen jüngeren Bruder hatte, nämlich Benjamin, können wir damit begegnen, daß Benjamin zur Welt kam, als Joseph bereits siebzehn Jahre alt war, so daß Joseph als Kind tatsächlich der jüngste war. Unsere Ansicht, die jüngsten Kinder betreffend, findet ihre Bestätigung nicht nur in der Bibel, sondern auch in Märchen. Es gibt kein Märchen, in dem das jüngste

Kind nicht alle seine Brüder und Schwestern überflügelte –: in deutschen, russischen, skandinavischen oder chinesischen Märchen ist das jüngste Kind stets der Eroberer. Das kann unmöglich Zufall sein. Der Grund liegt wahrscheinlich darin, daß in früheren Zeiten die Figur des jüngsten Kindes viel hervorstechender und auffälliger war als heutzutage. Man muß diesen Typ besser beobachtet haben, weil er wahrscheinlich unter primitiven Bedingungen leichter zu bemerken war.
Über die Merkmale und Eigenschaften, die Kinder entsprechend ihrer Stellung in der Familienkonstellation entwickeln, ließe sich weit mehr sagen. Auch die ältesten Kinder haben viele Eigenschaften gemeinsam; sie können in zwei oder drei Haupttypen eingeteilt werden.
Der Verfasser hatte die fragliche Angelegenheit bereits lange Zeit gründlich erforscht, doch der Gegenstand nahm in seinen Gedanken keine klare Gestalt an, bis er eines Tages eher zufällig auf eine Textstelle in Fontanes Autobiographie stieß. Fontane beschreibt hier, wie sein Vater, ein französischer Emigrant, an einem Krieg Polens gegen Rußland teilnahm. Sein Vater war stets von Glück erfüllt, wenn er beispielsweise las, daß zehntausend Polen fünfzigtausend Russen im Felde besiegt und in die Flucht geschlagen hatten. Fontane konnte die Freude seines Vaters nicht verstehen. Im Gegenteil, er hatte erhebliche Einwände und begründete sie damit, daß fünfzigtausend Russen schlicht und einfach stärker sein müssen als zehntausend Polen und »wenn dem nicht so ist, dann gefällt mir das überhaupt nicht, weil der Stärkere stets auch der Stärkere bleiben soll«. Bei der Lektüre dieses Abschnittes geht uns blitzartig die Schlußfolgerung auf: »Fontane ist ein ältestes Kind!« Nur ein ältestes Kind kann eine solche Äußerung von sich geben. Es erinnert sich daran, welche Machtfülle es innerhalb der Familie besaß, als es noch das einzige Kind war und es als Ungerechtigkeit empfand, von einer schwächeren Person entthront zu werden. Es hat sich als Tatsache herausgestellt, daß älteste Kinder gewöhnlich einen konservativen Charakter haben. Sie glauben an Macht, eherne Regeln und unumstößliche Gesetze. Sie haben eine Tendenz, Despotismus ganz frei heraus und ohne Rechtfertigung hinzunehmen und zu billigen. Sie haben die richtige Einstellung zu Machtpositionen, weil sie selbst einmal eine solche Position besetzt hatten.
Bei den Typen der ältesten Kinder finden wir, wie gesagt, Ausnahmen. Eine Ausnahme sollte hier erwähnt werden. Sie betrifft ein Problem im kindlichen Leben, das bislang vernachlässigt worden ist. Es handelt sich um die tragische Rolle eines älteren Jungen, der eine jüngere Schwester hat. Ohne daß die Tatsache ausdrücklich erwähnt würde, lassen Beschrei-

bungen von verwirrten, völlig entmutigten Jungen häufig erkennen, daß die Schwierigkeiten mit einer jüngeren, gescheiten Schwester zu tun hatten. Die Häufigkeit, mit der solche Schwierigkeiten auftreten, ist kein Zufall, denn es gibt dafür eine ganz natürliche Erklärung. Wir wissen, daß in unserer heutigen Kultur Männer für wichtiger gehalten werden als Frauen. Ein erstgeborener Sohn wird häufig verzärtelt. Seine Eltern erwarten viel von ihm. Seine Lage ist günstig, bis plötzlich eine Schwester auftaucht. Das Mädchen kommt in eine Umwelt, die von einem verwöhnten, älteren Bruder beherrscht wird, der sie als lästigen Eindringling betrachtet und sie bekämpft. Diese Lage spornt das Mädchen an, außerordentliche Anstrengungen zu unternehmen, und wenn sie nicht zusammenbricht, beeinflußt dieser Anstoß ihr gesamtes Leben. Das Mädchen entwickelt sich schnell und verschreckt den älteren Bruder, der plötzlich die Fiktion der männlichen Überlegenheit gefährdet sieht. Er wird unsicher, und da die Natur die Dinge so geregelt hat, daß Mädchen sich zwischen dem vierzehnten und sechzehnten Lebensjahr schneller als Jungen entwickeln, wird seine Unsicherheit wahrscheinlich auf eine vollständige Niederlage hinauslaufen. Er verliert leicht seinen Glauben an sich selbst und gibt den Kampf auf, legt sich einleuchtende Entschuldigungen zurecht oder räumt sich selbst Schwierigkeiten in den Weg, die er dann als Alibi dafür benutzen kann, daß er in seinen Anstrengungen nachläßt.

Solche erstgeborenen Söhne, die verwirrt sind, ohne Hoffnung, unerklärlich faul und träge oder nur deshalb unter Nervosität leiden, weil sie sich nicht stark genug fühlen, um mit einer jüngeren Schwester den Wettkampf aufzunehmen, solche Jungen treffen wir in großer Zahl an. Bisweilen sind sie von einem unglaublichen Haß auf das weibliche Geschlecht erfüllt. Für gewöhnlich haben sie ein trauriges Schicksal, weil es nur wenige Menschen gibt, die ihren Zustand begreifen und ihnen dafür eine Erklärung bieten können. Das geht gelegentlich so weit, daß Eltern oder andere Familienmitglieder die Klage äußern: »Warum ist es nicht umgekehrt? Warum ist der Junge kein Mädchen und das Mädchen nicht ein Junge?«

Mit mehreren Schwestern aufwachsende Jungen ohne Brüder haben gleichfalls bestimmte Charaktereigenschaften gemeinsam. Es ist höchst schwierig, in einem Haus, wo mehrere Schwestern und nur ein Junge leben, eine überwiegend weiblich geprägte Atmosphäre zu verhindern. Der Junge wird entweder von allen Familienmitgliedern stark verwöhnt und verzärtelt oder alle Frauen verbünden sich gegen ihn und schließen ihn aus. Solche Jungen entwickeln sich natürlich unterschiedlich, doch gewisse Charakterzüge sind ihnen allen gemeinsam. Wir wissen, daß die Auffassung, daß Jungen nicht ausschließlich von Frauen erzogen werden sollten, weit verbreitet ist. Doch man sollte diese Ansicht nicht zu wörtlich nehmen, denn schließlich werden alle Jungen zunächst von Frauen aufgezogen. Das ist kein Argument gegen die Weiblichkeit, sondern vielmehr gegen die Mißverständnisse, die sich aus einer solchen Lage ergeben. Das gleiche gilt im übrigen auch für Mädchen, die mit Jungen aufwachsen. Gewöhnlich schauen Jungen auf Mädchen herab, und als Folge davon versuchen Mädchen ihrerseits, die Jungen nachzuahmen, ein als Vorbereitung auf ihr späteres Leben nicht gerade günstiges Bemühen.

Gleichgültig, wie tolerant jemand ist, er kann unmöglich in den Chor jener einstimmen, die dem Glauben anhängen, man solle Mädchen wie Jungen aufziehen. Das läßt sich zwar eine Zeitlang durchhalten, doch ganz schnell machen sich bestimmte unvermeidliche Unterschiede bemerkbar. Männer haben im Leben unterschiedliche Rollen zu spielen, Rollen, die durch ihren unterschiedlichen Körperbau festgelegt werden. Dieser Umstand spielt auch bei der Berufswahl eine Rolle, und Mädchen, die mit ihrer weiblichen Rolle nicht zufrieden sind, haben es bisweilen recht schwer, sich auf die ihnen offenstehenden Berufe einzustellen und sich den Arbeitserfordernissen anzupassen. Bei der Frage nach der Vorbereitung auf Ehe und Familie leuchtet ein, daß die Erziehung zur Rolle als Frau anders aussehen muß als die Erziehung zur Rolle als Mann. Mädchen, die mit ihrem Geschlecht unzufrieden sind, werden die Ehe als eine persönliche Entwertung ablehnen oder sie werden zu herrschen suchen, wenn sie dennoch heiraten. Jungen, die wie Mädchen aufgezogen worden sind, haben ebenfalls große Schwierigkeiten, sich unserer gegenwärtigen Kulturform und ihren Erwartungen anzupassen.

Bei all diesen Überlegungen dürfen wir nicht vergessen, daß der Lebensstil eines Kindes für gewöhnlich in der Zeit festgelegt wird, wenn es vier oder fünf Jahre alt ist. Während dieser Lebensjahre muß es Gemeinschaftsgefühl und die zur Anpassung notwendige Umstellungsfähigkeit entwickeln. Um das fünfte Lebensjahr herum ist die Einstellung eines Kindes zu seiner Umwelt für gewöhnlich bereits so festgelegt und eingeschliffen, daß sie für den Rest seines Lebens mehr oder weniger die gleiche Richtung beibehält. Seine Wahrnehmung der Außenwelt bleibt sich gleich; das Kind ist in der Falle seiner Ansichten gefangen und wiederholt unaufhörlich seinen ursprünglichen psychischen Mechanismus und die sich daraus ergebenden Handlungen. Das Gemeinschaftsgefühl wird durch die dem Individuum eigenen Begrenzungen seines psychischen Horizonts eingeschränkt.

## 8. Die Psychologie der Situation und Abhilfe

Wie wir gesehen haben, verläuft die Entwicklung des Kindes in Übereinstimmung mit seiner unbewußten Deutung der Position, die es in Beziehung zu seiner Umwelt innehat. Wir haben ferner gesehen, daß das erste, das zweite und das dritte Kind sich unterschiedlich entwickeln, und zwar entsprechend der jeweiligen Position innerhalb der Familienkonstellation. Diese Bedingungen der frühen Kindheit können als eine Art Prüfung des vom Kind entwickelten Charakters angesehen werden.

Die Erziehung eines Kindes darf nicht zu früh einsetzen. Wenn das Kind heranwächst, legt es sich eine bestimmte Menge an Regeln oder Formeln zu, die sein Verhalten lenken und seine Reaktionen auf die verschiedenen Situationen bestimmen. Solange ein Kind noch sehr jung ist, entdecken wir nur ganz schwache Hinweise auf den besonderen Mechanismus, den es zur Steuerung seines künftigen Verhaltens herausbildet. Dieses Verhaltensmuster wird später als Folge von Jahren des Trainings starr und unveränderlich, und das Kind handelt und reagiert nicht nach objektiven, sachlichen Gesichtspunkten, sondern in Abstimmung mit der unbewußten Interpretation der Gesamtsumme seiner früheren Erfahrungen. Wenn ein Kind irgendeine besondere Situation oder seine Fähigkeit, eine besondere Situation zu meistern, fehlerhaft interpretiert, dann wird diese irrige Beurteilung sein Verhalten festlegen, und kein noch so hohes Maß an Logik oder common sense kann sein Verhalten als Erwachsener ändern, solange nicht die ursprüngliche, kindliche Fehldeutung korrigiert worden ist.

In der Entwicklung eines Kindes findet sich immer etwas Subjektives, und dieser individuellen Besonderheit müssen Pädagogen auf die Spur kommen. Die individuelle Eigenart verhindert die Anwendung allgemeiner Regeln bei der Erziehung von Kindergruppen. Sie ist auch der Grund dafür, warum die Anwendung ein und derselben Regel bei verschiedenen Kindern zu unterschiedlichen Ergebnissen führt.

Auf der anderen Seite können wir freilich nicht behaupten, daß ein Naturgesetz im Spiel ist, wenn wir beobachten, daß Kinder in ähnlichen Situationen auf beinahe die gleiche Weise reagieren; wahr ist immerhin, daß Menschen aufgrund ihres allgemeinen Mangels an Erkenntnis dazu neigen, in die gleichen Fehler zu verfallen. Man glaubt gemeinhin, daß Kinder immer eifersüchtig werden, wenn ein weiteres Kind in der Familie auftaucht. Gegen diese Verallgemeinerung läßt sich zum einen einwenden, daß es Ausnahmen gibt, und zum anderen, daß Kenntnisse über die Art und Weise der Vorbereitung von Kindern auf die Ankunft eines jüngeren Bruders oder einer jüngeren Schwester Eifersucht mit Sicherheit verhindern. Ein Kind, dem ein Fehler unterläuft, läßt sich mit einer Person vergleichen, die in den Bergen plötzlich vor einem Fußpfad steht. Sie weiß nicht, wo und wie sie weitergehen soll. Wenn sie schließlich den richtigen Weg gefunden hat und auf ihm in die nächste Stadt gelangt, hört sie, wie die Leute erstaunt erklären: »Fast jeder, der sich von jenem Pfad entfernt, verirrt sich.« Kinder begehen Fehler häufig entlang solch verführerischen Pfaden. Sie scheinen leicht begehbar und locken daher das Kind an.

Noch viele andere Situationen haben einen nicht abzuschätzenden Einfluß auf den Charakter eines Kindes. Wie oft sehen wir zwei Kinder in einer Familie, von denen das eine lieb, das andere böse ist! Wenn wir die Umstände ein wenig genauer untersuchen, stellen wir fest, daß das böse Kind ein starkes Verlangen nach Überlegenheit hat, daß es alle anderen zu beherrschen trachtet und all seine Macht einsetzt, um die Umwelt seinem Willen zu unterwerfen. Das Haus hallt wider von seinem Geschrei. Im Gegensatz dazu ist das andere Kind ruhig, bescheiden, der Liebling der Familie und wird dem anderen Kind als leuchtendes Beispiel vorgehalten. Die Eltern können sich solche Gegensätze in derselben Familie nicht erklären. Wenn wir nachprüfen, stellen wir fest, daß das gute Kind herausgefunden hat, daß es durch sein untadeliges Verhalten weit mehr Anerkennung ernten kann und daß es sich mit dem bösen Bruder oder der bösen Schwester, wie es sich auch treffen mag, erfolgreich zu messen vermag. Für den Fall einer Rivalität solcher Art zwischen zwei Kindern liegt es auf der Hand, daß das erstgeborene Kind jede Hoffnung aufgeben kann, das zweitgeborene Kind durch besseres Betragen zu überflügeln, und folglich bemüht es sich, den Rivalen in der entgegengesetzten Richtung auszustechen, will sagen, indem es so unartig ist, wie es nur geht. Nach unserer Erfahrung ist es möglich, solchen unartigen Kindern zu einem Verhalten zu verhelfen, das sogar noch besser ist als das ihrer Brüder oder Schwestern. Wir haben ferner die Erfahrung gemacht, daß sich ein starkes Verlangen nach Überlegenheit in der einen oder der anderen extremen Richtung äußern kann. Das gleiche beobachten wir in der Schule.

Es läßt sich schlechterdings nicht vorhersagen, daß zwei Kinder genau gleich sein werden, nur weil sie unter den gleichen Bedingungen aufgewachsen sind. Denn keine zwei Kinder wachsen unter genau den gleichen Bedingungen auf. Der Charakter eines Kindes mit gutem Benehmen ist weitgehend durch die Gegenwart eines unartigen Kindes beeinflußt. Tatsächlich gibt es viele Kinder, die anfangs ein gutes Betragen an den Tag

legten, später aber zu Sorgenkindern wurden.
Da haben wir den Fall eines siebzehnjährigen Mädchens, das bis zu seinem zehnten Lebensjahr ein Musterkind war. Sie hatte einen elf Jahre älteren Bruder, der arg verwöhnt und verzärtelt worden war, weil er elf Jahre lang das einzige Kind der Familie gewesen war. Der Junge empfand bei der Ankunft seiner Schwester keine Eifersucht, sondern setzte lediglich sein gewohntes Verhalten fort. Als das kleine Mädchen zehn Jahre alt wurde, verließ der Bruder das Haus häufig für längere Zeit. So nahm das Mädchen die Position eines einzigen Kindes ein, und diese Situation hatte auf das Kind die Wirkung, daß sie um jeden Preis ihren eigenen Weg gehen wollte. Sie wuchs in einem wohlhabenden Haus auf, dem es leicht fiel, ihr jeden Wunsch zu erfüllen. Als sie jedoch älter wurde, war es nicht mehr möglich, allen ihren Wünschen nachzugeben, und so begann sie ihre Unzufriedenheit und Enttäuschung zu zeigen. Bereits in frühen Jahren machte sie Schulden in einer Höhe, die sie sich nur bei dem finanziellen Kredit ihrer Familie leisten konnte, Schulden, die nach kurzer Zeit eine beträchtliche Summe ausmachten. Doch das hieß nur, daß sie einen anderen Weg gewählt hatte, um ihre Wünsche zu erfüllen. Sie gab ihr gutes Betragen auf, als ihre Mutter sich weigerte, ihren Forderungen zu entsprechen. Es kam zu tränenreichen Auseinandersetzungen, und das Mädchen entwickelte einen höchst unangenehmen Charakter.
Aus diesem Fall und anderen ähnlich gelagerten Fällen läßt sich die allgemeine Folgerung ziehen, daß ein Kind möglicherweise nur durch gutes Verhalten sein Überlegenheitsstreben befriedigt und daß wir folglich niemals sicher sein können, ob ein solch gutes Betragen anhalten wird, wenn die Situation sich ändert. Der Vorteil unseres psychologischen Fragebogens [s. Anhang I] besteht darin, daß er uns ein umfassenderes Bild von dem Kind und seinen Tätigkeiten wie auch von seiner Beziehung zur Umwelt und allen dazu gehörigen Menschen liefert. Es lassen sich immer gewisse Hinweise auf den Lebensstil des Kindes finden, und wenn wir das Kind und die mit Hilfe des Fragebogens gewonnenen Informationen gründlich geprüft haben, dann werden wir feststellen, daß es seine Charakterzüge, seine Gefühle und seinen Lebensstil allesamt dazu einsetzt, sein Überlegenheitsstreben zu fördern, sein Gefühl von Wichtigkeit zu steigern und in seiner Welt Prestige zu erlangen.
Unter den Kindern findet sich ein häufig in der Schule anzutreffender Typ, der dieser Beschreibung zu widersprechen scheint. Es handelt sich um jenes faule, träge Kind, das sich zurückzieht, unzugänglich ist für Wissen, Disziplin und Tadel, das in einer Welt seiner Phantasie lebt und in keinem

Augenblick ein Streben nach Überlegenheit an den Tag legt. Bei ausreichender Erfahrung kann man jedoch erkennen, daß auch dies eine Form des Strebens ist, wenn auch freilich eine absurde. Solch ein Kind hat kein Zutrauen in seine Fähigkeit, mit den landläufigen Mitteln Erfolg zu erzielen, und infolge dessen meidet es alle Mittel und Möglichkeiten zu besseren Leistungen. Es isoliert sich von den anderen und bietet den Eindruck eines verstockten Charakters. Diese Verstocktheit, diese Gefühllosigkeit erfaßt jedoch nicht seine gesamte Persönlichkeit; dahinter entdeckt man für gewöhnlich ein außerordentlich empfindsames, für Erschütterungen anfälliges Gemüt, das diese zur Schau gestellte Gefühllosigkeit braucht, um sich vor Leid und Schmerz zu schützen. Es legt sich einen Panzer an und erreicht auf diese Weise, daß ihm nichts zu nahe kommt.

Wenn es einem gelingt, einen Weg zu finden, diesen Typ von Kind zum Sprechen zu bewegen, dann stellt man fest, daß es übermäßig mit sich selbst beschäftigt ist, ständig Tagträumen und Phantasien hingegeben, in denen es stets als groß und überlegen erscheint. Die Realität liegt weitab von den Tagträumen solcher Kinder. In ihren Träumen sind sie Helden, die alle anderen unterwerfen; oder Tyrannen, die alle anderen ihrer Macht berauben, oder auch Märtyrer, die den Leidenden zur Hilfe kommen. Der Hang, den Retter zu spielen, findet sich häufig bei Kindern, nicht nur in ihren Tagträumen, sondern auch in ihren Handlungen. Es gibt Kinder, bei denen kann man sich darauf verlassen, daß sie einem anderen beispringen, der sich in Gefahr befindet. Kinder, die in ihren Tagträumen die Rolle des Retters spielen, trainieren sich in dieser Rolle, um sie in der Wirklichkeit zu spielen, und wenn sie nicht zu entmutigt sind, dann spielen sie sie auch, wenn sich die Gelegenheit dazu bietet.

Gewisse Tagträume kehren ständig wieder. In Österreich gab es zur Zeit der Monarchie viele Kinder, die in ihren Tagträumen den Kaiser oder einen der Prinzen aus Gefahr retteten. Die Eltern erfuhren natürlich niemals, daß ihre Kinder sich mit solchen Gedankenspielen beschäftigten. Aus all dem läßt sich ersehen, daß Kinder, die häufig Tagträume haben, sich der Wirklichkeit nicht anpassen können und nicht in der Lage sind, sich nützlich zu machen. In solchen Fällen herrscht eine tiefe Kluft zwischen Phantasie und Wirklichkeit. Bisweilen wählen Kinder den Mittelweg: sie behalten ihre Tagträume bei, während sie gleichzeitig eine teilweise Anpassung an die Wirklichkeit vollziehen. Andere passen sich überhaupt nicht an und ziehen sich mehr und mehr aus der Wirklichkeit in eine Privatwelt eigener Schöpfung zurück, während wieder andere mit den Schöpfungen der Einbildungskraft nichts zu tun haben wollen und sich nur mit der Wirklichkeit beschäftigen – mit Reiseberichten, mit Jagdgeschichten, mit Geschichte usw.

Es kann kein Zweifel darüber bestehen, daß ein Kind sowohl über Phantasie verfügen wie auch die Bereitschaft zeigen sollte, sich mit der Wirklichkeit abzufinden, doch wir dürfen dabei nicht vergessen, daß Kinder diese Dinge nicht so einfach ansehen wie wir und leicht dazu neigen, die Welt in zwei gegensätzliche Bereiche aufzuteilen. Wenn wir Kinder verstehen wollen, sollten wir eine höchst wichtige Tatsache nicht aus den Augen verlieren, die Tatsache nämlich, daß Kinder eine starke Neigung haben, alles in Gegensätze aufzuteilen (oben oder unten, alles gut oder alles schlecht, gescheit oder dumm, überlegen oder unterlegen, alles oder nichts). Auch Erwachsene verwenden dieses antithetische Apperzeptionsschema. Wie wir wohl wissen, ist es ziemlich schwierig, sich von dieser Denkweise freizumachen; beispielsweise davon, heiß und kalt als Gegensätze aufzufassen, wo wir doch aufgrund unserer wissenschaftlichen Kenntnisse wissen, daß es sich dabei lediglich um einen Temperaturunterschied handelt. Dieses antithetische Apperzeptionsschema finden wir nicht nur häufig bei Kindern, sondern darüber hinaus auch in den Anfängen philosophischen Denkens. Die griechische Philosophie war in ihren frühen Zeiten beherrscht von der Idee der Gegensätze. Selbst heutzutage versucht fast jeder Amateurphilosoph Werte mit Hilfe von Gegensätzen zu messen. Einige haben sogar den Charakter von feststehenden Formeln angenommen – Leben-Tod, oben-unten und schließlich Mann-Frau. Zwischen dem heutigen kindlichen und dem alten philosophischen Apperzeptionsschema besteht eine auffällige Ähnlichkeit, und wir dürfen annehmen, daß Menschen, die es sich zur Gewohnheit gemacht haben, die Welt in zwei scharf voneinander abgehobene Gegensätze zu teilen, ihre kindliche Denkweise beibehalten haben.

Menschen, die nach solch einem antithetischen Schema leben, halten sich an eine Denkformel, die sich mit der Maxime »Alles oder nichts« ausdrücken läßt. Natürlich ist es in dieser Welt unmöglich, ein solches Ideal zu verwirklichen, doch nichtsdestoweniger richten manche Menschen ihr Leben danach ein. Menschen können unmöglich entweder alles oder nichts haben. Zwischen diesen beiden Extremen gibt es tausendundeine Abstufung. Wir finden die genannte Formel grundsätzlich bei jenen Kindern, die unter einem starken Minderwertigkeitsgefühl leiden und die als Kompensation einen übermäßigen Ehrgeiz entwickelt haben. Die Geschichte hat mehrere solcher Charaktere verzeichnet, zum Beispiel Cäsar, der von seinen Freunden ermordet wurde, als er nach der Krone trachtete. Viele Eigentümlichkeiten und Charakterzüge von Kindern lassen sich auf diesen Standpunkt des Alles-oder-nichts zurückführen – zum Beispiel Eigensinn und Halsstarrigkeit. Dafür finden wir im Leben von Kindern so viele Beweise, daß sich uns die Schlußfolgerung aufdrängt, daß solche Kinder eine Privatphilosophie oder eine dem common sense widersprechende Privatintelligenz entwickelt haben. Zur Veranschaulichung zitieren wir den Fall eines vier Jahre alten Mädchens, das außergewöhnlich eigensinnig und verstockt war. Eines Tages gab ihre Mutter ihr eine Orange, doch das Kind nahm sie, warf sie auf den Boden und erklärte: »Ich mag nicht, wenn du mir etwas bringst. Ich werde es mir schon holen, wenn ich etwas haben will!«

Schwerfällige, träge Kinder, die nicht alles haben können, ziehen sich mehr und mehr in ihre nichtigen Tagträume, Phantasien und Luftschlösser zurück. Man sollte sich jedoch nicht voreilig zu der Annahme verführen lassen, daß derartige Kinder nicht mehr zu retten sind. Wir wissen sehr wohl, daß überempfindliche Naturen sich schnell aus der Wirklichkeit zurückziehen, da ihre persönlich geschaffene Phantasiewelt ihnen einen gewissen Schutz vor weiteren Verletzungen, vor weiteren Leiden verspricht. Doch dieser Rückzug muß nicht notwendig völlige Fehlanpassung oder Unanpaßbarkeit bedeuten. Ein gewisser Abstand von der Wirklichkeit ist nicht nur für Schriftsteller und Künstler vonnöten, sondern auch für Wissenschaftler, die überdies auch eine gute Vorstellungskraft besitzen müssen. Die in Tagträumen hervorgerufenen Phantasien sind nicht mehr und nicht weniger als Umwege, die ein Individuum einzuschlagen versucht, um die Unannehmlichkeiten und möglichen Fehlschläge im Leben zu umgehen. Wir dürfen nicht vergessen, daß gerade diejenigen Menschen zu Führern der Menschheit werden, die über eine reiche Phantasie verfügen und die in späteren Jahren ihre Phantasien mit der Realität zu verknüpfen wissen. Sie werden Führer nicht nur aufgrund besserer Schulbildung, schärferer Beobachtungsgabe, sondern auch aufgrund ihres Mutes und der Bewußtheit, mit der sie an die Lebensschwierigkeiten herangehen und sie erfolgreich meistern. Die Biographien großer Menschen lassen häufig erkennen, daß sie als Kinder mit der Realität wenig anzufangen wußten und schlechte Schüler waren, dafür aber eine bemerkenswert ausgeprägte Fähigkeit entwickelten, genau zu beobachten, was um sie herum geschah, so daß ihr Mut beim Eintritt günstigerer Bedingungen derart wuchs, daß sie in der Lage waren, sich doch noch der Realität zu stellen und den Kampf mit ihr aufzunehmen. Natürlich gibt es keine Regel dafür, wie man aus Kindern große Menschen macht. Man tut jedoch gut daran, im Gedächtnis zu behalten, daß man Kindern niemals schroff und abweisend entgegentreten darf, daß man sie stets ermutigen, ihnen stets die Bedeutung des wirklichen Lebens erklären muß, damit sie zwischen ihren Phantasien und der Welt keine Kluft aufreißen.

## 9. Die neue Situation als Vorbereitungstest

Das psychische Leben ist nicht nur eine Einheit in dem Sinne, daß alle Äußerungen der Persönlichkeit zu jedem Zeitpunkt miteinander zusammenhängen, sondern es ist auch etwas kontinuierlich Fortlaufendes. Die Entfaltung der Persönlichkeit vollzieht sich rechtzeitig und ohne plötzliche Sprünge. Das gegenwärtige und das künftige Benehmen entspricht dem Charakter in der Vergangenheit. Das soll keineswegs heißen, daß die Ereignisse im Leben eines Individuums durch Vergangenheit und Vererbung gleichsam mechanisch determiniert werden, doch es soll allerdings heißen, daß Zukunft und Vergangenheit bruchlos miteinander verbunden sind. Wir können nicht über Nacht aus unserer Haut heraus, wenngleich wir niemals wissen, was sich in unserer Haut befindet – will sagen, wir kennen unsere volle Begabung erst in dem Augenblick, wenn wir sie zur Anwendung bringen.
In dieser Tatsache der Kontinuität ohne mechanische Determinierung liegt nicht nur die Möglichkeit der Erziehung und Besserung, sondern auch die Möglichkeit, zu jedem Zeitpunkt den jeweiligen Stand der Charakterentwicklung auszumachen. Wenn ein Individuum vor einer neuen Situation steht, kommen seine verborgenen Charakterzüge zum Vorschein. Wenn wir mit Individuen unmittelbar Experimente anstellen könnten, dann würden wir ihren Entwicklungsstand feststellen können, indem wir sie neuen, unerwarteten Situationen aussetzten. Ihr Verhalten in derartigen Situationen muß mit ihrem früheren Charakter übereinstimmen, und es offenbart diesen Charakter in einer Art und Weise, wie es gewöhnliche Situationen nicht vermögen.
Im Falle von Kindern gewinnen wir womöglich die beste Einsicht in ihren Charakter in Augenblicken des Übergangs, das heißt z. B., wenn sie aus dem Haus in die Schule überwechseln oder wenn sich ihre häuslichen Verhältnisse plötzlich verändern. In solchen Augenblicken kommen die Beschränkungen und Begrenzungen des kindlichen Charakters so klar heraus wie ein Bild auf einer photographischen Platte, wenn sie in die Entwicklerlösung gegeben wird.
Wir hatten einmal Gelegenheit, ein adoptiertes Kind zu beobachten. Es war unverbesserlich, hatte Wutanfälle, und man war niemals in der Lage vorauszusagen, was es als nächstes

anstellen würde. Als wir mit dem Kind sprachen, gab es keine verständigen Antworten. Es redete über Dinge, die in keinerlei Zusammenhang mit unseren Fragen standen. Nachdem wir uns einen Eindruck von der gesamten Situation verschafft hatten, drängte sich uns der Gedanke auf: Das Kind lebt bereits seit einigen Monaten im Haus seiner Pflegeeltern und nimmt ihnen gegenüber immer noch eine feindselige Haltung ein. Folglich gefällt es ihm dort nicht.

Das war die einzige Schlußfolgerung, die man aus der Situation ziehen konnte. Die Pflegeeltern schüttelten zunächst den Kopf und meinten, das Kind sei gut behandelt worden, tatsächlich sogar besser, als es jemals zuvor in seinem Leben behandelt worden sei. Doch das ist nicht das Entscheidende. Wir hören häufig von Eltern: »Wir haben mit dem Kind alles versucht, Milde und Strenge, doch nichts hat geholfen.« Freundlichkeit allein ist nicht genug. Manche Kinder reagieren auf Freundlichkeit günstig, doch wir dürfen uns nicht einbilden, daß wir sie damit geändert haben. Sie sind des Glaubens, für eine Weile in einer günstigen Position zu sein, doch im Grunde genommen sind sie unverändert geblieben, und das Ausbleiben der Freundlichkeit würde den alten Zustand sofort wiederherstellen.

In einer solchen Lage ist es notwendig zu verstehen, was das Kind fühlt und denkt – wie es seine Lage auffaßt –, und nicht, was die Eltern denken. Wir wiesen die Pflegeeltern darauf hin, daß das Kind sich bei ihnen nicht glücklich fühlt. Wir konnten den Eltern nicht sagen, ob das Kind mit seiner Haltung recht hatte, doch es konnte kein Zweifel bestehen, daß irgend etwas geschehen sein mußte, was in dem Kind einen solchen Haß erzeugt hatte. Wir erklärten den Eltern, wenn sie sich nicht in der Lage fühlten, die Fehler des Kindes zu korrigieren und seine Liebe zu gewinnen, dann müßten sie es jemand anderem übergeben, weil es ständig gegen etwas rebellieren werde, was in seinen Augen ein Gefängnis sei. Späterhin hörten wir, der Junge habe sich zu einem ausgesprochenen Wüterich entwickelt und werde als richtig gefährlich angesehen. Bei dem Kind hätte sich unter Umständen durch eine freundliche Behandlung eine leichte Besserung eingestellt, doch das wäre nicht ausreichend gewesen, weil es das gesamte Schema nicht begriff, ein Schema, das uns deutlich wurde, als wir weitere Informationen sammelten. Der Fall läßt sich wie folgt erklären: Das Kind wuchs mit den Kindern seiner Pflegeeltern auf und glaubte, sie ließen ihm nicht die gleiche Sorge angedeihen wie ihren eigenen Kindern. Das ist sicherlich kein Grund für derartige Wutanfälle, doch wir müssen uns klarmachen, daß das Kind nicht länger in dem Haus bleiben wollte, und folglich schien ihm jede Handlung

recht und billig, die es dem Ziel seiner Wünsche näherbrachte. Im Lichte des Ziels, das es sich gesetzt hatte, handelte es durchaus intelligent, und mithin können wir jeden Gedanken an eine mögliche Schwachsinnigkeit beiseite schieben. Die Familie brauchte einige Zeit, um sich Klarheit darüber zu verschaffen, daß sie das Kind fortgeben müßte, wenn die Eltern sich nicht in der Lage fühlten, sein Verhalten zu ändern.
Bestraft man ein solches Kind für seine Verfehlungen, dann nimmt es die Bestrafung als einen guten Grund, mit seiner Aufsässigkeit fortzufahren. Die Bestrafung ist dann eine Bestätigung seines Gefühls, daß es recht hat mit seiner Auflehnung. Mit unseren Ansichten stehen wir auf fester Grundlage, und unter diesem Gesichtswinkel läßt sich erkennen, daß alle Irrtümer des Kindes nur als Folgen eines Kampfes gegen die Umwelt verständlich sind, als Folgen seiner Begegnung mit einer neuen Situation, auf die es nicht vorbereitet wurde. Diese Fehler, kindlich, wie sie sind, brauchen uns nicht in Erstaunen zu versetzen, denn wir beobachten die gleichen kindlichen Äußerungen auch im Leben von Erwachsenen.
Die Deutung von Gesten und unauffälligen Ausdrucksformen ist ein fast noch unerforschtes Feld. Wahrscheinlich ist niemand in einer so günstigen Lage wie der Lehrer, um all diese Formen zu einem Schema zusammenzufassen und ihre Verbindung untereinander sowie ihren Ursprung zu erforschen. In diesem Zusammenhang müssen wir daran erinnern, daß eine Ausdrucksform bei verschiedenen Gelegenheiten verschiedene Bedeutungen haben kann und daß zwei Kinder das gleiche tun können, ohne daß es das gleiche bedeutete. Überdies sind die Ausdrucksformen bei Sorgenkindern mannigfaltig selbst dann, wenn sie der gleichen psychischen Ursache entstammen. Es ist einfach so, daß zu einem Ziel mehrere Wege führen.
Vom Standpunkt des common sense aus können wir hier nicht von richtig oder falsch sprechen. Wenn Kinder einen Fehler machen, dann oft deshalb, weil sie sich ein fehlerhaftes Ziel gesetzt haben. Notwendigerweise ist auch das fehlerhaft, was sich aus einem Streben nach einem fehlerhaften Ziel ergibt. Es ist eine Eigentümlichkeit der Menschennatur, daß sie zahllose Möglichkeiten hat, Fehler zu begehen, daß ihr jedoch nur eine Wahrheit zur Verfügung steht.
Wir kennen verschiedene Ausdrucksformen, denen in der Schule keine Aufmerksamkeit gewidmet wird, die aber dennoch von Bedeutung sind. Da haben wir beispielsweise die Körperstellung während des Schlafens. Interessant ist in diesem Zusammenhang der Fall eines fünfzehnjährigen Knaben, der von der Halluzination heimgesucht wurde, der damalige Kaiser Franz Joseph I. sei gestorben und ihm als Geist er-

schienen und habe ihm befohlen, eine Armee aufzustellen und gegen Rußland vorzurücken. Als wir nachts in sein Zimmer gingen, um zu sehen, wie er schlief, standen wir vor einem Bild, das uns zutiefst verblüffte. Der Junge nahm in seinem Bett die Haltung von Napoleon ein. Als wir ihn am nächsten Tag wiedersahen, glich seine Haltung der militärischen Pose, die er im Schlafzustand zum Ausdruck gebracht hatte. Der Zusammenhang zwischen der Halluzination und seiner Haltung im wachen Zustand erschien ziemlich klar und durchsichtig. Wir verwickelten ihn in ein Gespräch und suchten ihn zu überzeugen, daß der Kaiser noch lebte. Er wollte es nicht glauben, und dann erzählte er uns, daß er sich immer über seine kleine Gestalt geärgert habe, wenn er im Café auf Gäste gewartet hätte. Als wir ihn fragten, ob er jemanden kenne, der beim Gehen die gleiche Haltung einnehme, dachte er eine Weile nach und meinte dann: »Mein Lehrer, der Herr Meier.« Wir waren offensichtlich auf der richtigen Fährte und vermochten der anfänglichen Schwierigkeiten Herr zu werden, indem wir die Gestalt des Herrn Meier als die eines kleinen Napoleon heraufbeschworen. Wichtiger jedoch war der folgende Punkt: Der Junge erklärte uns, daß er gern Lehrer werden wollte. Herr Meier war sein Lieblingslehrer, den er sich auch sonst als Vorbild nahm, und er wollte ihm gern in allem, was er tat, nachfolgen und ihn nachahmen. Mit einem Wort, die ganze Lebensgeschichte des Jungen war in seiner Haltung zusammengefaßt.

Eine neue Situation ist gleichsam ein Test für das Vorbereitetsein des Kindes. Wenn ein Kind gut vorbereitet worden ist, dann tritt es einer neuen Situation mit Vertrauen gegenüber. Wenn es ihm an Vorbereitung mangelt, dann bringt eine neue Situation einen Spannungszustand mit sich, der seinerseits zu einem Gefühl des Unvermögens führt. Das Gefühl der Unfähigkeit verzerrt das Urteilsvermögen, und die anschließende Reaktion ist ungenau, falsch – das heißt, sie entspricht den Anforderungen der Situation nicht –, weil sie nicht auf das Gemeinschaftsgefühl gegründet ist. Mit anderen Worten, das Schulversagen eines Kindes kann nicht nur der Unzulänglichkeit des Schulsystems angelastet werden, denn dafür ist auch die primäre Schwäche, die Unzulänglichkeit des Kindes verantwortlich.

Es stellt sich uns als Aufgabe, die neue Situation zu erforschen, nicht weil wir des Glaubens wären, sie sei der Grund für den verschlechterten Zustand eines Kindes, sondern weil wir wissen, daß sie die primäre Unangemessenheit der Vorbereitung in hellerem Licht zeigt. Jede neue Situation sollte als Vorbereitungstest betrachtet werden.

In diesem Zusammenhang möchten wir wieder einige Punkte

des Fragebogens (s. Anhang I) für die Erörterung heranziehen.

1. Seit wann findet sich Anlaß zur Beschwerde? Unsere Aufmerksamkeit wird sofort auf eine neue Situation gelenkt. Wenn eine Mutter die Bemerkung fallen läßt, ihr Kind habe bis zu dem Augenblick, da es in die Schule gekommen sei, keinen Anlaß zu Klagen gegeben, dann sagt sie uns damit mehr, als sie selbst weiß und versteht. Die Schule ist nämlich für das Kind zuviel gewesen. Es genügt uns nicht, wenn die Mutter etwa erklärt: »Seit den letzten drei Jahren!« Wir müssen wissen, welche Veränderungen drei Jahre zuvor in der Umwelt des Kindes oder in seiner körperlichen Verfassung eingetreten sind.

Das erste Anzeichen für das schwindende Zutrauen des Kindes zu sich selbst ist häufig seine Unfähigkeit, sich dem Schulleben anzupassen. Dieses anfängliche Versagen wird bisweilen nicht ernst genug genommen; es kann für das Kind eine Katastrophe darstellen. Wir müssen in Erfahrung bringen, wie oft ein Kind Schläge dafür erhalten hat, daß es schlechte Noten mit nach Hause brachte, und welche Auswirkungen die Noten oder die Prügel auf sein Überlegenheitsstreben gehabt haben. Das Kind kann davon überzeugt sein, daß es unfähig ist, Leistungen zu erbringen, vor allem wenn seine Eltern es sich zur Gewohnheit gemacht haben, ihm zu verstehen zu geben: »Aus dir wird nie etwas«, oder »Du wirst noch im Kittchen enden.«

Einige Kinder werden durch Fehlschläge angespornt, andere jedoch scheitern daran. Kinder, die das Selbstvertrauen und den Glauben an die Zukunft verlieren, bedürfen der Ermutigung. Sie müssen zartfühlend, geduldig und verständnisvoll behandelt werden.

Eine unvermittelt schroffe Aufklärung in geschlechtlichen Fragen kann ein Kind in völlige Verwirrung stürzen. Der überragende Erfolg einer Schwester oder eines Bruders hält das Kind unter Umständen von weiteren Anstrengungen ab.

2. Was ist vorher auffällig gewesen? Das heißt, fiel der Mangel an Vorbereitung des Kindes bereits vor dem Zeitpunkt der Änderung in seiner Situation ins Auge? Auf diese Frage erhalten wir alle möglichen Antworten. Das Kind war unordentlich«, was bedeutet, daß die Mutter sich angewöhnt hatte, alles für das Kind zu tun. »Es war immer ängstlich«, eine Aussage, hinter der sich eine starke Bindung an die Familie verbirgt. Wenn uns ein Kind als schwächlich beschrieben wird, dürfen wir annehmen, daß es mit schwachen Organen zur Welt kam, daß es wegen seiner Schwäche verwöhnt und verzärtelt wurde oder aufgrund seiner Häßlichkeit Vernachlässigung erfuhr. Die Frage zielt auch auf einen möglichen

Schwachsinn. Es kann sein, daß das Kind sich nur langsam entwickelt hat, so daß man argwöhnte, es leide unter einer Geistesschwäche. Selbst wenn es späterhin diesem Zustand entwächst, kann es weiter unter dem Eindruck des Gefühls stehen, verzärtelt oder eingeschränkt worden zu sein, ein Gefühl, das jeden Versuch erschwert, mit einer neuen Situation fertig zu werden. Wenn wir hören, das Kind sei ungezogen und leichtsinnig, dann dürfen wir gewiß sein, daß es sich damit die Aufmerksamkeit anderer sichert.

Die vorrangige Aufgabe des Lehrers besteht darin, das Kind zu gewinnen und anschließend seinen Mut zu fördern und zu stärken. Wenn das Kind in übertriebenem Maße plump und unbeholfen ist, dann sollte der Lehrer herauszufinden suchen, ob es seine geschlechtliche Rolle auch voll begreift. Jungen, die in einer weiblichen Umwelt aufgewachsen sind, die die Gesellschaft anderer Jungen meiden, die häufig geärgert und gehänselt und wie Mädchen behandelt werden – solche Jungen gewöhnen sich an die Rolle von Mädchen und durchleben in späteren Jahren ziemlich aufwühlende innere Konflikte. Unkenntnis der organischen Geschlechtsunterschiede zwischen Mann und Frau führen Kinder zu dem Glauben, man könne sein Geschlecht ändern. Doch schließlich entdecken sie, daß ihre körperliche Beschaffenheit unwandelbar ist, und versuchen dann zu kompensieren, indem sie je nach Geschlecht, dem sie angehören möchten, entweder männliche oder weibliche psychische Merkmale ausbilden. Solche Tendenzen bringen sie durch Kleidung und Verhalten zum Ausdruck.

Manche Mädchen entwickeln eine starke Abneigung gegen weibliche Berufe. Hauptgrund für diese Einstellung ist die vermeintliche Wertlosigkeit weiblicher Arbeit; in der Geringschätzung weiblicher Tätigkeit äußert sich in der Tat ein grundlegender Fehler unserer Kultur. Nach der immer noch bestehenden Überlieferung besitzen Männer Vorrechte, die den Frauen versagt werden. Unsere Kultur ist eindeutig von Vorteil für den Mann und gewährt ihm bestimmte Rechte, die Männer ausschließlich für sich in Anspruch nehmen. Gewöhnlich ruft die Geburt eines Sohnes mehr Freude hervor als die Ankunft einer Tochter. Das kann nur auf beide, Sohn und Tochter, einen schädlichen Einfluß ausüben. Die Tochter verspürt sehr früh den Stachel der Minderwertigkeit, während der Sohn mit Erwartungen belastet wird. Mädchen werden in ihrer Entwicklung eingeschränkt. In manchen Ländern ist dieser Druck nicht in so großem Maße spürbar, beispielsweise in Amerika. Doch auch in diesem Land ist in den sozialen Beziehungen noch kein Gleichgewicht hergestellt.

Wir stehen hier vor der Mentalität der ganzen Menschheit, die sich in den Kindern widerspiegelt. Die Übernahme der

Frauenrolle ist mit mancher Härte und Mühsal verbunden, die gelegentlich zur Revolte reizen, eine Revolte, die sich häufig in Unlenkbarkeit, Eigensinn, Indolenz äußert, alles Verhaltensweisen, die mit einem Überlegenheitsstreben zu tun haben. Wenn solche Symptome auftreten, dann muß der Lehrer herauszufinden suchen, ob das Mädchen mit seinem Geschlecht unzufrieden ist.

Diese spezielle Unzufriedenheit kann derart anwachsen, daß sie alle anderen Bereiche erfaßt, bis das Leben ganz allgemein zu einer Bürde wird. Bisweilen begegnen wir dem Ausdruck des Wunsches, auf einem anderen Planeten zu leben, der von einer Menschheit bevölkert ist, die nicht zweigeschlechtlich ist. Solche irrtümlichen Gedankengänge können zu verschiedenen Absurditäten führen oder auch zu völliger Apathie, zur Kriminalität und sogar zum Selbstmord. Bestrafung und Liebesentzug verstärken nur das Gefühl der Unzulänglichkeit.

Solch verhängnisvolle Umstände lassen sich vermeiden, wenn das Kind in zurückhaltender, unaufdringlicher Weise von dem Unterschied zwischen Mann und Frau erfährt und es verstehen lernt, daß jedes Geschlecht genauso viel wert ist wie das andere. Häufig tritt der Fall ein, daß der Vater eine Art von Überlegenheit zu besitzen scheint. Der Vater ist anscheinend der Besitzer, er legt die Regeln fest, lenkt, gibt seiner Frau Anweisungen und fällt Entscheidungen. Brüder versuchen den Schwestern überlegen zu sein, sie rufen in den Schwestern durch Geringschätzung und Krittelei ein Gefühl der Unzufriedenheit mit ihrem Geschlecht hervor. Der Psychologe weiß freilich, daß ein solches Verhalten auf seiten der Brüder ihrem eigenen Schwächegefühl entspringt. Es ist ein erheblicher Unterschied, ob man tatsächlich etwas tun kann oder lediglich den *Anschein* erweckt, als wenn man es könnte. Das Argument, Frauen seien bis heute nicht in der Lage gewesen, große Leistungen zu vollbringen, ist völlig unsinnig. Frauen sind vielmehr bislang nicht so erzogen worden, daß sie große Dinge leisten konnten. Männer haben den Frauen das Sockenstopfen überlassen und haben versucht, die Frauen davon zu überzeugen, daß dies ihre Arbeit sei. Wenngleich diese Einstellung teilweise überwunden ist, so läßt doch die Art und Weise, wie wir heutzutage Mädchen vorbereiten, nicht erkennen, daß wir irgend etwas Außergewöhnliches von ihnen erwarten.

Vorbereitung zu verbauen und dann im Gegenzug mindere Leistung zu kritisieren ist kurzsichtig. Freilich ist es nicht einfach, den gegenwärtigen Zustand zu verbessern, denn es kommt vor, daß nicht nur die Väter sondern auch die Mütter die männlichen Privilegien als gerechtfertigt ansehen und ihre Kinder gemäß dieser Vorstellung aufziehen. Sie bringen ihren

Kindern bei, daß männliche Autorität rechtens sei, und so verlangen ihre Jungen Gehorsam und die Mädchen fügen sich dieser Forderung. Kinder sollten so früh wie möglich wissen, zu welchem Geschlecht sie gehören, und sie sollten auch wissen, daß ihr Geschlecht unveränderlich ist. Wie bereits gesagt, hat sich bei Frauen eine Abneigung gegen die männliche Aneignung von Autorität und Überlegenheit breitgemacht. Ist diese Abneigung so groß, daß sie in der Weise zum Ausdruck kommt, daß eine Frau sich weigert, sich mit ihrem Geschlecht abzufinden, und danach strebt, dem Manne möglichst gleichzukommen, dann spricht die Individualpsychologie von »männlichem Protest«. Sekundäre Symptome wie Mißbildungen und Entwicklungsmängel erwecken bei Erwachsenen häufig Zweifel an ihrem Geschlecht, was anatomische Vollständigkeit angeht (männliche Körpermerkmale bei Mädchen und weibliche bei Jungen). Solche Zweifel sind bisweilen tief verwurzelt; sie lassen sich auf konstitutionelle Schwächen zurückführen. Ein kindlicher Körperbau, eher bei einem Mann als bei einer Frau feststellbar, gibt Anlaß zu der Bemerkung, der Mann habe ein weibliches Aussehen. Das stimmt jedoch nicht, denn ein solcher Mann ähnelt weit eher einem Kind. Ein Mann, dessen Körper nur unvollkommen ausgebildet ist, empfindet sich auf schmerzliche Weise als minderwertig und unterlegen, denn in unserer Kultur herrscht allgemein die Vorstellung, der Mann müsse voll entwickelt sein und seine Leistungen müßten die von Frauen übertreffen. Ein unvollständig entwickelter Körper und Mangel an Schönheit bei einem Mädchen führen ebenfalls häufig zu einer Unzufriedenheit mit dem Leben, denn wir überschätzen körperliche Schönheit.

Neigungen, Temperament und Gefühle sind tertiäre Sexualmerkmale. Empfindsame Jungen gelten als weibisch; sicher auftretende, selbstbewußte Mädchen werden als männlich bezeichnet. Solche Charakterzüge sind niemals angeboren, sondern werden stets erworben. An solche Merkmale in früher Kindheit erinnert man sich später, und Erwachsene erwähnen dann die Tatsache, daß sie als Kinder merkwürdig waren, etwa zurückhaltend oder sich wie Jungen oder Mädchen verhielten, je nachdem, welchem Geschlecht sie angehören. Ihre Entwicklung verlief entsprechend dem Verständnis ihrer jeweiligen Geschlechtsrolle. Die weitere Frage, wie weit die Sexualentwicklung und -erfahrung gediehen ist, bedeutet im Grunde genommen, daß in einem bestimmten Alter ein bestimmtes Verständnis erwartet wird. Ich möchte behaupten, daß mindestens neunzig Prozent der Kinder die Tatsachen der Sexualität bereits lange kennen, wenn die Eltern oder Erzieher sich endlich herbeilassen, sie ihnen zu erklären. Für die Sexualaufklärung können wir keine festen, unumstößlichen Regeln aufstellen, denn wir können nicht vorhersehen, welche Einzelheiten einer solchen Aufklärung das Kind akzeptieren oder welchen es Glauben schenken wird oder allgemein, welche Auswirkungen sie überhaupt auf das Kind ausüben. Sobald das Kind eine Erklärung fordert, sollte man sie ihm geben, nachdem man vorab die kindliche Verfassung zu dem jeweiligen Zeitpunkt sorgfältig erwogen hat. Verfrühte Erklärungen sind nicht ratsam, auch wenn sie nicht immer eine schädigende Wirkung haben.

Adoptiv- oder Stiefkinder werfen schwierige Probleme auf. Nicht zu dieser Gruppe gehörige Kinder nehmen gute Behandlung als etwas Selbstverständliches hin und machen für jegliche Härte und Strenge ihre jeweils besondere Stellung innerhalb der Familie verantwortlich. Bisweilen schließt sich ein Kind, das seine Mutter verloren hat, eng an den Vater an. Nach einiger Zeit geht der Vater eine neue Ehe ein, und dann fühlt das Kind sich ausgeschlossen und weigert sich, mit der Stiefmutter Freundschaft zu schließen. Es ist interessant zu bemerken, daß manche Kinder ihre richtigen Eltern als Stiefeltern ansehen, eine Einstellung, die natürlich harte Kritik und Anklage beinhaltet. Aufgrund vieler Märchen, in denen sie als bösartige Charaktere geschildert werden, haben sich Stiefeltern einen schlechten Ruf zugezogen. Nebenbei gesagt, Märchen sind nicht gerade eine ideale Lektüre für Kinder. Zwar kann man sie nicht gänzlich verbieten, denn Kinder erfahren aus ihnen eine beträchtliche Menge über die menschliche Natur, doch es wäre durchaus angebracht, bestimmte Geschichten mit korrigierenden Kommentaren zu versehen und die Kinder davon abzuhalten, Märchen zu lesen, die Grausamkeiten oder abwegige, verzerrte Phantasien enthalten. Märchen von starken Männern, die grausame Taten vollbringen, sind gelegentlich dazu verwandt worden, kindliche Leser abzuhärten, sanfte Gefühle zu unterdrücken – eine weitere irrige Ansicht, die unserer Heldenverehrung entspringt. Jungen halten es für unmännlich, Zuneigung zu zeigen. Es ist unbegreiflich, warum zarte Empfindungen verlacht und als verächtlich angesehen werden, wo sie doch fraglos ihren Wert haben, sofern sie nicht mißbraucht werden – obwohl mit jedem Gefühl, jeder Emotion Mißbrauch getrieben werden kann.

Auch uneheliche Kinder sind in einer schwierigen Lage. Überflüssig zu sagen, daß es nicht richtig ist, Mutter und Kind die Last der Unehelichkeit allein tragen zu lassen, während der Mann völlig frei ausgeht. Natürlich bezahlt das Kind den höchsten Preis. Ganz gleich, wie sehr man wünscht, solchen Kindern zu helfen, es ist unmöglich, ihnen Leid zu ersparen, denn ihr common sense sagt ihnen recht bald, daß mit ihnen etwas nicht in Ordnung ist. Sie werden von ihren Spielgefährten verhöhnt und mit Verachtung behandelt, auch erschweren die Gesetze des Landes ihre Lebensbedingungen, und sie werden von Rechts wegen mit dem Makel der Unehelichkeit versehen. Aufgrund ihrer Sensibilität und Empfindlichkeit geraten sie schnell in Streitereien, suchen den Streit und nehmen gegenüber der Umwelt eine feindselige Haltung ein, denn jede Sprache kennt häßliche, beleidigende und auf peinigende Weise herabsetzende Worte für solche Kinder. Von daher ist es nur zu verständlich, daß unter den Sorgenkindern und Kriminellen so viele Waisen- und uneheliche Kinder sind. Die asozialen Tendenzen bei unehelichen Kindern und Waisen kann man schlechterdings nicht angeborener oder vererbter Anlage zuschreiben.

## 10. Das Kind in der Schule

Wenn ein Kind in die Schule kommt, dann findet es sich, wie gesagt, in einer Situation wieder, die ihm gänzlich neu und ungewohnt ist. Wie alle neuen Situationen läßt sich der Schuleintritt als ein Test der voraufgegangenen Vorbereitung auffassen. Wenn das Kind richtig trainiert worden ist, dann wird es die Prüfung normalerweise bestehen; wenn nicht, dann treten die Mängel seiner Vorbereitung klar zu Tage.
Wir fertigen zu dem Zeitpunkt, da das Kind in den Kindergarten und in die Grundschule kommt, nicht gerade häufig Aufzeichnungen über den Zustand seines psychischen Vorbereitetseins an, doch solche Aufzeichnungen würden, sofern sie uns vorlägen, ein helles Licht auf das Verhalten im Erwachsenenleben werfen. Solche »Neue-Situationen-Tests« würden unendlich mehr aufdecken als normale Tests schulischer Leistung.
Was wird von einem Kind erwartet, wenn es in die Schule kommt? Schulische Arbeit ist eine Aufgabe, die sowohl Zusammenarbeit mit dem Lehrer und den Schulkameraden wie auch Interesse an den Schulfächern erfordert. Aufgrund der Reaktionen des Kindes in dieser neuen Situation können wir seine Kooperationsfähigkeit und seine Interessensphäre abschätzen. Wir können angeben, zu welchen Fächern das Kind sich hingezogen fühlt; wir können erkennen, ob es an dem, was eine andere Person sagt, interessiert ist, und wir können schließlich feststellen, ob es überhaupt für irgend etwas Interesse aufbringt. Alle diese Tatsachen können wir ermitteln, indem wir die Einstellung des Kindes studieren, seine Haltung und seinen Blick, die Art und Weise, wie es zuhört, und beob-

achten, ob es dem Lehrer freundlich zugetan ist oder ob es sich von ihm fernhält usw.

Wie alle diese Einzelheiten die psychische Entwicklung beeinflussen, läßt sich am Fall eines Mannes zeigen, der einen Psychologen konsultierte, weil er Schwierigkeiten in seinem Beruf hatte. Bei der Betrachtung der Kindheit des Mannes entdeckte der Psychologe, daß er in einer Familie aufgewachsen war, in der alle Kinder außer ihm Mädchen waren; auch waren seine Eltern kurz nach seiner Geburt gestorben. Als er ins Schulalter kam, war er sich unschlüssig, ob er in die Mädchen- oder die Jungenschule eintreten sollte. Seine Schwestern überredeten ihn, sich in die Mädchenschule aufnehmen zu lassen, aus der er allerdings schon kurze Zeit später entlassen wurde. Wir können uns vorstellen, welchen Eindruck diese Entlassung auf die Seele des Kindes gemacht hat.

Die Beliebtheit von Schulfächern ist weitgehend von der Zuneigung des Kindes zu seinem Lehrer abhängig. Es gehört zur Kunst des Lehrers, die Aufmerksamkeit des Kindes zu erhalten und herauszufinden, wenn ein Kind unaufmerksam oder unfähig ist, sich zu konzentrieren. Viele Kinder kommen ohne jede Konzentrationsfähigkeit zur Schule. Im allgemeinen geraten verzärtelte Kinder durch die Anwesenheit so vieler fremder Personen in Verwirrung. Falls der Lehrer ein wenig streng ist, dann hat es den Anschein, als ob solche Kinder keinerlei Gedächtnis hätten. Doch diese Gedächtnisschwäche ist keineswegs eine so simple Tatsache, wie es allgemein hingestellt wird. Das Kind, dem der Lehrer Gedächtnismangel vorwirft, hat ein Gedächtnis für andere Dinge. Es ist sogar fähig, sich zu konzentrieren, doch nur auf die Situation, in der es daheim verzärtelt worden ist. Seine Aufmerksamkeit gilt seinem Verlangen, verzärtelt zu werden, und nicht der Arbeit in der Schule.

Wenn ein solches Kind in der Schule nicht mitkommt, wenn es schlechte Noten erhält und Prüfungen nicht besteht, dann hat es überhaupt keinen Sinn, es zu tadeln oder ihm Vorhaltungen zu machen. Tadel und Vorwürfe ändern seinen Lebensstil nicht. Im Gegenteil, solche Dinge wecken in ihm die Überzeugung, es sei für die Schule nicht geeignet, und lassen es eine pessimistische Haltung entwickeln.

Es ist bezeichnend, daß verzärtelte Kinder, die der Lehrer für sich gewinnen kann, häufig gute Schüler werden. Sie können arbeiten, wenn sie sich einen großen Vorteil davon versprechen; unglücklicherweise können wir nicht garantieren, daß sie in der Schule stets gut behandelt werden. Wenn das Kind die Schule oder die Lehrer wechselt oder selbst wenn es in einem besonderen Fach keine Fortschritte macht (und Rechnen ist für verzärtelte Kinder immer ein gefährliches Fach), dann kommen seine Leistungen plötzlich zum Stillstand. Es ist nicht mehr in der Lage voranzukommen, weil es daran gewöhnt worden ist, daß ihm alles leicht gemacht wird. Es ist nie trainiert worden zu kämpfen, sich zu bemühen, und weiß auch nicht, wie es sich anstrengen und abmühen soll. Für die Auseinandersetzung mit Schwierigkeiten und für die Bewältigung von Aufgaben unter bewußt übernommenen Mühen hat es keine Geduld und keine Ausdauer.

Wir erkennen mithin, was unter richtiger Vorbereitung auf die Schule zu verstehen ist. Schlechte Vorbereitung läßt uns stets den Einfluß der Mutter erkennen. Wir vermögen zu begreifen, warum es ihr als erster zustand, das Interesse des Kindes zu wecken, und warum ihr folglich die entscheidende Verantwortung dafür zufällt, daß das kindliche Interesse in gesunde Bahnen gelenkt wird. Wenn sie in ihrer Verantwortung versagt, wie das häufig geschieht, dann lassen sich die Folgen an dem Verhalten des Kindes in der Schule ablesen. Neben dem Einfluß der Mutter haben wir den ganzen Komplex der häuslichen Einflüsse – der Einfluß des Vaters, die Rivalität unter den Geschwistern, die wir in anderen Kapiteln untersucht haben. Schließlich dürfen wir auch äußere Einflüsse nicht übersehen, ungünstige Umstände und Vorurteile, auf die wir in einem späteren Kapitel ausführlicher eingehen möchten.

Kurz, bei all diesen Umständen, die für die unzureichende Vorbereitung des Kindes mit verantwortlich sind, wäre es töricht, wollte man das Kind nur auf der Grundlage seiner Schulleistungen beurteilen. Wir sollten die Schulnoten vielmehr zu den vielen Hinweisen auf die gegenwärtige psychische Verfassung des Kindes zählen. Es geht dabei nicht um die Zensuren, die es erhält, sondern darum, was sie über seine Intelligenz, sein Interesse, seine Konzentrationsfähigkeit usw. aussagen. Schulprüfungen sollten trotz des Unterschiedes in ihrer Anlage nicht anders interpretiert werden als wissenschaftliche Tests wie Intelligenztests. In beiden Fällen sollte das Schwergewicht auf den zu erhaltenden Auskünften über die kindliche Seele liegen und nicht auf der Faktenmenge, die sich in den Aufzeichnungen widerspiegelt.

In den letzten Jahren sind die sogenannten Intelligenztests erheblich ausgebaut worden. Lehrer messen ihnen große Bedeutung bei, und bisweilen sind sie auch aufschlußreich, da sie Dinge aufdecken, die in normalen Schulprüfungen nicht sichtbar werden. Hin und wieder verbürgen sie die Rettung eines Kindes. Wenn etwa der Junge schlechte Schulnoten heimbringt und der Lehrer ihn in eine tiefere Klasse zurückversetzen möchte, mag sich seine Intelligenz in einem Test plötzlich auf einem höheren Leistungsstand zeigen, und statt sitzenzubleiben, darf er vielleicht sogar eine Stufe überspringen. Dann

fühlt er sich erfolgreich und handelt und verhält sich anders.
Wir möchten die Funktion von Intelligenztest und IQ (Intelligenzquotient) nicht unterbewerten, doch wir können nicht umhin zu fordern, daß weder das Kind noch die Eltern den IQ erfahren, wenn ein Test durchgeführt wird. Weder die Eltern noch das Kind kennen den wahren Wert eines Intelligenztests. Sie stellen sich vielmehr vor, der Test stelle eine endgültige und vollständige Aussage dar, lasse das Schicksal des Kindes erkennen, das allerdings fortan durch den Test eingeschränkt wird. In Wahrheit sind die durch den Intelligenztest ermittelten Ergebnisse durchaus der Kritik zugänglich, sofern sie nämlich als absolute Ergebnisse hingenommen werden. Ein hoher Leistungswert bei einem Intelligenztest ist keineswegs eine Garantie für das spätere Leben, und auf der anderen Seite kommt es vor, daß ansonsten erfolgreiche Erwachsene nur niedrige Werte erzielen.
Individualpsychologen haben die Erfahrung gemacht, daß in Fällen, in denen Intelligenztests eine erhebliche Intelligenzschwäche anzeigen, die Leistungswerte sich steigern lassen, wenn man nur die richtigen Methoden kennt. Eine der Methoden besteht darin, das Kind so lange mit dem jeweiligen Intelligenztest spielen zu lassen, bis es die richtigen Kniffe herausbekommen hat; dazu gehört auch die richtige Vorbereitung auf den Test. Auf diese Weise macht das Kind Fortschritte und weitet seine Erfahrung aus. Bei anschließenden Tests wird es bessere Werte erzielen.
Es stellt sich die wichtige Frage, wie die Kinder durch den Schulalltag und seine Routine beeinflußt werden und ob sie durch den anspruchsvollen Lehrplan nicht überfordert sind. Wir möchten die Fächer des Lehrplans keineswegs unterbewerten und sind auch nicht der Meinung, die Zahl der Unterrichtsfächer sollte verringert werden. Doch ist es natürlich wichtig, die Fächer den Schülern kohärent, im Zusammenhang darzubieten, damit sie Absicht, Ziel und praktischen Wert des jeweiligen Lehrstoffes erkennen können und ihn nicht als rein abstrakte und theoretische Angelegenheit ansehen. Zur Zeit erleben wir eine heftige Diskussion über die Frage, ob wir dem Kind Fächer und Fakten beibringen oder seine Persönlichkeit bilden sollen. In der Individualpsychologie ist man der Auffassung, daß sich beides miteinander verbinden läßt.
Der Lehrstoff sollte, wie bereits gesagt, in interessanter und praxisnaher Form dargeboten werden. Mathematik – Arithmetik und Geometrie – läßt sich beispielsweise in Verbindung mit Stil und Struktur eines Gebäudes nahebringen, mit der Zahl von Menschen, die darin wohnen können, usw. Der Unterricht in einigen Fächern kann gekoppelt werden. An manchen fortschrittlichen Schulen unterrichten Fachleute, die sich

darauf verstehen, einzelne Fächer zusammenhängend durchzunehmen. Sie unternehmen einen Spaziergang mit den Schülern und stellen dabei fest, daß sie sich für bestimmte Lehrthemen mehr interessieren als für andere. So lernen sie den Unterricht zu kombinieren; zum Beispiel den Unterrichtsstoff über die Pflanze mit der Geschichte der Pflanze, mit dem Klima des entsprechenden Landes usw. Auf diese Weise wecken sie bei dem Kind nicht nur Interesse an anderenfalls für es uninteressanten Fächern, sondern vermitteln ihm auch einen auf Koordinierung und Synthese beruhenden Wissenszugang zu den Dingen, in dem wir letztlich das Ziel aller Erziehung zu sehen haben.

Einen Punkt dürfen Erzieher nicht übersehen, nämlich, daß Kinder, die zur Schule gehen, unter dem Eindruck des Gefühls stehen, einen persönlichen Konkurrenzkampf austragen zu müssen. Die Wichtigkeit dieses Punktes wird uns sofort einleuchten. Die Schulklasse sollte im Idealfall eine Einheit sein, in der sich jedes Kind als Teil des Ganzen fühlt. Der Lehrer hat darauf zu achten, daß sich Rivalitäten und persönlicher Ehrgeiz in gewissen Grenzen halten. Kinder sehen andere nicht gern an der Spitze gehen, und entweder geben sie keine Ruhe, bis sie ihre Konkurrenten überholt haben, oder aber sie erleiden einen Rückfall in Enttäuschung und geben sich Selbsttäuschungen hin. Aus diesem Grund sind Ratschlag und Richtungsweisung des Lehrers so wichtig – ein richtiges Wort von ihm wird die Energien des Kindes vom Konkurrenzstreben ab in die Kanäle der Kooperation lenken.

In diesem Zusammenhang kann die Institution maßvoller Mitbestimmungsprogramme in Schulklassen hilfreich sein. Wir brauchen nicht zu warten, bis Kinder volle Fähigkeit zur Mitbestimmung erreicht haben, um Programme dieser Art einzuführen. Wir können den Kindern zunächst erlauben, genau zu beobachten, was um sie herum vor sich geht, oder in beratender Funktion tätig zu werden. Wenn Kindern ohne jegliche Vorbereitung umfassende Mitbestimmung eingeräumt wird, dann werden wir schnell feststellen, daß sie bei Bestrafungen strenger und härter verfahren als Lehrer oder daß sie ihre politischen Funktionen sogar zum eigenen Vorteil und zu persönlicher Überlegenheit einsetzen.

Was den Fortschritt angeht, zu dem die Schule den Kindern verhilft, so haben wir sowohl den Standpunkt des Lehrers wie den der Kinder in Rechnung zu stellen. Wir haben als interessante Tatsache zu vermerken, daß Kinder in dieser Beziehung ein sehr gutes Urteilsvermögen haben. Sie wissen genau, wer der Beste im Rechtschreiben, im Zeichnen oder beim Turnen ist. Sie können sich gegenseitig recht gut einstufen. Bisweilen sind sie nicht gerade gerecht zu anderen, doch sie sind sich darüber im klaren und versuchen zumindest fair zu sein. Eine große Schwierigkeit entsteht für sie, wenn sie sich selbst gering einschätzen und glauben: »Jetzt kann ich es nie schaffen.« Das stimmt natürlich nicht, denn sie können es schaffen. Man muß sie auf ihr fehlerhaftes Urteil verweisen, denn anderenfalls wird es zu einer fixen Idee für das ganze Leben. Ein Kind mit einer solchen Idee wird niemals Fortschritte erzielen, sondern auf der Stelle stehenbleiben.

Die große Mehrheit der Schulkinder bleibt fast immer auf dem selben Niveau: sie gehören zu den Besten oder den Schlechtesten oder zum Durchschnitt und dort verharren sie auch. Dieser Tatbestand spiegelt nicht so sehr die Entwicklung des Gehirns wider als vielmehr die Trägheit psychischer Einstellungen. Er ist ein Hinweis darauf, daß Kinder sich selbst Hemmnisse aufgebaut haben und nach wenigen Widerständen und Rückschlägen ihren Optimismus verlieren. Doch die Tatsache, daß sich die jeweilige Position hin und wieder ändert, ist von Wichtigkeit, denn sie läßt erkennen, daß nicht ein blindes Schicksal die intellektuelle Fähigkeit des Kindes festlegt. Kinder sollten das wissen und in den Stand versetzt werden, die Bedeutung dieser Tatsache für ihren eigenen Fall zu begreifen.

Auch sollten Lehrer wie Kinder den Aberglauben ablegen, daß die von einem Kind mit normaler Intelligenz erreichten Ergebnisse einer besonderen Veranlagung zuzuschreiben sind. Bei diesem Glauben an die Vererbung von Fähigkeiten und Begabungen handelt es sich vielleicht um den größten jemals im Zusammenhang mit der Kindererziehung begangenen Fehler. Als die Individualpsychologie zum erstenmal darauf hinwies, dachten die Leute, das sei lediglich eine optimistische Mutmaßung und nicht eine auf Beobachtung beruhende Schlußfolgerung. Doch heutzutage machen sich immer mehr Psychologen und Psychiater diesen Standpunkt zu eigen. Anlage, Vererbung ist für Eltern, Lehrer und Kinder allzu schnell ein Sündenbock. Wann immer Schwierigkeiten auftreten, die Anstrengungen erfordern, können sie sich stets auf die Veranlagerung berufen, um sich so von jeder Verantwortung dafür zu entlasten, daß etwas geschieht. Doch wir haben kein Recht dazu, unserer Verantwortung aus dem Wege zu gehen, und wir sollten stets alle Ansichten mit Argwohn betrachten, die darauf hinauslaufen, uns Verantwortung abzunehmen.

Kein Erzieher, der an den *erzieherischen* Wert seiner Arbeit glaubt, der an die Erziehung als ein Charaktertraining glaubt, kann, sofern er folgerichtig denkt, die Doktrin der Veranlagung übernehmen. Wir beschäftigen uns hier nicht mit körperlicher Vererbung, denn uns ist wohl bekannt, daß organische Defekte, ja selbst Varianten in der Organleistung vererbt werden.

Doch wo ist die Brücke zwischen Organfunktionen und psychischem Vermögen? Die Individualpsychologie betont, daß die Psyche den Grad an Leistungsfähigkeit, die den Organen mitgegeben ist, erfährt und schließlich damit rechnen muß. Bisweilen rechnet die Psyche zu sehr damit, indem sie nämlich aufgrund einer Organunfähigkeit in Angst gerät, eine Angst, die auch dann noch weiterbesteht, wenn die organische Ursache längst beseitigt ist.

Die Menschen neigen dazu, Dinge zu ihren Ursprüngen zurückzuverfolgen und nach den Keimen zu suchen, aus denen heraus Phänomene sich entfaltet haben. Doch diese Ansicht, die wir beständig verwenden, um die Leistungen von Personen wertmäßig einzuordnen, ist höchst irreführend. Bei dieser Vorgehensweise begeht man für gewöhnlich den Irrtum, die meisten Vorfahren außer acht zu lassen, zu vergessen, daß bei der Konstruktion eines Stammbaums auf jeder Generationsstufe zwei Elternteile zu berücksichtigen sind. Wenn wir um fünf Generationen zurückgehen, haben wir bereits 64 Vorfahren, und unter diesen Vorfahren findet man ohne Zweifel eine gescheite Person, der man die Begabung seines Nachfahren zuschreiben kann. Gehen wir zehn Generationen zurück, dann haben wir die stattliche Zahl von 4096 Vorfahren, und dann kann es keine Frage sein, daß wir in dieser Gruppe eine, wenn nicht mehrere hochbegabte Personen antreffen. Man darf auch nicht vergessen, daß Tradition und Erbe, die einer Familie durch eine hochbegabte Person zufallen, Auswirkungen haben, die letztlich denen der Heredität ähneln. Folglich können wir verstehen, warum manche Familien mehr begabte Personen hervorbringen als andere Familien. Dabei handelt es sich keineswegs um Vererbung, sondern vielmehr um eine augenfällige, simple Tatsache. Man denke nur daran, wie sich die Dinge in Europa für gewöhnlich abspielten, als jedes Kind gezwungen wurde, den Beruf seines Vaters zu ergreifen und fortzuführen. Wenn wir die sozialen Institutionen nicht berücksichtigen, können wir Statistiken über Heredität auch so aufbereiten, daß sie einen höchst schrecklichen Eindruck erwecken.

Bestrafung für schlechte Schulnoten ist nach der Vorstellung von Vererbung das Problem, das den Kindern die größten Schwierigkeiten bereitet. Ein Kind, das schlechte Noten erhält, muß überdies feststellen, daß der Lehrer es nicht sonderlich mag. Folglich leidet es in der Schule, und wenn es dann nach Hause kommt, machen seine Eltern ihm weitere Szenen und Vorhaltungen. Es wird von Mutter und Vater ausgeschimpft und nicht selten noch zusätzlich verhauen.

Schullehrer sollten stets an die Nachwirkungen schlechter Zeugnisse denken. Manche Lehrer glauben, das Kind strenge sich mehr an, wenn es zuhause ein schlechtes Zeugnis vorzeigen muß. Doch dabei vergessen sie die besonderen häuslichen Verhältnisse. In manchen Familien werden Kinder mit ziemlich grausamen Mitteln aufgezogen, und ein Kind aus einer solchen Familie wird es sich zweimal überlegen, ob es ein schlechtes Zeugnis nach Hause bringen kann oder nicht. Unter Umständen geht es gar nicht heim oder gerät bisweilen in äußerste Verzweiflung und begeht dann aus Angst vor seinen Eltern Selbstmord.

Die Lehrer sind für das Schulsystem nicht verantwortlich, doch es wäre gut, wenn sie, wo immer möglich, die unpersönlichen Härten des Systems durch eine persönliche Note von Sympathie und Verständnis linderten. So kann ein Lehrer gegenüber einem bestimmten Kind aus Rücksicht auf seine häusliche Umwelt ein wenig nachsichtiger und milder sein und kann es durch Milde ermutigen, anstatt es in Verzweiflung zu treiben. Auf der Seele eines Kindes, das fortwährend schlechte Zeugnisse erhält und dem von anderen ständig erklärt wird, es sei der schlechteste Schüler der Schule, bis es selbst daran glaubt, auf der Seele eines solchen Kindes liegt eine schwere Last. Wenn wir uns in ein solches Kind hineinversetzen, dann vermögen wir sogleich zu begreifen, warum es die Schule nicht mag. Das ist nur allzu menschlich. Wenn sich jemand an einem Ort befindet, wo er ständig kritisiert wird, schlechte Zeugnisse bekommt und die Hoffnung aufgibt, jemals mit den anderen gleichzuziehen, der kann diesen Ort nicht mögen und wird versuchen, ihm zu entkommen. Und so sollten wir uns nicht wundern, wenn wir auf Kinder stoßen, die der Schule fernbleiben.

Wenngleich wir bei einem solchen Ereignis nicht gleich in Aufregung geraten sollten, so ist es doch angebracht, über die Bedeutung eines solchen Vorfalls nachzudenken. Wir sollten uns klar machen, daß dergleichen einen schlechten Start bedeutet, sonderlich wenn es in der Zeit der Adoleszenz geschieht. Solche Kinder sind oft gerissen genug, um sich selbst zu schützen, indem sie Zeugnisse fälschen, die Schule schwänzen usw. Dabei treffen sie auch gleichartige Kinder, bilden Banden und schlagen einen Weg ein, der schließlich zum Verbrechen führen mag.

All dies können wir verhindern, wenn wir uns zu dem Standpunkt der Individualpsychologie bequemen, daß kein Kind für hoffnungslos gehalten werden sollte. Wir müssen das sichere Gefühl haben, daß sich stets eine Methode finden läßt, um einem Kind zu helfen. Selbst unter den schlimmsten Umständen steht immer ein bestimmter Zugang offen – den wir freilich entdecken müssen.

Es erübrigt sich beinahe, von den bösen Folgen zu sprechen,

die sich daraus ergeben, daß man Kinder Klassen wiederholen läßt. Ein Lehrer wird zugeben, daß ein Kind, das eine Schulklasse wiederholt, für die Schule wie für die Familie ein Problem darstellt. Das muß nicht in jedem Fall so sein, doch die Ausnahmen von dieser Regel sind sehr selten. Die meisten Schüler, die eine Klasse wiederholen, sind chronische Sitzenbleiber – sie bleiben ständig zurück und bilden ein Problem, dem man immer ausgewichen ist, das man aber noch nie gelöst hat.

Die Frage, wann man Kinder eine Klasse wiederholen lassen soll, ist nicht leicht zu beantworten. Manche Lehrer schaffen es, dem Problem mit Erfolg aus dem Wege zu gehen. Sie verwenden die Ferienzeit dazu, mit den Kindern zu üben, den Fehler in ihrem Lebensstil herauszufinden und zu korrigieren, und können die Kinder anschließend in die nächste Klasse versetzen lassen. Diese Methode könnte in größerem Umfang praktiziert werden, wenn wir an der Schule besondere Tutorien einrichteten. Wir haben Sozialarbeiter und Elternberater, doch keine Tutoren.

In Deutschland kennt man keine Elternberater, und uns will scheinen, als wenn eine solche Einrichtung auch gar nicht notwendig ist. Der Klassenlehrer in einer Volksschule vermag das Kind am besten zu beurteilen. Wenn er genau hinschaut, weiß er mehr als alle anderen, was in dem Kind vor sich geht. Gelegentlich hört man, der Klassenlehrer könne die einzelnen Schüler überhaupt nicht kennen, weil die Klassen überfüllt seien. Doch wenn man beobachtet, wie ein Kind in die Schule eintritt, dann kann man recht bald seinen Lebensstil erkennen und Schwierigkeiten vermeiden. Das ist auch bei einer großen Schülerzahl möglich. Man kann eine große Zahl von Kindern besser erziehen, wenn man sie versteht, als wenn das nicht der Fall wäre. Überfüllte Klassen sind ohne Frage kein Segen, und man sollte sie nicht zulassen, doch andererseits sind sie auch kein unüberwindliches Hindernis.

Vom psychologischen Standpunkt aus ist es besser, wenn Lehrer nicht jedes Jahr – oder alle sechs Monate, wie an manchen Schulen – die Klasse wechseln, sondern sie weiterführen. Wenn ein Lehrer zwei, drei oder vier Jahre dieselben Kinder unterrichtete, wäre das in jeder Hinsicht ein großer Vorteil, denn dann hätte er die Möglichkeit, alle Kinder gründlich kennenzulernen. Er könnte die Fehler im Lebensstil eines jeden Kindes erkennen und sie korrigieren.

Kinder überspringen häufig Klassen. Man kann sich darüber streiten, ob das von Vorteil ist. Oft können die Kinder die in ihnen durch das Klassenspringen geweckten hohen Erwartungen nicht erfüllen. Das Überspringen einer Klasse sollte dann in Erwägung gezogen werden, wenn ein Kind zu alt ist für seine Klasse, sowie für den Fall, daß ein Kind, das vordem zurückgeblieben war, zwischenzeitlich Fortschritte gemacht hat und bessere Leistungen erbringt. Klassenspringen sollte nicht als Belohnung für bessere Noten angeboten werden oder dafür, daß ein Kind mehr weiß als andere. Für ein aufgewecktes Kind ist es weit vorteilhafter, wenn es seine Zeit außerschulischen Tätigkeiten wie Malen, Musik usw. widmet. Wenn es auf diese Weise lernt und sich weiterbildet, dann kommt das der ganzen Klasse zugute, weil es die anderen Schüler anspornt. Es ist gar nicht gut, einer Klasse die besten Schüler wegzunehmen. Manche Leute sind der Auffassung, wir sollten die hervorragenden, intelligenten Schüler gesondert fördern. Wir sind nicht dieser Meinung. Wir glauben vielmehr, daß gerade die aufgeweckten Schüler eine ganze Klasse voranbringen und ihr einen starken Auftrieb geben, sich weiterzuentwickeln.

Es ist von Interesse, die beiden Klassentypen zu untersuchen, die wir an der Schule vorfinden — die Fortgeschrittenen- und die Zurückgebliebenen-Klassen. Es ist verblüffend, in den Fortgeschrittenen-Klassen einige Schüler anzutreffen, die tatsächlich schwachsinnig sind, während die Zurückgebliebenen-Klassen nicht, wie die meisten Menschen denken, aus schwachsinnigen Kindern bestehen, sondern aus Kindern, die armen Familien entstammen. Kinder armer Familien stehen in dem Ruf, zurückgeblieben zu sein. Der Grund liegt darin, daß sie nicht sonderlich gut vorbereitet werden. Und das leuchtet uns auch sofort ein. Die Eltern haben viel zuviel zu tun und sind überhaupt nicht in der Lage, den Kindern Zeit zu widmen, oder sie sind für diese Aufgabe vielleicht auch nicht genügend ausgebildet. Kinder, denen es an psychologischer Vorbereitung fehlt, sollten nicht in Klassen gesteckt werden, deren Leistungsstand zu wünschen läßt. Ein Kind empfindet es als Schande und Herabsetzung, einer Zurückgebliebenen-Klasse anzugehören, denn es wird von seinen Schulkameraden ständig gehänselt.

Man könnte solchen Kindern besser helfen, wenn man an der Schule die von uns bereits erwähnten Tutorien einrichtete. Daneben sollte es Klubs geben, die den Kindern weitere Bildungsmöglichkeiten anbieten. Dort könnten die Kinder ihre Hausarbeiten machen, sich mit Spielen die Zeit vertreiben, Bücher lesen usw. Auf diese Weise erhielten sie ein Training in Mut statt in Entmutigung, zu der Klassen aus zurückgebliebenen Kindern beitragen. Solche Klubs würden im Verein mit einer größeren Zahl von Spielplätzen, als sie derzeit vorhanden ist, die Kinder vollständig von den Straßen und damit von nachteiligen Einflüssen fernhalten.

In allen Diskussionen über Erziehungspraxis erhebt sich die

Frage der Gemeinschaftserziehung. Was diese Frage betrifft, so kann man der Meinung sein, daß Gemeinschaftserziehung grundsätzlich zu befürworten sei, denn sie bietet die Möglichkeit, daß Mädchen und Jungen sich besser kennenlernen. Doch es wäre ein großer Irrtum, Gemeinschaftserziehung zu fordern und zu erwarten, daß sie sich von selbst zum Vorteil auswirkt. Gemeinschaftserziehung wirft besondere Probleme auf, die bedacht werden müssen, anderenfalls werden die Nachteile die Vorteile überwiegen. Da ist zum Beispiel eine Tatsache, daß man gemeinhin übersieht, nämlich, daß Mädchen sich bis zu ihrem sechzehnten Lebensjahr schneller entwickeln als Jungen. Wenn die Jungen sich darüber nicht im klaren sind und bemerken, daß die Mädchen schneller vorankommen als sie, dann verlieren sie ihr Gleichgewicht und lassen sich auf einen sinnlosen Wettstreit mit den Mädchen ein. Tatsachen wie diese müssen von der Schulverwaltung oder von den Klassenlehrern in die Überlegungen einbezogen werden.
Ein Lehrer, der eine Neigung für Koedukation hat und die damit zusammenhängenden Probleme versteht, kann Gemeinschaftserziehung mit Erfolg praktizieren. Doch ein Lehrer, der sie nicht mag, wird sich durch dieses Schulsystem belastet fühlen, und seine Gemeinschaftserziehung dürfte fehlschlagen.
Wenn das System der Gemeinschaftserziehung nicht richtig organisiert wird und die Kinder nicht entsprechend angeleitet und überwacht werden, dann entstehen natürlich Sexualprobleme. Diese Probleme werden wir in einem späteren Kapitel ausführlicher erörtern. Hier sei nur darauf hingewiesen, daß Sexualerziehung in der Schule ein höchst schwieriges, verwikkeltes Problem darstellt. Die Schule ist in der Tat nicht der richtige Ort zur Unterweisung in Sexualproblemen, da der Lehrer nicht wissen kann, wie die Kinder seine Worte aufnehmen, wenn er vor einer ganzen Klasse spricht. Wenn die Kinder den Lehrer privat um Auskünfte bitten, ist das etwas anderes. Wenn ein Mädchen den Lehrer nach Tatsachen fragt, dann sollte er darauf zutreffende Antworten geben.
Nach dieser Abschweifung zu Erziehungsfragen, die mehr oder weniger Fragen der Verwaltung sind, kehren wir zu dem Kern des Problems zurück. In diesem Zusammenhang möchten wir die Behauptung aufstellen, daß wir stets herausfinden können, auf welche Weise Kinder zu erziehen sind, sofern wir ihre Interessen zu Rate ziehen und die Lehrfächer in Erfahrung bringen, in denen sie Erfolge zu erzielen vermögen. Nichts ist so erfolgreich wie Erfolg. Das gilt für die Erziehung wie für andere Seiten des menschlichen Lebens, und es bedeutet, daß ein Kind, das für ein Lehrfach Interesse aufbringt und in ihm Erfolge erzielt, dadurch angespornt wird, sich auch mit

anderen Dingen zu beschäftigen. Es ist die Aufgabe des Lehrers, den Erfolg des Schülers als Sprungbrett zu benutzen, von dem aus er zu umfassenderem Wissen gelangt. Der Schüler allein weiß nicht, wie er das bewerkstelligen soll – sich sozusagen an seinen eigenen Schuhschlaufen in die Höhe zu heben, wie es uns allen aufgegeben ist, wenn wir aus der Unwissenheit zum Wissen hinaufsteigen wollen. Doch der Lehrer kann dem Schüler dabei helfen, und wenn er es tut, dann wird er feststellen, daß der Schüler erkennt, worauf es ankommt, und zur Mitarbeit bereit ist.
Was wir über die Lehrfächer und das Interesse an ihnen gesagt haben, gilt gleichermaßen für die Sinnesorgane der Kinder. Wir müssen herauszufinden suchen, welche Sinnesorgane das Kind am meisten einsetzt und welche Art von Sinneseindrücken es am stärksten fesselt. Viele Kinder sind im Sehen und Beobachten besser trainiert, andere im Hören, wieder andere in Bewegungen usw. In den letzten Jahren sind die sogenannten Werkschulen in Mode gekommen; sie verfahren nach dem richtigen Grundsatz, reine Lehrfächer und theoretischen Unterricht mit dem Training von Augen, Ohren und Händen zu verbinden. Die Erfolge dieser Schulen sind ein Hinweis darauf, wie wichtig es ist, die körperlichen Fähigkeiten des Kindes mit einzuspannen und nutzbar zu machen.
Wenn der Lehrer ein Kind vor sich hat, das dem visuellen Typ angehört, dann sollte er sich klarmachen, daß diesem Kind das Lernen leichter fällt in Fächern, in denen es seine Augen benutzen kann – also zum Beispiel in Geographie. Für ein solches Kind ist es vorteilhafter, wenn es den Unterrichtsstoff sehen kann, als wenn es ihn nur mit den Ohren aufnähme. Hier haben wir ein typisches Beispiel für die Art von Einsicht in die Probleme eines bestimmten Kindes, die ein Lehrer besitzen sollte. Es gibt viele solcher Einsichten, die ein Lehrer beim ersten Anblick eines Kindes gewinnen kann.
Kurz, der ideale Lehrer hat eine heilige und faszinierende Aufgabe, denn er formt die Seele von Kindern und die Zukunft der Menschheit liegt in seiner Hand.

Doch wie gelangen wir vom Ideal zur Wirklichkeit? Es reicht nicht aus, Erziehungsideale ins Auge zu fassen. Wir benötigen eine Methode, um ihre Verwirklichung voranzutreiben. Vor längerer Zeit hat der Verfasser in Wien eine solche Methode zu entwickeln gesucht; das Ergebnis war die Einrichtung von Beratungs- oder Erziehungsberatungsstellen.*
Diese Beratungsstellen verfolgen die Absicht, dem Schulsy-

* Siehe Alfred Adler und Mitarbeiter, *Guiding the Child*, Greenberg, New York, wo in aller Ausführlichkeit Geschichte, Technik und Ergebnisse dieser Beratungsstellen dargestellt werden.

stem Wissen und Kenntnisse der modernen Psychologie zugänglich und dienstbar zu machen. Ein sachkundiger Psychologe, der nicht nur die Psychologie, sondern ebenso auch das Leben der Lehrer und Eltern kennt und versteht, trifft sich an einem bestimmten Tage mit den Lehrern zur Beratung. Jeder Lehrer, der daran teilnimmt, trägt bestimmte Fälle von Sorgenkindern vor. Dabei handelt es sich um Fälle von faulen Kindern, von Kindern, die ihre Klassen zu Schlechtigkeiten verführen, von Kindern, die stehlen, usw. Die Lehrer schildern ihre Fälle, und anschließend bringt der Psychologe seine Erfahrungen ein. Darauf beginnt die Diskussion. Welches sind die Gründe? Wann ist die Situation entstanden? Was ist zu tun? Die Analyse erstreckt sich auf das Familienleben des Kindes und auf seine gesamte psychische Entwicklung. Mit ihrem vereinten Wissen findet die Gruppe zu einer Entscheidung darüber, was im Falle eines bestimmten Kindes getan werden soll.

An der folgenden Sitzung nehmen das Kind und die Mutter teil. Die Mutter wird zuerst hinzugezogen, nachdem man sich darüber geeinigt hat, auf welche Weise auf sie eingewirkt werden soll. Die Mutter läßt sich die Gründe dafür erklären, warum ihr Kind versagt hat und in die Irre gegangen ist. Dann erklärt die Mutter, wie sie den Fall sieht, und anschließend setzt eine Diskussion zwischen der Mutter und dem Psychologen ein. Im allgemeinen ist die Mutter ganz froh über all die Zeichen von Interesse an dem Fall ihres Kindes und willigt glücklich ein, mit der Beratungsstelle zusammenzuarbeiten. Wenn die Mutter ungehalten ist und sich feindselig zeigt, dann beginnt der Lehrer oder der Psychologe, über ähnlich gelagerte Fälle und über andere Mütter zu sprechen, bis ihr Widerstand schwindet.

Wenn man sich schließlich darauf geeinigt hat, welche Methode man anwenden will, um auf das Kind einzuwirken, läßt man das Kind in den Beratungsraum kommen. Es sitzt dem Lehrer und dem Psychologen gegenüber, und der Psychologe beginnt zu ihm zu sprechen, allerdings nicht über seine Fehler. Er spricht vielmehr in der Art eines Vortrags, bemüht sich um objektive Analyse – freilich in einer Weise, die das Kind begreift – der Probleme, der Gründe und der Vorstellungen, die dafür verantwortlich sind, daß die Entwicklung des Kindes nicht richtig verlief. Dem Kind wird anschaulich aufgezeigt, warum es das Gefühl hat, daß es behindert wird und daß andere ihm vorgezogen werden, warum es alle Hoffnung aufgegeben hat, jemals Erfolg zu haben, usw.

Nach dieser Methode ist man nun beinahe fünfzehn Jahre lang verfahren, und die Lehrer, die sich in dieser Arbeit haben ausbilden lassen, sind sehr zufrieden damit und denken gar nicht

daran, eine Tätigkeit aufzugeben, der sie sich vier, sechs und acht Jahre gewidmet haben.
Was die Kinder angeht, so haben sie aus dieser Beratungstätigkeit doppelten Nutzen gezogen. Jene, die ursprünglich Sorgenkinder waren, haben ihre Ganzheit erlangt – sie haben den Geist der Zusammenarbeit und des Mutes angenommen. Auch die anderen Kinder, jene, die nicht zu den Beratungsstellen geschickt wurden, haben Gewinn aus der Einrichtung gezogen. Wenn in der Klasse eine Situation entsteht, die sich zu einem Problem auszuwachsen droht, dann fordert der Lehrer die Kinder auf, sich über die Angelegenheit offen auszusprechen. Der Lehrer lenkt natürlich die Aussprache, doch die Kinder beteiligen sich daran und haben jede Gelegenheit, sich zu äußern. Sie beginnen die Gründe eines Problems zu analysieren, sagen wir, Faulheit in der Klasse. Zu guter Letzt kommen sie zu einer Schlußfolgerung, und das faule Kind, das gar nicht weiß, daß es gemeint ist, wird aus der Diskussion nichtsdestoweniger eine große Menge lernen.
Diese kurze Zusammenfassung möchte auf die Möglichkeiten hinweisen, die sich aus einer Verbindung von Psychologie und Erziehung ergeben. Psychologie und Erziehung sind zwei Seiten derselben Wirklichkeit und desselben Problems. Um die Psyche lenken zu können, müssen wir ihre Arbeitsweise kennen, und wer die Psyche und ihre Arbeitsweise kennt, der kann nicht umhin, sein Wissen darauf zu verwenden, die Psyche auf höhere und universellere Ziele auszurichten.

## 11. Äußere Einflüsse

Der Rahmen der psychologischen und pädagogischen Ansichten der Individualpsychologie ist so weit gespannt, daß Erwägungen über »äußere Einflüsse« nicht ausgespart zu werden brauchen. Die ältere Richtung der introspektiven Psychologie hatte sich so enge Grenzen gesteckt, daß Wundt es für notwendig erachtete, eine neue Wissenschaft, die Sozialpsychologie, zu entwickeln, um sich mit bis dahin vernachlässigten Tatsachen beschäftigen zu können. Bei der Individualpsychologie besteht eine solche Notwendigkeit nicht, denn sie berücksichtigt gleichzeitig das Individuelle und das Soziale. Sie beschränkt sich nicht auf die individuelle Psyche und vergißt dabei die Umwelt, welche auf die Psyche einwirkt, noch richtet sie ihr Augenmerk einzig und allein auf die Umwelt und verkennt so die Bedeutung der jeweiligen seelischen Vorgänge.
Kein Erzieher oder Lehrer sollte sich in dem Glauben wiegen,

er allein übe einen erzieherischen Einfluß auf das Kind aus. Die Wogen äußerer Einflüsse ergießen sich in die Seele der Kinder und formen sie auf direkte oder indirekte Weise, zum Beispiel, indem sie auf die Eltern einwirken und sie in einen bestimmten psychischen Zustand versetzen, der sich dann auf die Kinder überträgt. All dies läßt sich nicht vermeiden und muß daher in unsere Überlegung einbezogen werden.

Der Erzieher hat vor allem wirtschaftliche Umstände in Betracht zu ziehen. Wir dürfen zum Beispiel nicht vergessen, daß es Familien gibt, die seit Generationen unter äußerst bedrükkenden Umständen leben, Familien, die ihren Existenzkampf mit einem Gefühl von Verbitterung und Kummer auf sich nehmen. Von diesem Kummer und dieser Verbitterung werden sie derart in Anspruch genommen, daß sie das Kind nicht dazu anhalten können, eine gesunde und kooperative Haltung zu gewinnen. Sie leben gleichsam auf dem Grenzstreifen der Seele, wo der Mensch sich nicht an eine kooperative Leitlinie halten kann, weil er ständig von Panik erfüllt ist.

Auch dürfen wir nicht vergessen, daß ein länger andauerndes Dahinleben am Rande des Hungertodes oder unter verheerenden wirtschaftlichen Umständen die körperliche Verfassung sowohl der Eltern wie der Kinder beeinträchtigt und daß diese Beeinträchtigungen ihrerseits erhebliche psychische Auswirkungen haben. Wir erkennen dies deutlich an Kindern, die nach dem Kriege in Europa zur Welt gekommen sind. Sie sind viel schwieriger aufzuziehen als vorherige Generationen. Neben den wirtschaftlichen Umständen und ihren Folgen für die kindliche Entwicklung dürfen wir die elterliche Ahnungslosigkeit hinsichtlich körperlicher Hygiene nicht außer acht lassen. Diese Unwissenheit geht Hand in Hand mit der ängstlichen und verzärtelnden Haltung der Eltern. Die Eltern möchten die Kinder verhätscheln und verwöhnen und scheuen sich, ihnen irgendwelche Unbill zuzufügen. Bisweilen sind sie unachtsam und gleichgültig, und sie bilden sich beispielsweise ein, eine Rückgratsverkrümmung werde im Laufe der Zeit von selbst verschwinden. So versäumen sie es, sich zur rechten Zeit an den Arzt zu wenden. Das ist natürlich ein arger Fehler, sonderlich in Städten, wo ständig ärztlicher Dienst zur Verfügung steht. Eine schlechte körperliche Verfassung kann, sofern sie nicht rechtzeitig behoben wird, zu einer schweren und gefährlichen Krankheit führen, die unter Umständen psychische Narben hinterläßt. Jede Krankheit ist, psychologisch gesehen, stets eine »gefährliche Klemme« und sollte, wenn irgend möglich, verhindert werden.

Wenn sich solche Gefahren auch nicht immer umgehen lassen, so kann man sie doch erheblich mildern, indem man die Kinder veranlaßt, eine Haltung des Mutes und der Sozialgesinnung zu entwickeln. Man kann durchaus behaupten, daß ein Kind durch eine Krankheit psychisch nur insoweit beeinträchtigt wird, als es keine Sozialgesinnung besitzt. Ein Kind, das in einer Umwelt aufgewachsen ist, in der es das Gefühl hat, Teil eines Ganzen zu sein, wird durch eine gefährliche Krankheit weniger berührt als ein verzärteltes Kind.

Fallgeschichten lassen nicht selten erkennen, daß nach Krankheiten wie Keuchhusten, Enzephalitis, Chorea und dergleichen psychische Schwierigkeiten einsetzen. Man stellt sich gemeinhin vor, daß die genannten Krankheiten die psychischen Störungen verursachen. In Wahrheit sind sie lediglich Anlässe, welche die verborgenen Charaktermängel des Kindes zum Vorschein kommen lassen. Während seiner Krankheit verspürt das Kind, daß es Macht besitzt, und macht die Entdeckung, daß es die Familie beherrschen und lenken kann. Es hat während der Krankheit auf den Gesichtern der Eltern Schrecken und Sorge sich abzeichnen gesehen und weiß, daß all diese Regungen ihm gelten. Nach der Krankheit möchte es weiterhin im Mittelpunkt der Aufmerksamkeit stehen und sucht dies zu bewerkstelligen, indem es sich bemüht, die Eltern mit seinen Launen und Ansprüchen zu beherrschen. Natürlich geschieht dies nur bei einem Kind, das niemals in sozialer Hinsicht trainiert worden ist und nur eine Gelegenheit braucht, um seine egoistischen Bestrebungen äußern zu können.

Auf der anderen Seite ist es interessant, wenn wir feststellen, daß eine Krankheit bisweilen der Anlaß für eine Verbesserung des kindlichen Charakters bildet. Da haben wir den Fall eines zweitgeborenen Kindes aus der Familie eines Schullehrers. Der Lehrer war wegen des Kindes, eines Jungen, in großer Sorge und wußte nicht, wie er mit ihm umgehen und ihn behandeln sollte. Von Zeit zu Zeit rannte er von zuhause fort und war immer der schlechteste Schüler in seiner Klasse. Eines Tages, zu einem Zeitpunkt, als der Vater drauf und dran war, den Jungen in eine Besserungsanstalt zu geben, entdeckte man, daß er an einer Tuberkulose des Hüftgelenks litt. Diese Krankheit erfordert über einen längeren Zeitraum die beständige Fürsorge der Eltern. Als der Junge schließlich genesen war, entwickelte er sich zum besten und angenehmsten Kind in der Familie. Was ihm gefehlt hatte, war die besondere Beachtung und Aufmerksamkeit der Eltern, und dazu hatte ihm die Krankheit verholfen. Vor dieser Zeit war er deshalb so ungehorsam und ungehörig gewesen, weil er ständig das Gefühl gehabt hatte, im Schatten eines durch Wohlverhalten und Leistungen glänzenden älteren Bruders zu stehen. Da er nicht die gleiche Wertschätzung erfuhr wie sein Bruder, lag er mit aller Welt in ständigem Streit. Doch die Krankheit überzeugte ihn, daß auch er, wie sein älterer Bruder, die Wertschätzung und

Zuneigung seiner Eltern erlangen konnte, und auf diese Weise lernte er Wohlverhalten.

Was Krankheit angeht, so ist auch unschwer zu bemerken, daß die Seele des Kindes häufig in besonders starkem Maße unter dem Eindruck von Erinnerungen an Krankheiten steht, die es überstanden hat. Kinder begegnen der Tatsache, daß uns gefährliche Krankheiten und Tod widerfahren, mit Überraschung und Erstaunen. Die in ihrer Psyche zurückgebliebene Spur tritt erst später zutage, ein Umstand, der erklärt, warum wir so vielen Menschen begegnen, die sich nur für Krankheit und Tod interessieren. Einige dieser Menschen haben den richtigen Weg entdeckt, um ihr Interesse an Krankheit nutzbar machen zu können – sie sind Ärzte und Krankenschwestern. Doch viele andere leben in beständiger Furcht, und für sie wird Krankheit ein Zwangsgedanke, der sie daran hindert, nützliche Arbeit zu verrichten. Eine Untersuchung der Biographien von mehr als hundert Mädchen ergab, daß beinahe die Hälfte von ihnen eingestand, daß sie sich vor dem Gedanken an Krankheit und Tod mehr als vor allen anderen Dingen im Leben fürchteten.

Eltern sollten Sorge dafür tragen, daß der Eindruck, den Krankheiten bei ihren Kindern hinterlassen, nicht allzu stark wird. Sie sollten die Seele ihrer Kinder auf derartige Tatsachen vorbereiten und ihnen plötzliche Erschütterungen ersparen.

Eine andere »gefährliche Klemme« der Kindheit ist die Begegnung mit Fremden, mit Bekannten oder Freunden der Familie. Die im Verlauf derartiger Begegnungen auftretenden Fehler lassen sich auf die Tatsache zurückführen, daß die genannten Personen in Wahrheit an den Kindern gar nicht interessiert sind. Es gefällt ihnen, die Kinder zu belustigen oder Dinge zu tun, welche in ganz kurzer Zeit einen außerordentlich starken Eindruck auf die Kinder ausüben. Sie sprechen von den Kindern in den höchsten Lobestönen und verleiten sie damit zur Selbstgefälligkeit und Eitelkeit. In der kurzen Zeit, die sie mit den Kindern zusammen sind, gelingt es ihnen, sie zu verzärteln und damit den eigentlichen Erziehern Kummer und Verdruß zu bereiten. Dies alles sollte man verhindern. Keinem Fremden sollte gestattet werden, die Erziehungsmethoden der Eltern zu durchkreuzen.

Die allgemeine Umwelt der Familie ist natürlich von besonderer Wichtigkeit, weil sie den Kindern einen Fingerzeig gibt, inwieweit die Familie am gesellschaftlichen Leben teilnimmt. Sie vermittelt ihnen, mit anderen Worten, erste Eindrücke von den Möglichkeiten und Grenzen der Zusammenarbeit. Kinder, die in Familien aufwachsen, die sich von anderen isolieren, ziehen zwischen den Familienmitgliedern und außenstehenden Personen eine scharfe Trennungslinie. Nach ihrem Gefühl besteht zwischen Familie und Außenwelt, die ihnen natürlich in feindlichem Licht erscheint, eine unüberbrückbare Kluft. Eine isoliert lebende Familie trägt nicht dazu bei, Sozialbeziehungen zu fördern, sie veranlaßt Kinder vielmehr, ständig argwöhnisch auf der Hut zu sein, alles mit Mißtrauen zu betrachten und nur nach eigenen Interessen zu schauen. Auf diese Weise behindert sie die Entwicklung von Sozialgesinnung.

Ein Kind von drei Jahren sollte bereits so eingestellt sein, daß es sich anderen Kindern anschließt, um mit ihnen zu spielen, und sollte durch die Gegenwart von Fremden nicht verschreckt werden und in Angst geraten. Anderenfalls wird das Kind sich in späteren Jahren als befangen und schüchtern entpuppen und gegenüber anderen eine feindselige Haltung einnehmen. Im allgemeinen findet sich dieser Charakterzug bei verzärtelten Kindern. Solche Kinder möchten andere stets »ausschließen«.

Wenn ein Elternteil sich frühzeitig um eine Änderung solcher Charakterzüge bemüht, dann ist mit ziemlich großer Sicherheit zu erwarten, daß dem Kind späterhin ein erhebliches Maß an Kummer und Ärger erspart bleibt. Wenn ein Kind das Glück hatte, in den ersten drei oder vier Jahren in einer günstigen häuslichen Atmosphäre heranzuwachsen – wenn es darauf trainiert worden ist, mit anderen zu spielen und sich an den Geist der Allgemeinheit zu halten –, dann wird es nicht nur von Schüchternheit und Selbstbezogenheit verschont, sondern unter Umständen auch von Neurosen und selbst Geisteskrankheiten. Solche psychischen Störungen treten nur bei Personen auf, die isoliert vor sich hin leben, die an anderen Menschen kein Interesse zeigen und die nicht das rechte Verständnis für Zusammenarbeit aufzubringen vermögen.

Da wir schon das Thema der häuslichen Umwelt berühren, möchten wir auch die Schwierigkeiten erwähnen, die sich als Folge einer Änderung der wirtschaftlichen Verhältnisse einer Familie ergeben. Wenn eine Familie, die einst über Reichtümer verfügte, sonderlich zu einer Zeit, da das Kind noch sehr jung war, ihrer geldlichen Mittel verlustig geht, dann stellt sich, wie nicht anders zu erwarten, eine schwierige Situation ein, die ein verzärteltes Kind mit aller Härte trifft, da es nicht auf Umstände vorbereitet worden ist, die nicht länger gestatten, daß ihm die gleiche Aufmerksamkeit wie in der Zeit zuvor gewidmet wird. Das Kind vermißt also die früheren Vorteile und beklagt ihren Verlust.

Kommt eine Familie plötzlich zu Reichtum, dann ergeben sich daraus ebenfalls Schwierigkeiten, die das heranwachsende Kind belasten. In diesem Falle sind die Eltern nicht darauf vorbereitet, mit ihrem Vermögen richtig umzugehen, und sie begehen vor allem Fehler hinsichtlich ihrer Kinder. Sie möchten den Kindern ein gutes Leben bieten, möchten sie verzärteln und verwöhnen, weil sie das Gefühl haben, sich keinerlei Beschränkungen mehr auferlegen zu müssen. So finden wir Sorgenkinder besonders häufig in neureichen Familien. Der Sohn eines neureichen Vaters ist ein allgemein bekanntes Beispiel für diese Art von Sorgenkindern.

Schwierigkeiten dieser Art und womöglich Unheil lassen sich vermeiden, wenn das Kind rechtzeitig das erforderliche Training in Zusammenarbeit erhält. Alle derartigen Situationen sind gleichsam offen stehende Türen, durch die das Kind sich dem notwendigen Training in Zusammenarbeit entzieht, und wir müssen in dieser Frage ganz besonders auf der Hut sein.

Nicht nur außergewöhnliche materielle Umstände wie Armut und plötzlicher Reichtum, sondern auch außergewöhnliche psychologische Umstände wirken sich auf Kinder nachteilig aus. Wir denken dabei an Vorurteile, vorgefaßte Meinungen, die ihr Entstehen der besonderen Familiensituation verdanken. Solche Voreingenommenheiten können sich aus persönlichen Handlungen ergeben, so zum Beispiel, wenn Vater oder Mutter etwas getan haben, das in der Gesellschaft als schändlich gilt. In einem solchen Falle wird die Seele eines Kindes stark in Mitleidenschaft gezogen. Das Kind wird der Zukunft mit Angst und Schrecken entgegensehen. Es wird sich vor seinen Spielkameraden zu verbergen suchen und in Angst leben, man könne entdecken, daß es das Kind solcher Eltern ist.

Unter die Verantwortung der Eltern fällt nicht nur, dem Kind Unterricht in Lesen, Schreiben und Rechnen zukommen zu lassen, sondern ihm auch die richtige Entwicklungsgrundlage zu verschaffen, damit es nicht größere Schwierigkeiten zu bewältigen hat als andere Kinder. Wenn der Vater also Gewohnheitstrinker ist oder zu Wutanfällen neigt, dann hat er sich klarzumachen, daß solche Verhaltensweisen das Kind beeinträchtigen. Wenn die Ehe unglücklich ist, wenn Mann und Frau ständig im Streit miteinander liegen, hat das Kind schließlich die Zeche zu bezahlen.

Solche Kindheitserfahrungen sind wie unauslöschliche Inschriften in der Seele des Kindes, sind Erfahrungen, die es nicht so leicht vergessen kann. Es kann natürlich ihren Auswirkungen zuvorkommen, kann sie abwenden, wenn es in Zusammenarbeit trainiert worden ist. Doch gerade die Situationen, die dem Kind solche Prüfungen auferlegen, verhindern auch, daß es das genannte Training von seiten der Eltern erhält. Aus diesem Grunde hat man sich in den letzten Jahren bemüht, in gemeinsamem Vorgehen die Einrichtung von Erziehungsberatungsstellen an den Schulen durchzusetzen. Wenn die Eltern, aus welchen Gründen auch immer, ihrer Aufgabe nicht nachkommen, dann ergibt sich die Notwendigkeit, daß psychologisch ausgebildete Lehrer ihre Arbeit übernehmen, Lehrer, die in der Lage sind, das Kind zu einem gesunden Leben zu führen.

Neben den Vorurteilen, die aus persönlichen Umständen erwachsen, haben wir es noch mit Vorurteilen zu tun, die sich auf Nationalität, Rasse und Religion beziehen. Es ist stets festzustellen, daß solche Vorurteile sich nicht nur zum Nachteil für das Kind auswirken, das gedemütigt wird, sondern auch für die anderen, die Angreifer, die aktiv demütigen und erniedrigen. Sie werden hochnäsig, eingebildet und dünkelhaft; sie glauben, sie gehörten zu einer bevorrechtigten Gruppe, und wenn sie versuchen, gemäß den Vorrechten zu leben, die sie sich angemaßt haben, dann werden sie am Ende oft als Gescheiterte und Versager dastehen.

Die zwischen Nationen und Rassen bestehenden Vorurteile sind natürlich die eigentliche Ursache von Kriegen – jener großen Geißel der Menschheit, die beseitigt werden muß, sollen Fortschritt und Kultur erhalten bleiben. Die Aufgabe des Lehrers besteht darin, den Krieg in seinem wahren Licht zu zeigen, nicht aber darin, dem Kind zu einer mühelosen, bequemen Gelegenheit zu verhelfen, sein Überlegenheitsstreben durch Spielen mit Gewehren und Schwertern zu äußern. Für ein kultiviertes Leben ist das nicht die richtige Vorbereitung. Viele Jungen treten aufgrund der militärischen Erziehung den Streitkräften bei; doch außer jenen, die der Armee beitreten, finden wir Hunderte und aber Hunderte, die infolge der Kriegsspiele in ihrer Kindheit für den Rest des Lebens psychische Krüppel sind. Sie gehen ständig wie Krieger durchs Leben – zorngeladen –, und die Kunst, mit ihren Mitmenschen auszukommen, bleibt ihnen fremd.

Zur Weihnachtszeit und ähnlichen Gelegenheiten sollten die Eltern vor allem darauf achten, welche Art von Spielzeug den Kindern zum Geschenk gemacht wird. Sie sollten alle Spielzeugwaffen und Kriegsspiele beiseite schaffen, des weiteren alle Bücher, die Kriegshelden und militärische Heldentaten verherrlichen.

Was die Wahl des richtigen Spielzeugs angeht, so ließe sich dazu vieles sagen, doch im Grunde kommt es darauf an, daß wir Spielsachen wählen, die das Kind dazu anhalten, bei seinen Betätigungen kooperativ und konstruktiv zu sein. Es leuchtet ein, daß Spiele, bei denen das Kind arbeiten und etwas aufbauen kann, von größerem Wert sind als konfektionell oder fertig hergestellte Spielsachen, die von dem Kind nicht mehr verlangen, als es auf den Arm zu nehmen und zu herzen, wie eine Puppe oder ein Stofftier und ähnliches. Was schließlich Tiere angeht, so sollten Kinder belehrt werden, sie nicht wie

Spielzeug zu behandeln oder zum Gegenstand von Spielen zu machen, sondern in ihnen einen Freund und Gefährten des Menschen zu sehen. Sie sollten weder Angst vor Tieren haben noch sich ihnen gegenüber als Herr aufspielen oder grausam zu ihnen sein. Wenn Kinder sich Tieren gegenüber zu Grausamkeiten hinreißen lassen, dann dürfen wir vermuten, daß sie das Verlangen haben, Personen, die schwächer sind als sie, zu beherrschen und zu drangsalieren. Wenn in einem Haushalt Tiere – Vögel, Hunde und Katzen – leben, dann sollte den Kindern beigebracht werden, in ihnen Lebewesen zu sehen, die in ähnlicher Weise wie Menschen fühlen und Schmerz empfinden. Echte Freundschaft zu Tieren kann man als Vorbereitungsstadium für soziale Kooperation mit Menschen betrachten.

In seiner Umwelt trifft das Kind ständig auf Verwandte. Da sind zunächst die Großeltern, deren Zustand und Lage wir in distanzierter Weise zu betrachten haben. Die Stellung der Großeltern hat in unserer Kultur etwas Tragisches. Wenn Menschen älter werden, dann sollten sie Raum haben, um sich zu entfalten, sie sollten mehr Beschäftigungen und Interessen nachgehen. Doch in unserer Gesellschaft geschieht genau das Gegenteil. Alte Menschen fühlen sich sozusagen abgeschoben, in eine Ecke verbannt. Das ist bedauerlich und schade, denn solche Menschen könnten viel mehr leisten, sie könnten sich unendlich glücklicher fühlen, wenn sie mehr Gelegenheit hätten zu arbeiten und sich strebend zu bemühen. Man sollte einem Mann von 60, 70 oder auch 80 Jahren nie den Rat geben, sich aus seinem Geschäft zurückzuziehen. Es ist viel leichter, ein Geschäft fortzuführen, als seinen ganzen Lebensplan zu ändern. Doch aufgrund unserer fehlerhaften Sozialgewohnheiten rangieren wir alte Leute aus, obwohl sie noch voller Tatendrang sind. Wir enthalten ihnen die Gelegenheit zu fortgesetzter Selbstäußerung vor. Was geschieht infolgedessen? Die Fehler, die wir an den Großeltern beobachten, fallen auf die Kinder zurück. Die befinden sich ständig in der Lage, beweisen zu müssen – was ihnen eigentlich erspart bleiben sollte –, daß sie noch am Leben sind und für die Welt noch zählen. Bei dem Bemühen, diesen Beweis anzutreten, mischen sie sich ständig in die Erziehung der Enkel ein. Sie verzärteln die Kinder unsäglich. Mit ihrem Bemühen, immer wieder zu beweisen, daß sie noch wissen, wie man Kinder aufzieht, richten sie verheerenden Schaden an.

Wir sollten vermeiden, die Gefühle dieser wohlwollenden, freundlichen alten Menschen zu verletzen. Man sollte ihnen zwar eine Gelegenheit zu verstärkter Betätigung geben, doch gleichtzeitig sollte man ihnen auch beibringen, daß Kinder als unabhängige Menschen aufwachsen und nicht das Spielzeug anderer Personen sein sollten. Sie sollten nicht je nach den Erfordernissen der familiären Lebensgestaltung ausgebeutet werden. Falls alte Menschen mit den Eltern im Streit liegen, dann mögen sie sich mit ihren Ansichten durchsetzen oder auch nicht, doch sie sollten nicht versuchen, die Kinder auf ihre Seite zu ziehen.

Wenn wir die Biographien psychologisch behandelter Patienten durchforschen, wie häufig stellen wir dann fest, daß sie die Lieblinge von Großmüttern oder Großvätern waren! Es leuchtet uns unmittelbar ein, daß dieser Umstand zu den Schwierigkeiten ihrer Kindheit beitrug. Ihre bevorzugte Stellung brachte entweder Verzärtelung mit sich oder stachelte Rivalitäten und Eifersuchtsgefühle gegenüber anderen Kindern an. Viele Kinder sagen sich auch: »Ich war der Liebling meines Großvaters«, und sie fühlen sich verletzt, sind gekränkt, wenn sie nicht auch der Liebling anderer Menschen sind.

Zu den anderen Verwandten, die im Leben eines Kindes eine große Rolle spielen, gehören auch die »glänzend begabten Vettern und Kusinen«. Man kann sie als großes Ärgernis bezeichnen. Bisweilen sind sie nicht nur hervorragend, sondern darüber hinaus auch noch von körperlicher Schönheit, und man kann sich gut vorstellen, welchen Unwillen es bei einem Kind hervorruft, daran erinnert zu werden, daß es einen Vetter oder eine Kusine hat, die glänzend begabt oder schön sind. Wenn es Mut besitzt und sozial gesinnt ist, dann wird es verstehen, daß gescheit und intelligent sein schlicht und einfach heißt, sich stärker zu bemühen, mehr zu trainieren, und es wird nach einem Weg suchen, den hochbegabten Vetter oder die hervorragende Kusine zu überflügeln. Doch wenn es, was nur zu häufig der Fall ist, der Meinung ist, daß außergewöhnlicher Verstand ein Geschenk der Natur sei – daß Menschen mit leuchtendem Verstand zur Welt kommen – dann wird es sich als minderwertig und vom Schicksal übel behandelt fühlen. Auf diese Weise wird seine gesamte Entwicklung verzögert und gehemmt. Was die Schönheit angeht, die fraglos eine Gabe der Natur ist, freilich eine, die in unserer Kultur ständig überbewertet wird, so erkennen wir auch hier Fehler im Lebensstil eines Kindes, Fehler, die sich wahrscheinlich immer dann einstellen, wenn ein Kind den schmerzhaft nagenden Gedanken nicht verscheuchen kann, daß es einen Vetter oder eine Kusine hat, die von schönem Aussehen sind. Selbst nach zwanzig Jahren verspüren Menschen noch in aller Schärfe den in ihrer Kindheit empfundene Neid auf einen schönen Vetter oder eine schöne Kusine.

Die einzige Möglichkeit, die verheerenden Auswirkungen dieses Schönheitskultes anzugehen, besteht darin, den Kindern beizubringen, daß Gesundheit und das Vermögen, mit seinen

Mitmenschen auszukommen, weit wichtiger sind als Schönheit. Es läßt sich freilich nicht leugnen, daß Schönheit von Wert ist und daß ein schöner Menschenschlag wünschenswerter ist als ein häßlicher. Doch bei einer vernünftigen Lebensplanung kann man einen Wert nicht von allen anderen isolieren und ihn zum höchsten Ziel erheben. So verfährt man allerdings mit der Schönheit. Daß Schönheit für ein vernünftig gestaltetes und erfülltes Leben nicht ausreicht, ergibt sich anschaulich aus der Tatsache, daß wir unter kriminellen Typen sowohl manche gutaussehende Burschen antreffen wie auch andere, die auffallend häßlich sind. Es fällt uns nicht schwer zu verstehen, warum diese gut aussehenden Burschen kriminell geworden sein mögen. Sie wußten, daß sie gut aussahen, und trugen sich mit der Erwartung, daß ihnen alles zufallen werde. Sie waren mithin auf das Leben nicht richtig vorbereitet. Später stellten sie dann fest, daß sie ihre Probleme nicht ohne Anstrengung lösen konnten, und so wählten sie den Weg des geringsten Widerstandes. Nach den Worten des Dichters Virgil: »*facilis descensus Averno*« – der Abstieg zur Hölle ist leicht . . .

Wir sollten noch kurz auf den Lesestoff für Kinder eingehen. Welche Art von Büchern sollte man Kindern geben? Was ist mit Märchen anzufangen? Wie sollte den Kindern aus einem Buch wie der Bibel vorgelesen werden? Als wichtigsten Punkt in dieser Hinsicht haben wir uns zu vergegenwärtigen, daß wir im allgemeinen die Tatsache übersehen, daß ein Kind einzelne Dinge ganz anders als ein Erwachsener versteht. Auch verkennen wir die Tatsache, daß jedes Kind sich Dinge herausgreift, die der Linie seiner besonderen Interessenlage entsprechen. Wenn es sich um ein ängstliches Kind handelt, dann wird es in der Bibel und in Märchen Ereignisse geschildert finden, die seine Ängstlichkeit bestätigen und es in ständige Furcht vor Gefahren versetzen. Märchen und Bibelstellen müssen stets erläutert und erklärt werden, damit das Kind die Bedeutung versteht, die gemeint ist, und sich nicht eine Bedeutung zurechtlegt, die ihm von seiner eigenen Phantasie vorgeschrieben wird.

Märchen sind natürlich eine genußreiche Lektüre – und selbst Erwachsene können sie mit Gewinn lesen. Doch dabei hat man einen Punkt zu bedenken und dem kindlichen Verständnis nahezubringen, und das ist das Losgelöstsein von bestimmten Zeiten und Schauplätzen. Kinder begreifen nur selten die Unterschiede von Zeitaltern und von Kulturen. Bei der Lektüre eines Märchens, das in einer völlig anderen Zeit geschrieben wurde, stellen sie den Unterschied der Ansichten nicht in Rechnung. In Märchen tritt stets der Prinz auf, und der Prinz wird stets gerühmt und ausgezeichnet, sein ganzer Charakter wird in höchst verführerischer Weise dargestellt. Die in Märchen geschilderten Umstände haben natürlich niemals bestanden, doch sie stellen eine märchenhaft verklärte Idealisierung dar, die sich für eine historische Epoche, in der es notwendig war, den Prinzen zu verehren, als geeignet erwies. Kinder sollten über diese Zusammenhänge aufgeklärt werden. Man sollte mit ihnen über Phantasie und Einbildung hinter vermeintlicher Zauberei sprechen; sonst halten sie unter Umständen während des Heranwachsens ständig Ausschau nach einem leicht einzuschlagenden Ausweg, wenn Schwierigkeiten auftauchen, nach Art eines uns bekannten zwölfjährigen Jungen, der jedesmal, wenn er gefragt wurde, was er werden wolle, erklärte: »Ich möchte ein Zauberer sein.«

Märchen lassen sich, sofern sie richtig erläutert werden, als Vehikel einsetzen, um Kindern Sinn und Verständnis für Kooperation zu vermitteln und ihren Blickwinkel zu vergrößern. Was Kinofilme angeht, so dürfen wir annehmen, daß es völlig ungefährlich ist, ein Kind von einem Jahr mitzunehmen, wenn wir uns einen Film anschauen, doch wir müssen uns klarmachen, daß ältere Kinder die Vorgänge auf der Leinwand stets mißverstehen. Sie verstehen selbst Märchenspiele häufig falsch. So erlebte ein Kind von vier Jahren einmal die Theateraufführung eines bestimmten Märchenspiels. Noch Jahre später war es der festen Überzeugung, es gebe Frauen auf der Welt, die vergiftete Äpfel verkaufen. Viele Kinder begreifen den Inhalt von Märchen nicht richtig oder sie lassen sich durch ihn zu unzulässigen Verallgemeinerungen verleiten. Es ist Aufgabe der Eltern, den Kindern die Zusammenhänge so lange zu erklären, bis sie völlig sicher sind, daß sie das rechte Verständnis erworben haben.

Bei der Zeitungslektüre handelt es sich um einen äußeren Einfluß, der Kindern besser erspart bleiben sollte. Zeitungsartikel werden für Erwachsene geschrieben, sie teilen nicht den Standpunkt des Kindes. Besondere Kinderzeitungen, die hier und da vertrieben werden, sind für die Kinder von Nutzen, doch was gewöhnliche Zeitungen angeht, so vermitteln sie dem unvorbereiteten Kind ein verzerrtes Bild vom Leben. Dem Kind wird durch sie die Überzeugung eingeflößt, daß unser gesamtes Leben nur aus Mord, Verbrechen und Unfällen bestehe. Berichte über Unglücksfälle wirken auf kleine Kinder besonders niederdrückend und deprimierend. Den Bemerkungen von erwachsenen Personen können wir entnehmen, welch große Angst sie während ihrer Kindheit vor Feuer hatten und wie das Entsetzen davor weiterhin ihre Gedanken beherrschte.

Die genannten Beispiele stellen nur eine geringe Auswahl der äußeren Einflüsse dar, die Eltern und Erzieher bei der Kindererziehung zu berücksichtigen haben. Es sind jedoch die wichtigsten Beispiele; sie veranschaulichen die allgemeinen Grundsätze, die für die äußeren Einflüsse gültig sind. Die Individualpsychologie hat immer wieder auf die entscheidenden Begriffe »Gemeinsinn« und »Mut« hinzuweisen. Hier, wie auch in anderen Problembereichen, besitzen dieselben Grundsätze und Formeln ihre Berechtigung.

## 12. Adoleszenz und Sexualerziehung

Die Literatur über die Adoleszenz füllt ganze Bibliotheken. Das Thema ist in der Tat wichtig, doch nicht ganz so, wie die Leute sich das vorstellen. Heranwachsende sind nicht völlig gleich; wir haben es in dieser Gruppe mit der ganzen Vielfalt von Kindern zu tun – mit strebsamen Kindern, mit unbeholfenen Kindern, mit Kindern, die adrett gekleidet sind, mit solchen, die höchst ungepflegt herumlaufen, usw. Wir treffen auch auf erwachsene Personen und sogar alte Menschen, die wie Heranwachsende aussehen und sich so verhalten. Vom Standpunkt der Individualpsychologie aus betrachtet, ist dies nicht sonderlich überraschend, denn es bedeutet schlicht und einfach, daß diese Menschen in einem bestimmten Entwicklungsstadium stehengeblieben sind. Für die Individualpsychologie ist die Adoleszenz in der Tat nichts als eine Entwicklungsphase, die alle Individuen durchlaufen müssen. Wir sind nicht der Meinung, daß irgendeine Entwicklungsphase oder auch irgendeine Situation eine Person ändern kann. Doch solch eine Phase wirkt wie ein Test – als eine *neue Situation,* welche die in der Vergangenheit ausgebildeten Charakterzüge zum Vorschein bringt.

Nehmen wir zum Beispiel eine Kindheit, in der das Kind streng beaufsichtigt und überwacht worden ist, eine Kindheit, in der sich das Kind keiner sonderlich großen Macht erfreute und nicht in der Lage war, zum Ausdruck zu bringen, was es wünschte. In der Adoleszenzphase mit ihrer schnellen biologischen und psychischen Entwicklung wird ein solches Kind sich aufführen und verhalten, als wenn es all seiner Ketten ledig geworden sei. Es wird schnelle Fortschritte machen, und die Entwicklung seiner Persönlichkeit wird vernünftigen Bahnen folgen. Auf der anderen Seite haben wir Kinder, deren Entwicklung sich verlangsamt oder gar zum Stillstand kommt und die nach rückwärts schauen und denen es daher nicht gelingt, den richtigen Weg in die Gegenwart zu finden. Sie bringen kein Interesse für das Leben auf und ziehen sich im Laufe der Zeit immer mehr in sich zurück. Dies ist in ihrem

Fall kein Zeichen von Energie, die in einer von Unterdrückung geprägten Kindheit übermäßig gezügelt wurde, um in der Adoleszenz freigesetzt zu werden, sondern vielmehr von Verzärtelung, die sie um die richtige Vorbereitung auf das Leben gebracht hat.

In der Adoleszenz können wir den Lebensstil eines Menschen besser erkennen als je zuvor. Der Grund liegt natürlich darin, daß die Adoleszenz der Lebensfront näher liegt als die Kindheit. Wir können jetzt besser ausmachen, wie die betreffende Person sich gegenüber der Wissenschaft verhalten wird. Wir können beobachten, ob sie leicht Freunde zu gewinnen vermag, ob sie ein Mensch sein kann, der andere als Mitmenschen betrachtet, der an anderen sozial interessiert ist.

Bisweilen äußert sich dieses Gemeinschaftsgefühl, weit davon entfernt, nicht vorhanden zu sein, in übertriebener Form, und uns begegnen Jugendliche, die jeden Sinn für Ausgewogenheit verloren haben und nur den Wunsch verspüren, ihr Leben für andere aufzuopfern. Sie erscheinen sozial überangepaßt, und auch dieser Umstand kann sich als ein Hemmnis für ihre Entwicklung erweisen. Wir wissen, daß jemand, der wirklich für andere Menschen leben und sich für die allgemeine Sache einsetzen möchte, zunächst für sich selbst Sorge zu tragen hat. Er muß etwas besitzen, das er hergeben kann, wenn dieses Geben überhaupt einen Sinn haben soll.

Andererseits treffen wir auf viele Jugendliche im Alter zwischen vierzehn und zwanzig, die unter dem Eindruck des Gefühls völliger sozialer Verlorenheit stehen. Sie haben mit vierzehn die Schule verlassen und infolgedessen den Kontakt zu allen ihren Schulkameraden verloren. Es bedarf längerer Zeit, um neue Bindungen zu knüpfen. In der Zwischenzeit haben sie das Gefühl vollständiger Verlassenheit.

Des weiteren stellt sich die Frage der Berufstätigkeit. Auch in dieser Hinsicht ist die Adoleszenz aufschlußreich. Sie enthüllt die im Lebensstil bereitgestellte Haltung. Wir begegnen manchen Jugendlichen, die weitgehende Unabhängigkeit erlangen und bei der Arbeit bewundernswerte Leistungen vollbringen. Sie lassen erkennen, daß sie auf dem richtigen Entwicklungsweg sind. Andere jedoch kommen in dieser Periode zum Stillstand. Sie finden nicht den richtigen Beruf, wechseln ständig von einem Platz, von einer Tätigkeit zur anderen, sei es im Geschäftsleben oder im schulischen Leben usw. Oder sie geben sich auch dem Nichtstun hin und wollen überhaupt nicht arbeiten.

Keines dieser Symptome bildet sich in der Adoleszenz, sie kommen vielmehr in dieser Phase nur klarer zum Vorschein, steigen gleichsam zur Oberfläche – vorbereitet wird ihr Auftauchen in früherer Zeit. Und wenn jemand ein bestimmtes

Kind wirklich kennt, dann kann er vorhersagen, wie es sich in der Zeit der Adoleszenz verhalten wird, in einer Zeit, die ihm Gelegenheiten bietet, sich freier und unabhängiger zu äußern als in der Zeit zuvor, da man auf es aufpaßte, es bewachte und in seinen Entfaltungsmöglichkeiten einschränkte.

Wenden wir uns dem dritten fundamentalen Lebensproblem zu –: Liebe und Ehe! Was offenbart die Antwort des Heranwachsenden auf dieses Problem über seine Persönlichkeit? Auch hier ist kein Bruch mit dem Zeitraum vor der Adoleszenz festzustellen, sondern vielmehr nur eine erhöhte psychische Aktivität, welche die Reaktionen deutlicher als vordem hervortreten läßt. Wir bemerken, daß einige Jugendliche ganz und gar sicher sind, wie sie sich zu verhalten haben. Sie sind gegenüber dem Problem Liebe weder romantisch eingestellt noch sind sie sonderlich draufgängerisch. In jedem Fall finden sie in bezug zum anderen Geschlecht die richtige Verhaltensnorm.

Im Gegensatz dazu haben wir auf der anderen Seite eine Gruppe von Jugendlichen, die in Fragen des Geschlechts eine übermäßige Schüchternheit an den Tag legen. Nun, da sie sozusagen näher an die Front gerückt sind, kommt ihre mangelnde Vorbereitung klar zum Vorschein. Die Hinweise auf die Persönlichkeit, die uns die Adoleszenzzeit liefert, gestatten uns ein verläßliches Urteil über die Verhaltensrichtung im späteren Leben. Wir wissen, was zu tun ist, wenn wir die Zukunft verändern wollen.

Wenn ein Jugendlicher sich gegenüber dem anderen Geschlecht sehr ablehnend gibt, dann stellen wir unter Umständen fest, sofern wir nur sein Leben zurückverfolgen, daß er in seiner Kindheit zu kämpfen, sich durchzusetzen hatte. Vielleicht war er ein Kind, das unter Depressionen litt, weil ein anderes Kind ihm vorgezogen wurde. Als Folge davon glaubt der Jugendliche nun, daß er mit besonderer Stärke voranschreiten muß, daß er überheblich sein und all die Verlockungen des Gefühls leugnen muß. Seine Einstellung zu dem Geschlecht ist mithin eine Widerspiegelung seiner Kindheitserfahrungen.

In der Adoleszenzzeit begegnet uns häufig das Verlangen, von zuhause fortzugehen. Das mag mit der Tatsache zusammenhängen, daß das Kind mit den häuslichen Verhältnissen nie zufrieden gewesen ist und sich nun nach der ersten besten Gelegenheit sehnt, die Bindungen mit dem Elternhaus abzubrechen. Es möchte keine Unterstützung mehr erhalten, obwohl es für beide Seiten, für das Kind und für die Eltern, wirklich nur von Nutzen sein würde, wenn die Unterstützung seitens des Elternhauses fortdauerte. Anderenfalls, das heißt für den Fall, daß dem Kind Schwierigkeiten widerfahren, die es nicht bewältigen kann, erweist sich das Fehlen von Hilfe

seitens der Eltern als Alibi für das Kind.
Die gleiche Tendenz, allerdings weniger deutlich zum Ausdruck gebracht, zeigt sich bei Kindern, die zwar zuhause bleiben, aber jede nur denkbare Gelegenheit nutzen, über Nacht nicht nach Hause zu kommen. Natürlich ist es viel verlockender, abends auszugehen und Zerstreuung zu suchen, als zuhause zu bleiben und sich der Muße hinzugeben. Das Ausgehen bedeutet auch einen verhüllten Vorwurf gegen das Elternhaus und ist ein Zeichen dafür, daß das Kind sich zuhause nicht frei, sondern eingeschränkt fühlt, ständig beobachtet und überwacht. So erhält es niemals Gelegenheit, sich selbst zum Ausdruck zu bringen und seine eigenen Fehler herauszufinden. In der Entwicklungsphase der Adoleszenz ist es gefährlich, diese Richtung einzuschlagen.
Viele Kinder trifft ein plötzlicher Verlust von Wohlwollen und Anerkennung in der Adoleszenz auch weit härter, als es in der Zeit zuvor der Fall gewesen wäre. Sie waren womöglich eifrige, mit guten Leistungen aufwartende Schüler, die sich hoher Wertschätzung ihrer Lehrer erfreuten, und dann wurden sie unverhofft an eine neue Schule überwiesen, in eine neue soziale Umwelt oder in einen neuen Beruf gestellt. Wir wissen auch, daß die besten Schüler in der Periode der Adoleszenz häufig in ihren Leistungen zurückfallen. Es scheint so, daß sie einen Wandel durchmachen, doch in Wahrheit ist keine Änderung eingetreten, sondern die alte Situation hat vielmehr ihren Charakter nicht so deutlich hervortreten lassen wie die neue Situation.
Aus alledem ergibt sich, daß eines der besten Vorbeugemittel gegen Störungen und Schwierigkeiten in der Adoleszenz die Pflege von Freundschaften sein dürfte. Kinder sollten füreinander Freunde und gute Kameraden sein. Das gilt sowohl für Familienmitglieder wie auch für nicht zur Familie gehörige Leute. Die Familie sollte eine Einheit bilden, in der jeder dem anderen Vertrauen entgegenbringt. Das Kind sollte seinen Eltern und Lehrern trauen und vertrauen. In der Zeit der Adoleszenz vermögen in der Tat nur diejenigen Elern und Lehrer dem Kind weiterhin Führung angedeihen zu lassen, die bis dahin für ihren Pflegebefohlenen Kamerad und einfühlsamer, verständnisvoller Gefährte waren. Gegen jede andere Art von Eltern und Lehrer sperrt sich das Kind in der besagten Zeit sofort; es wird zu ihnen kein Zutrauen hegen und sie als ganz und gar Außenstehende und sogar als Feinde ansehen.
Bei Mädchen wird man bemerken, daß dies genau die Zeit ist, in der sie ihren Widerwillen gegen die weibliche Rolle zum Ausdruck bringen und Jungen nachzuahmen trachten. Es ist natürlich viel weniger mühevoll, Jungen in ihren Unarten der Adoleszenz nachzuahmen – das heißt, zu rauchen, zu trinken

und sich Banden anzuschließen – als in den Tugenden harter Arbeit. Außerdem können Mädchen als Entschuldigung anführen, daß die Jungen sich nicht für sie interessierten, wenn sie solche Praktiken nicht nachmachten.
Wenn wir diesen männlichen Protest von Mädchen in der Adoleszenz analysieren, dann stellen wir fest, daß die fraglichen Mädchen seit früher Kindheit die weibliche Rolle ablehnten. Bisher war allerdings ihre Ablehnung verdeckt; erst in der Adoleszenz tritt sie deutlich zutage. Aus diesem Grunde ist es so wichtig, die Mädchen in der Adoleszenz genau zu beobachten, denn in dieser Zeit können wir herausfinden, welche Haltung sie gegenüber ihrer künftigen Geschlechtsrolle einnehmen.
Knaben in diesem Alter neigen häufig dazu, die Rolle eines hochgescheiten, todesmutigen und selbstbewußten Mannes zu spielen. Andere Jungen ängstigen sich vor ihren Problemen und bezweifeln, daß sie voll und ganz Männer sind. Wenn es in ihrer Erziehung zur männlichen Rolle einen Fehler, ein Versäumnis gegeben hat, dann kommt es jetzt zum Vorschein. Sie geben sich weibisch, verhalten sich mit Vorliebe wie Mädchen, sie ahmen sogar die schlechten Angewohnheiten von Mädchen nach –: sie sind kokett, setzen sich gern in Positur usw.
Neben diesem zum Weiblichen tendierenden Extrem begegnen wir auch Jungen, die sich in auffälliger Weise durch typisch männliche Züge auszeichnen, Züge, die wiederum den Charakter von schlechten Angewohnheiten, von Untugenden annehmen können. Sie tun sich durch Trinken und sexuelle Ausschweifungen hervor. Bisweilen lassen sie es soweit kommen, Verbrechen zu begehen, nur aufgrund des Wunsches, ihre Männlichkeit vorzuzeigen. Solche Verfehlungen finden sich unter Jungen, die überlegen sein wollen, die Anführer sein und ihre Spielkameraden in Erstaunen und Bewunderung versetzen wollen.
Bei dieser Art von Jungen entdeckt man jedoch häufig bei aller prahlerisch zur Schau gestellten Tapferkeit und bei allem Ehrgeiz einen heimlichen Zug von Feigheit. Dafür können wir aus der jüngsten Zeit einige berühmt-berüchtigte Beispiele anführen – Typen wie Hickman, Leopold und Loeb, die in Amerika von sich reden machten. Schauen wir uns solche Karrieren näher an, dann stellen wir in der Regel fest, daß die Jungen auf ein angenehmes, müheloses Leben vorbereitet wurden und stets nach schnellen Erfolgen Ausschau hielten. Derartige Typen sind aktiv, jedoch nicht mutig – genau die richtige Mischung für kriminelles Verhalten.
Häufig begegnen uns Kinder im Adoleszenzalter, die ihren Eltern gegenüber zum erstenmal zu Tätlichkeiten greifen. Wer

nicht nach der verborgenen Einheit hinter den Aktionen dieser Kinder forscht, der mag irrigerweise annehmen, sie hätten eine plötzliche Änderung durchgemacht. Doch wenn wir uns zu ergründen bemühen, was vor dieser Zeit geschehen ist, dann geht uns schnell auf, daß sich das Individuum seinem Charakter nach gleich geblieben ist, daß es jetzt lediglich mehr Macht besitzt und mehr Aktionsmöglichkeiten.

Als weiteren Punkt haben wir zu bedenken, daß jedes Kind in der Adoleszenzperiode unter dem Eindruck des Gefühls steht, es sei einer Prüfung, einem Test ausgesetzt –: es hat das Gefühl, es müsse beweisen, daß es kein Kind mehr ist. Das ist natürlich ein sehr trügerisches, gefährliches Gefühl, denn jedesmal, wenn wir das Gefühl haben, wir müßten etwas beweisen, dann besteht die Möglichkeit daß wir zu weit gehen, über das Ziel hinausschießen. Und so schießt auch das Kind über das Ziel hinaus.

In der Tat ist dies das bedeutsamste Symptom der Adoleszenz. Wir können es bekämpfen, indem wir dem Jugendlichen aufrichtig zu verstehen geben, daß er uns nicht davon überzeugen muß, er sei kein Kind mehr; daß wir dieses Beweises nicht bedürfen. Wenn wir uns bemühen, ihm dies deutlich zu machen, können wir unter Umständen die bereits erwähnten übertriebenen Handlungen und Einstellungen verhindern.

Unter Mädchen stoßen wir häufig auf einen Typ, der dazu neigt, Geschlechtsbeziehungen überzubewerten und sich in einer Weise verhalten, die man gemeinhin »mannstoll« nennt. Solche Mädchen liegen in fortwährender Auseinandersetzung mit ihren Müttern und glauben ständig, sie würden unterdrückt (und möglicherweise werden sie wirklich unterdrückt); sie nehmen zu jedem Mann, der ihnen begegnet, Beziehungen auf, nur um ihrer Mutter eins auszuwischen. Sie fühlen sich glücklich, wenn sie wissen, daß ihre Mutter Schmerz und Gram empfindet, sollte sie von den Beziehungen ihrer Tochter erfahren. Nicht wenige Mädchen im Adoleszenzalter nehmen Sexualbeziehungen zu einem Mann auf, nachdem sie aufgrund eines Streits mit der Mutter oder wegen der Überstrenge des Vaters von zuhaus fortgelaufen sind.

Wir können uns des Eindrucks von Ironie nicht erwehren, wenn wir daran denken, daß Mädchen, die von ihren Eltern unterdrückt werden, damit sie anständige Mädchen werden, sich schließlich aufgrund des elterlichen Mangels an psychologischer Einsicht zu verdorbenen Mädchen entwickeln. In solchen Fällen liegt der Fehler nicht bei den Mädchen, sondern bei den Eltern, denn sie haben die Mädchen auf Situationen, die sie meistern müssen, nicht richtig vorbereitet. Sie haben den Mädchen vor der Adoleszenz übermäßigen Schutz angedeihen lassen und infolgedessen haben sie es verabsäumt, in ihnen Urteilsfähigkeit und Selbstvertrauen auszubilden, notwendige Eigenschaften, wenn sie den Fallen und Gefahren der Adoleszenz begegnen sollen.

Bisweilen machen sich die Schwierigkeiten nicht in der Adoleszenz, sondern im Anschluß daran, in der Ehe, bemerkbar. Der Grund ist freilich der gleiche. Hinzu kommt lediglich, daß die Mädchen in solchen Fällen das Glück hatten, in der Adoleszenz nicht in eine unangenehme Situation zu geraten. Doch früher oder später muß diese unangenehme, gefährliche Situation eintreten, und es ist wichtig und notwendig, darauf vorbereitet zu sein.

Eine einzige Fallgeschichte sei hier angeführt, um in konkreter Weise das Problem des heranwachsenden Mädchens zu veranschaulichen. Das betreffende Mädchen war fünfzehn Jahre alt und entstammte einer bettelarmen Familie. Zu allem Unglück hatte es einen älteren Bruder, der beständig krank war und von der Mutter gepflegt werden mußte. Das Mädchen bemerkte die unterschiedliche Zuwendung seit ihrer frühen Kindheit. Die Angelegenheit wurde noch durch die Tatsache verkompliziert und erschwert, daß der Vater bei ihrer Geburt ebenfalls krank war und die Mutter sowohl für ihn wie für den Bruder zu sorgen hatte. Das Mädchen hatte ein zweifaches Beispiel dafür vor Augen, was es heißt, versorgt und mit Aufmerksamkeit bedacht zu werden, und so entstand in ihr das leidenschaftliche Verlangen, von den Leuten auch umsorgt und anerkannt zu werden. Im Familienkreis vermochte sie diese Anerkennung nicht zu gewinnen, schon gar nicht, nachdem eine jüngere Schwester zur Welt gekommen war und ihr das bißchen Aufmerksamkeit raubte, dessen sie sich bis dahin noch erfreut hatte. Wie es das Schicksal will, erholte sich der Vater, als die jüngere Schwester geboren wurde, so daß das Neugeborene größere Aufmerksamkeit und Zuwendung erhielt, als ihr selbst während ihrer Kindheit vergönnt waren. Kinder bemerken solche Dinge.

Das Mädchen suchte die fehlende Aufmerksamkeit daheim durch zähe Anstrengungen in der Schule wettzumachen. Sie wurde die beste Schülerin in der Klasse, und so war es nicht weiter verwunderlich, daß man auf den Gedanken kam, ihr eine weitere Ausbildung zu ermöglichen und sie zur Höheren Schule zu schicken. Doch auf der Höheren Schule trat eine Änderung ein. Ihre Lernleistungen ließen zu wünschen übrig, und als Grund stellte sich heraus, daß ihr neuer Lehrer sie nicht gut genug kannte und ihr nicht die gewünschte Anerkennung widmete. Das Mädchen wiederum war begierig nach Anerkennung, doch nun mußte sie erkennen, daß es ihr daran sowohl zuhause wie in der Schule fehlte. Folglich mußte sie anderswo Anerkennung suchen. Und also hielt sie Ausschau nach einem Mann, der ihr geben sollte, wonach sie begehrte. Als sie den Mann gefunden hatte, lebte sie mit ihm vierzehn Tage lang zusammen. Dann wurde der Mann ihrer müde. Wir hätten vorhersagen können, was sich ereignen würde, wir hätten vorhersagen können, daß sie sich würde eingestehen müssen, daß dies nicht die Anerkennung sei, die sie sich ersehnte. Inzwischen geriet die Familie in Sorge und begann nach ihr zu suchen. Überraschend erhielt sie einen Brief von ihr, in dem es hieß: »Ich habe Gift genommen. Macht Euch keine Sorgen, ich bin glücklich.« Nachdem sie in ihrer Suche nach Glück und Anerkennung gescheitert war, dachte sie augenscheinlich als nächstes an Selbstmord. Doch sie beging keinen Selbstmord; sie setzte die Selbstmorddrohung vielmehr dazu ein, um ihre Eltern zu bewegen, ihr verschreckt, wie sie waren, Verzeihung zu gewähren. Sie irrte weiter durch die Straßen, bis ihre Mutter sie aufgriff und nach Hause brachte.

Wenn das Mädchen gewußt hätte, was wir wissen, daß ihr ganzes Leben nämlich vom Streben nach Anerkennung beherrscht war, dann hätten sich all die geschilderten Dinge nicht ereignet. Wenn der Lehrer an der Höheren Schule sich klargemacht hätte, daß die Lernleistungen des Mädchens bis dahin ausgezeichnet waren und daß es nur ein bestimmtes Maß an Anerkennung brauchte, auch dann wäre die Tragödie ausgeblieben. An jeder Stelle der Kette von Umständen hätte das richtige Eingehen auf das Mädchen verhindert, daß es sich ins Verderben stürzte.

Hier stellt sich die Frage nach der Sexualerziehung. In der jüngsten Zeit ist das Thema Sexualerziehung ungeheuer aufgebläht worden. Viele Leute sind, wenn man so will, verrückt auf das Thema. Sie fordern Sexualerziehung für jedes Alter und spielen die Gefahren sexueller Unwissenheit hoch. Doch wenn wir auf unsere eigene Vergangenheit und die anderer zurückschauen, dann vermögen wir weder so große Schwierigkeiten noch so große Gefahren zu entdecken, wie sie in ihrer Vorstellung bestehen.

Die Erfahrungen der Individualpsychologie lehren uns, daß es angebracht ist, einem Kind von zwei Jahren zu erklären, daß es ein Junge oder ein Mädchen ist. Etwa zu dieser Zeit sollte ihm auch bedeutet werden, daß sein Geschlecht sich niemals ändern wird und daß Jungen aufwachsen, um Männer zu werden, und Mädchen, um Frauen zu werden. Sofern das geschehen ist, bringt das Fehlen weiterer Kenntnisse keine so großen Gefahren mehr mit sich. Wenn ihm beigebracht worden ist, daß ein Mädchen nicht wie ein Junge und ein Junge nicht wie ein Mädchen erzogen werden kann, dann wird sich die Geschlechtsrolle in seiner Psyche festsetzen, und es wird sich mit einiger Sicherheit auf normale Art und Weise entwickeln und auf seine Rolle vorbereiten. Wenn es jedoch dem Glauben anhängt, es könne sein Geschlecht durch einen bestimmten Kunstgriff ändern, dann werden sich Störungen und Schwierigkeiten einstellen. Unannehmlichkeiten sind auch nicht zu vermeiden, wenn die Eltern stets den Wunsch zum Ausdruck bringen, das Geschlecht eines Kindes lieber geändert zu sehen. In dem Buch *The Well of Loneliness* werden wir mit einer ausgezeichneten literarischen Darstellung dieser Situation bekannt gemacht. Eltern neigen zu häufig dazu, ein Mädchen wie einen Jungen zu erziehen oder umgekehrt. Sie nehmen Photographien von ihren Kindern auf, nachdem sie sie in die Kleider des anderen Geschlechts gesteckt haben. Bisweilen kommt es auch vor, daß ein Mädchen wie ein Junge aussieht, und dann fangen die Leute in der Nachbarschaft an, das Kind bei dem falschen Geschlecht zu rufen. Damit kann eine große Verwirrung einsetzen, die leicht hätte vermieden werden können.

Man sollte auch jeder Diskussion über die Geschlechter aus dem Wege gehen, die darauf hinausläuft, das weibliche Geschlecht abzuwerten und die Jungen als überlegen hinzustellen. Man sollte den Kindern begreiflich machen, daß beide Geschlechter gleichwertig sind. Das ist nicht nur von Wichtigkeit, um auf Seiten der Angehörigen des abgewerteten Geschlechts einem Minderwertigkeitskomplex vorzubeugen, sondern auch um nachteilige Auswirkungen auf Kinder männlichen Geschlechts zu verhindern. Wenn Jungen nicht beigebracht wird, sich in dem Gedanken zu wiegen, sie seien das überlegene Geschlecht, dann werden sie auch nicht auf Mädchen als auf bloße Objekte ihres Begehrens herabschauen. Noch würden sie, sofern sie Kenntnis von ihren künftigen Aufgaben hätten, die Beziehungen unter den Geschlechtern als gemein und häßlich betrachten.

Mit anderen Worten, das eigentliche Problem der Sexualerziehung besteht nicht nur darin, die Kinder über die Physiologie der Sexualbeziehungen aufzuklären – dazu gehört vielmehr auch die richtige Vorbereitung der gesamten Einstellung zu Liebe und Ehe. Eng damit verbunden ist die Frage der sozialen Anpassung und Angleichung. Falls eine Person nicht sozial angepaßt ist, wird sie sich einen Spaß aus der Geschlechterfrage machen und die Angelegenheit ganz und gar vom Standpunkt der eigenen Befriedigung aus betrachten. Das geschieht natürlich nur allzu häufig; es handelt sich dabei um eine Widerspiegelung der Mängel unserer Kultur. Frauen haben Leid zu ertragen, weil es in unserer Kultur für einen Mann weitaus leichter ist, eine führende Rolle zu spielen. Doch auch der Mann leidet, denn infolge seiner fiktiven Überlegenheit verliert er die Verbindung mit den eigentlichen Werten.

Was den körperlichen Teil der Sexualerziehung angeht, so besteht keine Notwendigkeit, daß die Kinder über diesen Bereich bereits in ganz frühen Jahren aufgeklärt werden. Damit kann man warten, bis die kindliche Neugier erwacht, bis es selbst den Drang verspürt, bestimmte Dinge herauszufinden. Eltern, die sich für die Bedürfnisse des Kindes interessieren, werden auch zur rechten Zeit wissen, ob es an ihnen ist, die Führung zu übernehmen, sofern das Kind zu schüchtern ist, Fragen zu stellen. Wenn es das Gefühl hat, daß sein Vater und seine Mutter Kameraden und Vertraute sind, dann wird es nicht zögern, Fragen zu stellen, und dann müssen die Antworten so beschaffen sein, daß sie sein Verständnis nicht übersteigen. Man sollte vermeiden, Antworten zu geben, die den Sexualtrieb anstacheln.
In diesem Zusammenhang sei darauf hingewiesen, daß man nicht jedesmal in Schrecken und Besorgnis über augenscheinlich frühreife Äußerungen des Sexualtriebes zu geraten braucht. Die Sexualentwicklung setzt sehr früh ein, tatsächlich bereits in den ersten Lebenswochen. Es kann kein Zweifel daran sein, daß ein Kleinkind erogenes Lustempfinden verspürt und bisweilen seine erogenen Zonen auf künstliche Weise zu reizen sucht. Es besteht kein Anlaß, in Aufregung zu verfallen, wenn man Anzeichen für den Beginn schlechter Gewohnheiten erkennt, doch wir sollten unser Bestes tun, solchen Praktiken Einhalt zu gebieten, ohne freilich den Anschein zu erwecken, als legten wir ihnen zuviel Wichtigkeit bei. Wenn ein Kind bemerkt, daß wir uns über solche Dinge ärgern und uns Sorgen machen, dann wird es diese Gewohnheiten vorsätzlich weiter einhalten, nur um Aufmerksamkeit zu erregen. Es sind solche Handlungen, die in uns den Verdacht erregen, das Kind sei ein Opfer des Sexualtriebes, während es in Wirklichkeit lediglich eine Gewohnheit als Mittel zur Angeberei und Aufmerksamkeitshascherei ausnutzt. Im allgemeinen suchen kleine Kinder Aufmerksamkeit auf sich zu ziehen, indem sie mit ihren Geschlechtsorganen spielen, weil sie sehr wohl wissen, daß die Eltern sich vor solchen Praktiken und Gewohnheiten ängstigen. Dabei handelt es sich um die gleichen psychologischen Zusammenhänge wie in Fällen, in denen Kinder krank spielen, weil sie bemerkt haben daß sie stärker verzärtelt werden und mehr Zuwendung erhalten, wenn sie krank sind.
Man sollte Kinder nicht durch zuviel Herzen und Küssen körperlich erregen. Für das Kind ist solch ein Verhalten grausam, vor allem in der Adoleszenzzeit. Auch sollten Kinder in Fragen der Sexualität nicht geistig erregt werden. Es kommt nicht selten vor, daß ein Kind in der Bibliothek des Vaters einige frivole Abbildungen entdeckt. In der psychologischen Klinik

kommen uns solche Fälle ständig zu Ohren. Kinder sollten nicht die Möglichkeit haben, Bücher in die Hand zu bekommen, die sexuelle Fragen in einer Art und Weise behandeln, die ihr Alter übersteigen. Sie sollten auch nicht zu Filmvorführungen mitgenommen werden, die das Thema Sexualität ausschlachten.

Wer all diese Formen vorzeitiger Reizung und Erregung vermeidet, braucht nicht die geringste Angst zu haben. Es bedarf lediglich einiger einfacher, verständlicher Worte zur rechten Zeit sowie des Bemühens, das Kind nicht zu verwirren, sondern ihm stets auf ehrliche und schlichte Weise zu antworten. Vor allem darf man ein Kind nicht anlügen, wenn man sich sein Vertrauen erhalten möchte. Wenn das Kind seinen Eltern vertraut, dann wird es die Erklärungen verwerfen, die es von seinen Spielkameraden zu hören bekommt – vermutlich neunzig Prozent der Menschen erhalten ihr Sexualwissen von Spielkameraden –, und wird glauben, was die Eltern sagen. Solch beiderseitiger Zusammenhalt, solche Kameradschaft ist weit wichtiger als die verschiedensten Ausflüchte und Vertröstungen, zu denen man greift, weil man der Meinung ist, daß man sich damit am besten aus der Klemme ziehen kann.

Kinder, die zuviel von Sexualität erfahren oder damit zu früh in ihrem Leben bekannt werden, wenden sich im allgemeinen in den späteren Jahren von der Sexualität ab. Aus diesem Grunde ist es von Vorteil, wenn die Kinder keine Gelegenheit haben, Liebesbegegnungen von Eltern zu beobachten. Wenn möglich, sollten sie nicht im selben Raum – und ganz gewiß nicht im selben Bett – mit den Eltern schlafen. Auch Brüder und Schwestern sollten die Nacht nicht im selben Raum verbringen. Die Eltern sollten ein wachsames Auge darauf haben, daß die Kinder sich richtig verhalten, und sie sollten auch vor Einflüssen von außen auf der Hut sein.

Damit haben wir die wichtigsten Punkte bei der Frage der Sexualerziehung zusammengefaßt. Wie in allen anderen Erziehungsphasen erkennen wir auch hier die überragende Bedeutung des Gefühls für Zusammenhalt und der freundschaftlichen Gesinnung in der Familie. Bei Vorhandensein dieses Zusammenhalts und bei frühzeitig erworbenem Wissen um die Geschlechtsrolle und um die Gleichberechtigung von Mann und Frau ist das Kind auf alle ihm drohenden Gefahren gut vorbereitet. Vor allem ist es gut darauf vorbereitet, seine ihm obliegende Arbeit in gesunder, zuträglicher Weise zu verrichten.

## 13. Erziehungsfehler

Eltern oder Lehrer dürfen sich durch unerwartete Vorkommnisse bei der Erziehung von Kindern niemals entmutigen lassen. Sie dürfen nie die Hoffnung aufgeben, weil ihre Anstrengungen nicht sofort von Erfolg gekrönt sind; sie dürfen nicht schon deshalb mit einem Scheitern rechnen, weil das Kind lethargisch oder apathisch oder extrem passiv eingestellt ist; noch dürfen sie sich von dem Unsinn beeinflussen lassen, daß es Kinder gäbe, die begabt sind, und andere, die unbegabt sind. Die Individualpsychologie erhebt die Forderung, sich um alle Kinder in gleicher Weise zu bemühen und ihre geistigen Fähigkeiten zu fördern, indem ihnen mehr Mut, mehr Selbstzutrauen vermittelt wird; indem ihnen beigebracht wird, daß man Schwierigkeiten nicht als unüberwindliche Hindernisse betrachtet, sondern vielmehr als Probleme, denen man sich stellt und die man meistert. Solche Bemühungen sind nicht immer von Erfolg begleitet, doch die vielen erfolgreichen Fälle sind mehr als ein Ausgleich für jene Fälle, die keine spektakulären Ergebnisse zeitigen. Im folgenden schildern wir einen interessanten Fall, der unsere Anstrengungen mit Erfolg belohnte:

Es handelt sich um den Fall eines zwölfjährigen Jungen, der seit dem sechsten Jahr die Grundschule besuchte. Er bekam schlechte Noten, doch das störte ihn nicht im geringsten. Seine Lebensgeschichte war bis dahin außergewöhnlich unglücklich verlaufen. Aufgrund von Rachitis lernte er erst mit etwa drei Jahren laufen. Gegen Ende des dritten Lebensjahres konnte er erst einige wenige Worte sprechen. Als er vier Jahre alt war, suchte seine Mutter mit ihm einen Kinderpsychologen auf, der seinen Fall als hoffnungslos bezeichnete. Die Mutter mochte daran nicht glauben und brachte das Kind in ein heilpädagogisches Institut. Doch seine Entwicklung verlief schleppend, und das Institut vermochte ihm keine große Hilfe zu geben. Als der Junge sechs Jahre alt war, entschied man, er sei nun in der Lage, in die Schule einzutreten. Während der ersten beiden Schuljahre erhielt er zu Hause Nachhilfeunterricht, mit dessen Hilfe es ihm gelang, die Schulprüfungen zu bestehen. Er durchlief auch die dritte und die vierte Klasse.

Die Situation in der Schule und daheim sah wie folgt aus: In der Schule fiel der Junge durch große Trägheit und Faulheit auf; er klagte, daß er nicht in der Lage sei, sich zu konzentrieren und aufmerksam zuzuhören. Mit seinen Schulkameraden stand er nicht auf gutem Fuße, sie hänselten ihn, und er zeigte sich den anderen an Stärke stets unterlegen. Unter all seinen Schulkameraden hatte er nur *einen* Freund, den er sehr gern

mochte und mit dem er Spaziergänge unternahm. Die anderen fand er eklig und vermochte keine Beziehung zu ihnen herzustellen. Der Lehrer führte Klage darüber, der Junge zeige Schwächen im Rechnen und könne nicht schreiben, und dies, obwohl der Lehrer davon überzeugt war, der Junge sei genauso leistungsfähig wie die anderen Schüler.
Vor dem Hintergrund der zurückliegenden Geschichte des Jungen und der Leistungen, die er bereits erbracht hatte, drängte sich der Schluß auf, daß seiner Behandlung eine fehlerhafte Diagnose zugrunde lag. Das Kind litt unter einem starken Minderwertigkeitsgefühl – kurz gesagt, unter einem Minderwertigkeitskomplex. Der Junge hatte einen älteren Bruder, der gut vorankam. Seine Eltern behaupteten, der Bruder sei in der Lage, ohne jede Anstrengung in die Höhere Schule einzutreten. Eltern neigen dazu, von ihren Kindern zu erklären, sie brauchten überhaupt nicht zu lernen und sich anzustrengen, und die Kinder selbst prahlen dann gern damit. Es liegt freilich auf der Hand, daß ohne jede Anstrengung kein Lernen möglich ist. Der ältere Bruder hatte sich wahrscheinlich darauf trainiert, den größten Teil seines Lernens und Studierens in der Klasse zu erledigen, indem er eifrig und konzentriert zuhörte und im Gedächtnis behielt, was er in der Schule hörte und sah. Kinder, die in der Schule keine sonderlich große Aufmerksamkeit aufzubringen vermögen, haben um so mehr zuhause zu lernen.
Welch ein Unterschied zwischen den beiden Jungen! Unser Junge hatte ständig unter dem bedrückenden Gefühl zu leben, daß er weniger begabt, weniger talentiert sei als sein älterer Bruder und daß er unendlich weniger wert sei als jener. Wahrscheinlich hat er dies oft genug von seiner Mutter zu hören bekommen, wenn sie wütend auf ihn war, oder auch von seinem Bruder, der ihn einen Esel oder einen Idioten zu schimpfen pflegte. Seine Mutter berichtete, der ältere Bruder trete den jüngeren häufig, wenn er ihm nicht gehorche. Das Ergebnis steht vor uns: ein Menschenkind, das von sich glaubt, es sei weniger wert als alle anderen. Das Leben schien seinen Glauben zu bestätigen. Seine Schulkameraden lachten ihn aus; seine Schularbeiten waren voller Fehler; er erklärte, daß er sich nicht konzentrieren könne. Jede Schwierigkeit versetzt ihn in Angst. Sein Lehrer bemerkte von Zeit zu Zeit, der Junge gehöre nicht in diese Klasse oder auf diese Schule. Kein Wunder, daß der Junge schließlich selbst glaubte, es bestehe keine Möglichkeit, der Lage, in die er geraten war, auszuweichen, und so war er überzeugt davon, daß die Meinung, die andere von ihm hatten, richtig sei.
Man konnte leicht feststellen, daß der Junge seinen Glauben an sich verloren hatte, und zwar nicht, weil er zitterte und

bleich wurde, als wir anfingen, auf fröhlich unbefangene Weise mit ihm zu plaudern, sondern mittels eines kleinen Hinweises, den man stets beachten sollte. Als wir ihn fragten, wie alt er sei (wir wußten, daß er zwölf Jahre alt war), antwortete er: »Elf Jahre.« Eine solche Antwort sollte man niemals als etwas Zufälliges ansehen, denn die meisten Kinder wissen ganz genau, wie alt sie sind. Wir hatten häufig Gelegenheit, uns zu vergewissern, daß solche Fehler tieferliegende Gründe haben. Wenn wir uns vergegenwärtigen, was alles im Leben dieses Kindes geschehen ist, und wenn wir dann seine Antwort betrachten, dann gewinnen wir den Eindruck, daß es versucht, seine Vergangenheit wiederzuerlangen. Er möchte in die Vergangenheit zurückkehren, die Zeit wiedererleben, als er kleiner, schwächer und hilfsbedürftiger war, als er es jetzt ist.

Wir können bereits aufgrund der uns zur Verfügung stehenden Fakten das innere Gefüge des Kindes rekonstruieren. Es sucht sein Heil nicht in der Erfüllung von Aufgaben, die einem Kind seines Alters üblicherweise aufgegeben werden; sondern es denkt und verhält sich so, als wäre es nicht so voll entwickelt wie die anderen und könne mit ihnen nicht konkurrieren. Dieses Gefühl, hinter den anderen zurückzustehen, kommt in der Verringerung seines Alters zum Ausdruck. Möglicherweise antworete der Junge: »Elf Jahre« und verhält sich unter bestimmten Umständen wie ein Kind von fünf Jahren. Er ist von seiner Minderwertigkeit so überzeugt, daß er alles, was er tut, diesem vermeintlichen Zurückgebliebensein anzugleichen sucht.

Das Kind näßte sich noch tagsüber ein und machte in die Hosen. Solche Symptome treten auf, wenn ein Kind glaubt oder glauben möchte, es sei noch ein Säugling. Sie bestätigen unsere Feststellung, daß der Junge den Wunsch hatte, sich an die Vergangenheit anzuklammern und, wenn möglich, zu ihr zurückzukehren.

Die Familie des Jungen hatte ein Kindermädchen; sie lebte bereits vor der Geburt des Kindes in dem Haus. Sie hing sehr an dem Kind, nahm bei jeder Gelegenheit, die sich bot, bei ihm den Platz der Mutter ein und bot dem Kind Hilfe und Schutz. Vor diesem Hintergrund können wir weitere Schlüsse ziehen. Wir wissen bereits, wie der Junge lebte, wir wissen ferner, daß der Junge des Morgens nicht früh aufstehen mochte. Eine Geste des Abscheus begleitete die Beschreibung, wie lange man brauchte, um den Jungen zum Aufstehen zu bewegen. Wir schlossen daraus, daß der Junge eine Abneigung dagegen verspürte, zur Schule zu gehen. Ein Junge, der mit seinen Schulkameraden nicht auskommt, der sich unterdrückt fühlt, der nicht glaubt, daß er zu irgendeiner Leistung fähig sei, der

kann unmöglich gern zur Schule gehen. Folglich wird er nicht rechtzeitig zum Schulgang aufstehen wollen.
Sein Kindermädchen versicherte jedoch, daß er zur Schule gehen wollte. Und in der Tat, als er kürzlich krank war, bat er inständig darum, aufstehen zu dürfen. Das widerspricht freilich nicht im geringsten dem, was wir gesagt haben. Die Frage, die sich stellt, lautet: »Wie kann es geschehen, daß dem Kindermädchen ein solcher Fehler unterläuft?« An den im übrigen ergötzlichen Umständen gibt es nichts zu deuteln. Als der Junge krank war, konnte er sich gestatten zu erklären, daß er zur Schule zu gehen wünsche, denn er wußte genau, daß sein Kindermädchen antworten würde: »Du kannst nicht zur Schule gehen, denn du bist krank.« Seine Familie vermochte sich allerdings den scheinbaren Widerspruch nicht zu erklären; sie stand vor einem Rätsel, wußte nicht mehr, was sie mit dem Jungen anfangen sollte. Wir hatten auch häufig Gelegenheit zu beobachten daß das Kindermädchen nicht imstande war, Verständnis aufzubringen für das, was im Kopf des Jungen vor sich ging.
Der unmittelbare Anlaß dafür, den Jungen zu uns zu bringen, war etwas anderes. Er hatte seinem Kindermädchen Geld entwendet, um sich Süßigkeiten dafür zu kaufen. Auch das hieß, daß er sich verhielt wie ein kleines Kind. Geld zu nehmen, um sich Süßigkeiten dafür zu kaufen, ist äußerst kindisch. Sehr kleine Kinder verhalten sich auf diese Weise, wenn sie ihre Gier nach Süßigkeiten nicht bezähmen können; es sind Kinder, die auch ihre Körperfunktionen nicht beherrschen können. Die psychologische Bedeutung dieses Verhaltens läßt sich in die Worte fassen: »Du mußt auf mich aufpassen, sonst könnte ich etwas Schlimmes tun.« Der Junge versuchte beständig, Situationen herbeizuführen, die andere dazu veranlaßten, sich mit ihm zu beschäftigen, weil er selbst kein Zutrauen zu sich hatte. Als wir seine Situation zuhause und in der Schule miteinander verglichen, wurde der Zusammenhang deutlich. Zuhause gelang es ihm, andere Leute dazu zu bringen, sich mit ihm zu beschäftigen; in der Schule hatte er keinen Erfolg damit. Denn wer bemühte sich, das Betragen des Kindes auf irgendeine Weise zu bessern!
Bis zu dem Zeitpunkt, da der Junge zu uns gebracht wurde, hielt man ihn für ein zurückgebliebenes, minderwertiges Kind, doch er verdiente diese Einschätzung nicht im mindesten. Er war ein völlig normales Kind, das genausoviel leisten konnte wie irgendeiner seiner Schulkameraden, sobald er erst einmal Selbstvertrauen gewonnen hatte. Er neigte ständig dazu, alles pessimistisch anzusehen, eine Niederlage bereits auf sich zu nehmen, noch ehe er überhaupt einen Schritt vorwärts getan hatte. Sein Mangel an Selbstvertrauen äußerte sich in jeder

Bewegung, jeder Geste und fand seine Bestätigung im Bericht seines Lehrers: »Kann sich nicht konzentrieren; schlechtes Gedächtnis; ist unaufmerksam; hat keine Freunde; usw.« Seine Entmutigung war so augenfällig, daß eigentlich niemand sie hätte übersehen können, und die Umstände waren dermaßen gegen ihn, daß es schwierig war, seinen Standpunkt, seine Einstellung zum Leben zu ändern.

Auf die Ausfüllung unseres Individualpsychologischen Fragebogens folgte die Beratung. Wir hatten nicht nur mit dem Jungen, sondern mit einer ganzen Personengruppe zu sprechen. Zuerst mit seiner Mutter, die ihn seit langem als hoffnungslos aufgegeben hatte und nur noch versuchte, ihn so weit zu bringen, daß er schließlich irgendeine Art von Arbeit würde verrichten können.

Unser Junge hatte natürlich keine Antwort auf die Frage: »Was möchtest du sein, wenn du erwachsen bist?« Das ist hochcharakteristisch. Es ist immer verdächtig, wenn ein halberwachsenes Kind nicht weiß, was es werden möchte. Freilich trifft es zu, daß im allgemeinen die Leute nicht den Beruf ergreifen, den sie sich als Kinder erwählt hatten, doch das spielt gar keine Rolle. Sie lassen sich jedenfalls von einer Vorstellung leiten. In den ersten Lebensjahren möchten Kinder Chauffeure, Nachtwächter, Lokomotivführer usw. werden, das heißt, Stellungen erringen, die ihrer Erfahrung zugänglich sind und auf ihre kindlichen Wertvorstellungen anziehend wirken. Doch wenn ein Kind kein materielles Ziel vor Augen hat, dann ist zu vermuten, daß es seinen Blick von der Zukunft abwenden, in die Vergangenheit zurückkehren möchte; oder daß es, mit anderen Worten, die Zukunft und alle damit verbundenen Probleme vermeiden möchte.

Dies scheint im Widerspruch zu einer der Grundaussagen der Individualpsychologie zu stehen. Wir haben das Überlegenheitsstreben stets als charakteristisch für Kinder bezeichnet und uns bemüht nachzuweisen, daß jedes Kind etwas leisten, sich entfalten, andere übertreffen möchte. Mit einem Male haben wir ein Kind vor uns, von dem sich das Gegenteil behaupten läßt, ein Kind, das sich zurückwenden, klein sein und von anderen Schutz und Hilfe haben möchte. Wie läßt sich das erklären? Nun, Regungen im psychischen Leben sind nicht immer primitiv, sondern sie haben oft einen komplizierten, nicht einfach zu durchschauenden Hintergrund. Wenn wir in komplizierten Fällen naive, einfältige Schlußfolgerungen ziehen, dann werden wir stets fehlgehen. In all diesen Komplikationen sind Täuschungen angelegt, Irreführungen, und jeder dialektische Versuch, aus der Angelegenheit selbst das Gegenteil zu machen, wie beispielsweise zu behaupten, der Junge strebe deshalb zurück, weil er auf diese Weise als der Größte erscheinen, die sicherste Position einnehmen könne, all diese Versuche müssen Verwirrung stiften, solange man das Gesamtbild nicht völlig versteht. Tatsächlich haben solche Kinder auf spaßige Weise recht. Sie sind niemals wieder so stark oder so dominierend wie während der Zeit, da sie wirklich ganz klein, schwach und hilflos sind und nichts von ihnen verlangt wird. Unser Kind, das so gar kein Zutrauen zu sich selbst hatte, befürchtete, es könne überhaupt nichts zustande bringen. Können wir daher annehmen, daß es sich aus freien Stücken einer Zukunft stellt, die etwas von ihm fordert und erwartet? Es muß jede Situation vermeiden, in der seine Stärke und seine Talente dazu verwandt werden, es als Individuum zu messen und zu bewerten. Daher bleibt ihm nur ein höchst eingeschränkter Aktionsraum, in dem wenig von ihm gefordert wird. So können wir verstehen, daß von seinem Streben nach Anerkennung nur ein geringer Teil übrigbleibt, nämlich das Streben nach jener Anerkennung, die er als kleines, von anderen abhängiges Kind empfangen hat.

Wir hatten uns nicht nur mit dem Lehrer des Jungen, mit seiner Mutter und seinem älteren Bruder zu verständigen, sondern auch mit seinem Vater und unseren Kollegen. Solch eine Kette von Gesprächen erfordert viel Arbeit; ein Großteil dieser Arbeit ließe sich umgehen, wenn wir den Lehrer auf unsere Seite bringen, ihn für unsere Vorhaben gewinnen könnten. Das ist nicht unmöglich, aber auch nicht einfach. Viele Lehrer klammern sich noch an alte Methoden und Vorstellungen und halten psychologische Untersuchungen für etwas Ungewöhnliches. Viele von ihnen sorgen sich, daß eine psychologische Untersuchung einen Machtverlust bedeute, oder sie betrachten sie als unzulässige Einmischung. Das ist natürlich nicht der Fall. Psychologie ist eine Wissenschaft, die man nicht von heute auf morgen erlernen kann, sondern die studiert und praktiziert werden muß. Sie ist freilich von geringem Nutzen, falls jemand den falschen Standpunkt einnimmt.

Auch Toleranz ist vonnöten, vor allem für Lehrer, und es ist ein Gebot der Klugheit, seinen Geist offenzuhalten für neue psychologische Ideen, auch wenn sie den Ansichten zu widersprechen scheinen, nach denen wir uns bislang gerichtet haben. So wie die Dinge heutzutage liegen, haben wir kein Recht, uns in offenen Widerspruch zu den Meinungen des Lehrers zu begeben. Wie haben wir uns aber in einer solch schwierigen Situation zu verhalten? Nach unserer Erfahrung bleibt uns in solchen Fällen nichts anderes übrig, als das Kind aus seiner mißlichen Lage herauszunehmen – will sagen, es aus dieser bestimmten Schule abzumelden. Durch ein solches Vorgehen wird niemand verletzt. Praktisch niemand weiß, was da geschieht, doch von den Schultern des Jungen fällt eine Last. Er tritt in eine neue Situation ein, mit der er nicht vertraut ist. Er kann dafür Sorge tragen, daß andere Leute nicht schlecht von ihm denken, daß andere ihn nicht mit Geringschätzung behandeln. Es ist nicht einfach zu erklären, wie man das bewerkstelligen kann. Dabei spielen häusliche Umstände eine große Rolle. Wahrscheinlich erfordert jeder Fall eine etwas andere Behandlung. Es dürfte freilich viel einfacher sein, mit solchen Kindern umzugehen, wenn es erst eine genügende Zahl von Lehrern gibt, die sich in der Individualpsychologie auskennen, die solche Fälle mit dem Blick des Verstehens betrachten und in der Lage sind, den Schulkindern wirklich zu helfen.

## 14. Elternerziehung

Dieses Buch wendet sich, wie bei verschiedenen Gelegenheiten angedeutet, an Eltern und Lehrer, die beide gleichermaßen aus den neuen psychologischen Einsichten in das Seelenleben des Kindes Gewinn ziehen können. Im Grunde genommen spielt es keine sonderliche Rolle, ob Erziehung und Entwicklung des Kindes zum überwiegenden Teil unter der Führung der Eltern oder des Lehrers stehen, vorausgesetzt, das Kind erhält die richtige Erziehung. Wir sprechen hier natürlich von Erziehung außerhalb des Lehrplans, meinen nicht das Lehren von Unterrichtsstoff, sondern die Persönlichkeitsbildung, den wichtigsten Teil der Erziehung. Obwohl beide, die Eltern und der Lehrer, ihren Teil zur Erziehungsarbeit beitragen können – die Eltern korrigieren die Mängel der Schule, der Lehrer korrigiert die häuslichen Mängel –, ist dennoch nicht von der Hand zu weisen, daß in unseren großen Städten und unter modernen sozialen und wirtschaftlichen Bedingungen der größere Teil der Verantwortung auf den Lehrer entfällt. Im großen gesehen, sind Eltern nicht so aufgeschlossen für neue Ideen wie unsere Lehrer, die ein berufliches Interesse an Kindererziehung haben. Die Hoffnung der Individualpsychologie auf die Vorbereitung der Kinder von morgen beruht in erster Linie auf der Veränderung der Schulen und Lehrer – wenngleich natürlich die Mitarbeit der Eltern niemals zurückgewiesen wird.

Im Verlauf der Erziehungsarbeit des Lehrers taucht derzeit unvermeidlich ein Konflikt mit den Eltern auf. Der Konflikt ist um so unvermeidlicher, als die Korrekturarbeit des Lehrers bis zu einem gewissen Maße Fehler der Eltern voraussetzt. Es handelt sich gewissermaßen um eine Anklage gegen die Eltern, und die Eltern fassen dies häufig auch so auf. Wie soll der

Lehrer in einer derartigen Lage mit den Eltern umgehen?
Die folgenden Bemerkungen sind diesem Problem gewidmet. Sie sind natürlich vom Standpunkt des Lehrers aus geschrieben, der die Eltern als psychologisches Problem behandeln muß. Wenn Eltern diese Bemerkungen lesen, so brauchen sie daran keinen Anstoß zu nehmen, denn sie beziehen sich nur auf törichte Eltern, die das Massenphänomen bilden, mit dem der Lehrer sich auseinanderzusetzen hat.
Manch ein Lehrer hat die Feststellung gemacht, daß es häufig mit größeren Schwierigkeiten verbunden ist, an die Eltern eines Sorgenkindes heranzutreten als an das Kind selbst. Dieses Faktum läßt erkennen, daß sich für den Lehrer stets die Notwendigkeit ergibt, mit einem gewissen Maß an Feingefühl vorzugehen. Der Lehrer muß sich bei seinen Handlungen stets an die Annahme halten, daß die Eltern für die vom Kind zur Schau getragenen schlechten Eigenschaften nicht verantwortlich sind. Die Eltern sind nun einmal nicht erfahrene, geschickte Pädagogen und für gewöhnlich haben sie nur die Tradition als Richtschnur und Handlungsanleitung. Wenn sie wegen ihrer Kinder zur Schule bestellt werden, dann kommen sie sich wie unter Anklage stehende Verbrecher vor. Solch eine Stimmung, die in der Tat von einem inneren Schuldbewußtsein zeugt, fordert vom Lehrer höchstes Fingerspitzengefühl und Takt. Daher ist es höchst wünschenswert, daß sich der Lehrer in solchen Fällen bemüht, die Eltern in eine freundliche, aufgelockerte und unbefangene Stimmung zu versetzen, sich ihnen als Gehilfe anzubieten und auf ihre guten Absichten zu bauen.
Die Eltern sollten niemals getadelt und mit Vorwürfen traktiert werden, auch wenn dafür gute Gründe vorhanden sind. Wir können viel mehr erreichen, wenn es uns gelingt, mit den Eltern eine Art von Pakt zu schließen, wenn wir sie überreden können, ihre Haltung zu ändern und mit uns im Sinne unserer Grundsätze zusammenzuarbeiten. Es führt zu nichts, sie auf die Fehler ihres bisherigen Umgangs mit den Kindern hinzuweisen. Wir müssen sie vielmehr dazu bringen, neue Vorgehensweisen zu übernehmen. Ihnen zu erklären, sie hätten dies oder jenes falsch gemacht, kränkt sie nur und lähmt ihren Willen zur Zusammenarbeit. In der Regel fällt eine Verschlechterung des kindlichen Betragens nicht vom blauen Himmel; stets hat sie eine Vorgeschichte. Die Eltern kommen zur Schule in dem Glauben, sie hätten irgend etwas übersehen. Wir sollten ihnen nie das Gefühl geben, daß wir diesen Gedanken hegen; wir sollten zu ihnen nie zu kategorisch oder zu dogmatisch reden. Anregungen, Ratschläge sollte man niemals in autoritärer Weise geben. Unsere Sätze sollten immer ein »Vielleicht«, ein »Wahrscheinlich«, ein »Möglicherweise« und ein

»Sie sollten es auf diese Weise versuchen« enthalten. Selbst wenn wir genau wissen, wo der Fehler liegt und wie er zu beheben ist, sollten wir die Eltern nicht offen und unvermittelt darauf stoßen, als wenn wir sie unter Druck setzen wollten. Überflüssig zu sagen, daß nicht jeder Lehrer zu jedem Zeitpunkt über so viel Takt verfügt oder ihn sich von heute auf morgen aneignen kann. Interessanterweise hat Benjamin Franklin in seiner Autobiographie die gleichen Gedanken vorgetragen. Er schreibt dort:

»Nachdem ein befreundeter Quäker mich auf freundliche Weise darüber aufgeklärt hatte, daß ich allgemein für stolz gehalten werde, daß mein Stolz sich häufig in Unterhaltungen zeige, daß ich bei Erörterungen jedweden Themas mich nicht damit zufrieden gebe, recht zu haben, sondern despotisch und ziemlich anmaßend sei, wovon er mich durch die Erwähnung verschiedener Beispiele überzeugte, da beschloß ich, danach zu trachten, mich, sofern es in meinen Kräften liegt, von diesem Laster oder dieser Narrheit unter vielen selbst zu heilen, und ich fügte meiner Liste Demut hinzu, dem Wort eine weite Bedeutung beilegend.

Mit großem Erfolg beim *wirklichen* Erwerb dieser Tugend kann ich nicht aufwarten, doch hinsichtlich des äußeren *Scheins* kann ich einiges vermelden. Ich machte es mir zur Regel, von jeglichem unvermittelten Widerspruch zu den Gefühlen anderer und von aller rechthaberischen Geltendmachung meiner eigenen Gefühle Abstand zu nehmen. In Übereinstimmung mit den alten Gesetzen unserer Kreise versagte ich mir sogar die Verwendung jedes Wortes oder sprachlichen Ausdrucks, der eine feste Meinung einbegreift, wie etwa sicherlich, unzweifelhaft etc., und statt dessen gewöhnte ich mir an zu sagen, ich vermute, ich befürchte oder ich stelle mir vor, daß ein Ding so oder so aussieht, oder, zum gegenwärtigen Zeitpunkt erscheint es mir so. Wenn jemand etwas behauptete, was ich für einen Irrtum hielt, verbot ich mir das Vergnügen, ihm schroff zu widersprechen und ihn sogleich auf die Absurdität seiner Behauptung hinzuweisen; und meine Antwort begann ich mit der Bemerkung, daß seine Meinung in bestimmten Fällen oder unter bestimmten Umständen zutreffend sei, doch beim geschilderten Fall scheine oder dünke mir ein Unterschied vorzuliegen etc. Den Vorteil meines geänderren Benehmens erkannte ich schnell; die Unterhaltungen, in die ich hineingezogen wurde, verliefen erfreulicher. Die bescheidene Art und Weise, in der ich meine Meinungen vortrug, verhalf ihnen zu bereitwilligerer Aufnahme und zu weniger Widerspruch; ich erfuhr weniger Demütigung, wenn ich im Unrecht war, und ich konnte andere leichter dazu bewegen, ihre Fehler aufzugeben und sich mir anzuschließen, wenn es mir vergönnt war, recht zu haben.

Und diese Art, die ich anfangs mit Gewalt gegen natürliche Neigung durchsetzte, fiel mir im Verlauf der Zeit so leicht und wurde mir so zur Gewohnheit, daß womöglich in den vergangenen fünfzig Jahren niemals irgend jemand aus meinem Munde eine dogmatische Redewendung vernommen hat. Und auf diese Gewohnheitshaltung geht (nach der Integrität, in deren Ruf ich stehe) in erster Linie, so denke ich, zurück, daß ich bereits in jungen Jahren so viel Ansehen und Gewicht bei meinen Mitbürgern hatte, wenn ich neue Institutionen anregte oder die alten zu ändern vorschlug, und so viel Einfluß, als ich Mitglied in öffentlichen Körperschaften wurde; denn ich war nur ein schlechter Redner, zu keiner Gelegenheit wortgewandt, zögernder Wortwahl unterworfen, schwerlich korrekt in der Sprache, und dennoch vermochte ich im allgemeinen meine Ansichten durchzubringen.

In Wahrheit ist vielleicht keine unserer natürlichen Leidenschaften nur mit solcher Mühe zu bezwingen wie Stolz. Verbirg ihn, ringe mit ihm, wirf ihn nieder, ersticke ihn, töte ihn ab, soviel irgend möglich, er lebt immer noch und wird immer wieder hervorlugen und sich zu erkennen geben; denn selbst wenn ich annehmen könnte, ich hätte ihn vollständig überwunden, dann werde ich wahrscheinlich immer noch stolz auf meine Demut sein.«

Zugegeben, diese Worte sind nicht für jede Lebenssituation gültig. Das kann man weder erwarten noch fordern. Franklins Haltung läßt uns nichtsdestoweniger erkennen, wie ungeeignet und erfolglos aggressiver Widerspruch sein kann. Im Leben gibt es kein Grundgesetz, das auf jede beliebige Lage zuträfe. Jede Regel reicht nur bis zu einem bestimmten Punkt und wird mit einem Male unanwendbar. Sicherlich ist unter gewissen Umständen ein kräftiges Wort das einzig Richtige. Bedenken wir jedoch die Lage mit dem Lehrer auf der einen Seite und den besorgten Eltern auf der anderen, den Eltern, die wegen ihres Kindes bereits Demütigungen erfahren haben und auf weitere vorbereitet sind, und bedenken wir auch, daß wir ohne die Hilfe und Mitwirkung der Eltern nichts ausrichten können, dann liegt auf der Hand, daß als einzig sinnvolles Verhalten nur das von Franklin in Frage kommt, wenn wir dem Kind helfen wollen.

Unter solchen Umständen, wo es überhaupt nicht wichtig ist, beweisen zu können, daß man recht hat, oder seine Überlegenheit zur Schau zu stellen, sondern wo es allein notwendig ist, den Weg zu ebnen, den wir einschlagen müssen, wenn wir dem Kind helfen wollen, unter solchen Umständen tauchen natürlich mancherlei Schwierigkeiten auf. Viele Eltern möchten mit Vorschlägen und Anregungen verschont werden. Sie sind befremdet oder gekränkt, ungehalten und feindselig, weil der Lehrer sie und ihr Kind in eine solch unangenehme Lage gebracht hat. Solche Eltern haben meist eine Zeitlang versucht, ihre Augen gegenüber den Fehlern ihres Kindes zu verschließen, sich vor den Tatsachen blind zu stellen. Die ganze Angelegenheit ist höchst unerfreulich, und es ist nicht weiter verwunderlich, daß ein Lehrer, der diesen Eltern schroff oder zu energisch entgegentritt, sich jeder Möglichkeit begibt, sie für sich einzunehmen und zu gewinnen. Viele Eltern gehen sogar noch weiter. Sie überfallen den Lehrer mit einem Wortschwall der Entrüstung und zeigen sich gänzlich unzugänglich. In solchen Fällen ist es günstiger, den Eltern begreiflich zu machen, daß der Lehrer auf ihre Unterstützung und Mithilfe angewiesen ist; es ist besser, sie zu beruhigen und sie dahin zu bringen, mit dem Lehrer in freundlich aufgeschlossener Weise zu sprechen. Man darf nicht vergessen, daß Eltern nur zu häufig derart verstrickt sind in die Maschen überkommener veralteter Methoden, daß sie sich nicht leicht daraus befreien können.

Wenn ein Vater beispielsweise sein Kind durch scharfe strenge Worte und durch mürrischen Gesichtsausdruck arg entmutigt hat, dann ist es natürlich schwierig für ihn, nach zehn Jahren eine freundliche Miene aufzusetzen und wohlwollend mit dem Kind zu sprechen. In diesem Zusammenhang sei noch erwähnt, daß das Kind in dem Fall, daß der Vater plötzlich seine gesamte Haltung ihm gegenüber ändert, zunächst nicht an die Aufrichtigkeit dieser Wandlung zu glauben vermag. Es wird sie für ein Täuschungsmanöver ansehen und nur ganz allmählich Zutrauen zu seinem veränderten Benehmen gewinnen. Hochintelligente Menschen bilden keine Ausnahme. Da haben wir den Fall des Direktors einer Höheren Schule, der seinen Sohn durch fortwährendes Kritisieren und Nörgeln beinahe zum Zusammenbruch getrieben hätte. In einem Gespräch mit uns wurden ihm die Folgen seines Verhaltens klar; doch dann ging er nach Hause und hielt seinem Sohn eine ätzende Standpauke. Er war wieder in Wut geraten, weil sein Sohn es hatte an Fleiß fehlen lassen. Jedesmal, wenn sein Sohn etwas tat, was ihm nicht gefiel, geriet er in Rage und ließ unbarmherzige Reden vom Stapel. Wenn so etwas bei einem Mann möglich ist, der sich als Pädagoge betrachtet, dann vermögen wir uns vorzustellen, wie es bei Eltern ist, die mit der dogmatischen Vorstellung großgeworden sind, für jeden Fehler eines Kindes sei eine Tracht Prügel die richtige Strafe. In Gesprächen mit Eltern muß der Lehrer jeden von der Diplomatie her bekannten Kunstgriff, jede ihm einfallende taktvolle Wortwendung einsetzen.

Man sollte auch nicht vergessen, daß die von Prügel begleitete

Kindererziehung in den ärmeren Klassen weit verbreitet ist. So geschieht es dann auch, daß Kinder aus diesen Schichten, die gerade ein auf Besserung abzielendes Gespräch mit ihrem Lehrer hinter sich haben, daheim eine Fortsetzung in Form einer Tracht Prügel über sich ergehen lassen müssen, die ihnen die Eltern bescheren. Wir sind in der bedauerlichen Lage, daran erinnern zu müssen, daß unsere erzieherischen Bemühungen nur allzu häufig durch eine unkluge Behandlung zunichte gemacht werden, die die Eltern den Kindern zuhause angedeihen lassen. In solchen Fällen werden die Kinder nicht selten für ein und denselben Fehlern zweimal bestraft, wo wir der Meinung sind, daß einmal schon zuviel ist.

Wir kennen die schrecklichen Folgen, die bisweilen solchen zweimaligen Bestrafungen entspringen. Nehmen wir den Fall eines Kindes, das ein schlechtes Zeugnis nach Hause bringen muß. Aus Angst vor Strafe wagt es das Zeugnis seinen Eltern nicht zu zeigen und dann schwänzt es aus Angst vor Strafe durch den Lehrer die Schule. Oder aber es fälscht die Unterschrift seiner Eltern. Wir dürfen über solche Tatsachen nicht hinwegsehen, dürfen sie aber auch nicht auf die leichte Schulter nehmen; wir sollten das Kind vielmehr in seiner Beziehung zu den verschiedenen Elementen seiner Umwelt sehen. Wir müssen uns die Fragen stellen: Was geschieht, wenn ich jetzt auf diesem Weg weitergehe? Wie wird dieses Verhalten das Kind beeinflussen? Welche Sicherheit habe ich, daß es eine günstige Wirkung auf das Kind ausübt? Hat das Kind einen Punkt erreicht, wo es eine Belastung ertragen und auf sich nehmen kann, und wird es in der Lage sein, daraus etwas zu lernen?

Uns ist bekannt, wie unterschiedlich Kinder und Erwachsene auf Schwierigkeiten reagieren. Bei der Umerziehung müssen wir höchst vorsichtig zu Werke gehen und müssen der zu erwartenden Ergebnisse weitgehend sicher sein, ehe wir uns an den Versuch machen, den Lebensstil eines Kindes umzuformen. Wer an die Erziehung und Umerziehung von Kindern stets mit Besonnenheit und objektivem Urteil herangegangen ist, dürfte in der Lage sein, die Ergebnisse seiner Bemühungen mit größerer Sicherheit vorherzusagen. Bei der pädagogischen Arbeit sind Praxis und Mut vonnöten, wie auch der unerschütterliche Glaube, daß sich, wie auch die jeweiligen Umstände beschaffen sein mögen, stets ein Weg findet, um ein Kind davor zu bewahren, einen Zusammenbruch zu erleiden. Zuerst und vor allem sollte man sich eine alte und wohlbewährte Regel einprägen, eine Regel, die zu befolgen es nie zu spät ist Wer sich zur Gewohnheit gemacht hat, das Menschenwesen als eine Einheit zu betrachten und Symptome als Bestandteile dieser Einheit, vermag ein Kind viel besser zu verstehen und ihm zu helfen als jemand, der sich daran gewöhnt hat, die Symptome herauszugreifen und sie nach einem starren Schema zu behandeln – wie im Falle, sagen wir, eines Lehrers, der den Eltern sofort eine Nachricht zukommen läßt, wenn das Kind versäumt hat, seine Hausarbeiten zu erledigen.

Wir treten in eine Epoche ein, die für die Kindererziehung neue Ideen, neue Methoden und neue Verständnisweisen bereithält. Die Wissenschaft räumt mit ausgedienten Gebräuchen und Traditionen auf. Die Kenntnisse, die wir gewinnen, bürden dem Lehrer mehr Verantwortung auf, doch als ein Ausgleich vermitteln sie ihm erheblich mehr Einsicht in die Probleme der Kindheit und damit weit größere Möglichkeiten, den ihm anvertrauten Kindern zu helfen. Es ist von großer Wichtigkeit, sich immer wieder zu vergegenwärtigen, daß eine einzelne Verhaltensäußerung, losgelöst von der Persönlichkeit als einer Ganzheit, keine Bedeutung hat, keinen Sinn ergibt und daß wir sie nur dann verstehen können, wenn wir sie im Zusammenhang mit dem ganzen übrigen Menschen untersuchen.

## Anhang 1:
## Ein individualpsychologischer Fragebogen zum Verständnis und zur Behandlung von Sorgenkindern, zusammengestellt von der Internationalen Gesellschaft der Individualpsychologen *(International Society of Individual Psychologists)*.

1. Seit wann besteht Grund zur Beanstandung? In was für einer Situation (psychischer oder sonstiger) befand sich das Kind, als sein Fehlverhalten zum erstenmal bemerkt wurde?

   Die folgenden Situationen sind wichtig: Wechsel der Umwelt, Schulanfang, Geburten in der Familie, jüngere oder ältere Brüder und Schwestern, Schulversagen, Lehrer- oder Schulwechsel, neue Freundschaften, Krankheiten des Kindes, Scheidung, neue Eheschließung, Tod der Eltern.

2. Waren in irgendeinem früheren Lebensalter des Kindes irgendwelche Eigentümlichkeiten bemerkbar, Eigentümlichkeiten in psychischer oder körperlicher Hinsicht, Ängstlichkeit, Unachtsamkeit, Zurückhaltung, Unbeholfenheit, Neid, Eifersucht, Abhängigkeit von anderen beim Essen, Ankleiden, Waschen oder Zubettgehen? Hatte das Kind Furcht vor dem Alleinsein oder vor der Dunkelheit? Versteht es seine Geschlechtsrolle? Irgendwelche primäre, sekundäre oder tertiäre Geschlechtsmerkmale? Welche Einstellung hat es zum anderen Geschlecht? Wie weit ist es über seine Geschlechtsrolle aufgeklärt? Ist es ein Stiefkind? Unehelich? Ein Pflegekind? Waise? Wie haben seine Pflegeeltern es behandelt? Besteht noch ein Kontakt? Hat es zur rechten Zeit sprechen und gehen gelernt? Ohne Schwierigkeiten? Verlief das Zahnen normal? Auffällige Schwierigkeiten beim Lesen-, Schreiben-, Zeichnen-, Singen-, Schwimmenlernen? Klammert es sich besonders stark an den Vater, die Mutter, seine Großeltern oder sein Kindermädchen?

   Es ist unumgänglich, herauszufinden, ob es gegenüber seiner Umwelt Feindseligkeit an den Tag legt, und den Ursprung seines Minderwertigkeitsgefühls in Erfahrung zu bringen; ferner, ob bei ihm eine Tendenz zu beobachten ist, Schwierigkeiten zu meiden, und ob es Züge von Egoismus und Empfindlichkeit erkennen läßt.

3. Verursacht das Kind viel Kummer und Ärger? Was und wen fürchtet es am meisten? Schreit es in der Nacht auf? Leidet es unter Enurese, unter Bettnässen? Tritt es gegenüber schwächeren Kindern oder auch gegenüber stärkeren herrschsüchtig auf? Zeigt es ein starkes Verlangen, im elterlichen Bett zu schlafen? War es ungeschickt, unbeholfen? Hat es Rachitis gehabt? Wie steht es mit seiner Intelligenz? Ist es viel gehänselt und verspottet worden? Gibt es Eitelkeit hinsichtlich sei-

nes Haares, seiner Kleidung, seiner Schuhe usw. zu erkennen? Frönt es dem Nägelbeißen oder dem Nasebohren? Legt es beim Essen Gier an den Tag?

Es wäre aufschlußreich, wenn man herausfinden könnte, ob es mehr oder weniger mutig nach einer Vorrangstellung strebt; ferner, ob Eigensinn es davon abhält, seinen Handlungsimpulsen zu folgen.

4. Gewinnt es leicht Freunde? Zeigt es gegenüber Menschen oder Tieren Rücksicht oder belästigt und quält es sie? Hat es eine Sucht zu sammeln oder aufzubewahren? Wie steht es mit Geiz und Habsucht? Führt es andere? Neigt es dazu, sich zu isolieren?

Diese Fragen beziehen sich auf die Fähigkeit des Kindes zur »Fühlungnahme« und auf das Maß seiner Entmutigung.

5. Welches ist unter Berücksichtigung der oben angeführten Fragen die gegenwärtige Stellung des Kindes? Wie ist sein Betragen in der Schule? Geht es gern zur Schule? Ist es pünktlich? Ist es vor dem Schulgang aufgeregt? Ist es hastig? Verliert es seine Bücher, seinen Schulranzen, seine Übungshefte? Gerät es vor Klassenarbeiten und vor Prüfungen in Aufregung? Vergißt es, seine Hausarbeiten zu machen, oder weigert es sich, sie zu erledigen? Vertrödelt es seine Zeit? Ist es faul? Fehlt es ihm an Konzentration? Stört es in der Klasse? Wie steht es zu dem Lehrer? Ist es gegenüber dem Lehrer kritisch, arrogant, gleichgültig? Bittet es andere, ihm bei den Aufgaben zu helfen, oder wartet es, bis ihm Hilfe angeboten wird? Zeigt es Ehrgeiz bei Turnen und Sport? Hält es sich für vergleichsweise oder völlig unbegabt? Liest es viel? Welche Art von Literatur bevorzugt es?

Fragen, die uns dabei helfen, herauszufinden, inwieweit das Kind richtig vorbereitet ist auf die Schule, die uns das Ergebnis des »Experiments Schule« sowie seine Einstellung zu Schwierigkeiten erkennen lassen.

6. Zutreffende Auskünfte über die häuslichen Umstände, Krankheiten in der Familie, Alkoholismus, kriminelle Tendenzen, Neurosen, Debilität, Lues, Epilepsie, über den Lebensstandard. Todesfälle in der Familie sowie Alter des Kindes bei diesem Ereignis? Ist es eine Waise? Wer ist die beherrschende Gestalt in der Familie? Ist die häusliche Erziehung streng, geprägt von Nörgelei oder Besserwisserei, oder ist sie milde, nachsichtig? Sind die häuslichen Einflüsse geeignet, dem Kind Lebensangst einzuflößen? Wie ist es um die Beaufsichtigung bestellt?

Aufgrund seiner Stellung und Haltung im Familienkreis vermögen wir die Eindrücke, die das Kind gewinnt, zu beurteilen und abzuschätzen.

7. Welche Stellung nimmt das Kind in der Familienkonstella-

tion ein? Ist es das älteste, das jüngste, das einzige Kind, der einzige Junge, das einzige Mädchen? Finden wir Rivalität, häufiges Geschrei, boshaftes Lachen, eine Tendenz, andere herabzusetzen?

Das Obige ist wichtig für die Untersuchung des Charakters; es erhellt die Einstellung des Kindes zu anderen.

8. Hat sich das Kind irgendwelche Gedanken über die Wahl eines Berufs gemacht? Wie denkt es über die Ehe? Welchem Beruf gehen die anderen Familienmitglieder nach? Wie ist es um das Eheleben der Eltern bestellt?

Daraus läßt sich schlußfolgern, ob das Kind Mut und Vertrauen in die Zukunft hat.

9. Welches sind seine Lieblingsspiele, -geschichten, -gestalten in Geschichte und Dichtung? Neigt es dazu, anderen Kindern die Spiele zu verderben? Verliert es sich in Phantasien? Ist es ein kühl denkender Kopf? Überläßt es sich Tagträumen?

Diese Fragen beziehen sich auf eine mögliche Tendenz des Kindes, im Leben den Helden zu spielen. Einen Widerspruch im Verhalten des Kindes kann man als Zeichen von Entmutigung werten.

10. Früheste Erinnerungen? Eindrucksvolle oder wiederholt auftretende Träume über Fliegen, Fallen, Ohnmacht, Zuspätkommen auf Bahnhöfen, Angstträume?

In diesem Zusammenhang bemerken wir häufig eine Tendenz zur Isolierung, Mahnungen zur Vorsicht, ehrgeizige Charakterzüge und eine Vorliebe für bestimmte Personen, für das Landleben usw.

11. In welcher Hinsicht ist das Kind entmutigt? Hält es sich für vernachlässigt? Reagiert es angemessen auf Zuwendung und Lob? Hängt es abergläubischen Gedanken nach? Meidet es Schwierigkeiten? Fängt es die verschiedensten Dinge an, nur um sie schnell wieder aufzugeben? Ist es im Ungewissen über seine Zukunft? Glaubt es an die nachteiligen Auswirkungen der Anlage, der Vererbung? Haben die Menschen seiner Umwelt es systematisch entmutigt? Schaut es mit Pessimismus in die Zukunft?

Antworten auf diese Fragen ermöglichen uns zu erkennen, ob das Kind sein Vertrauen in sich selbst verloren hat und sich nun auf dem falschen Weg befindet.

12. Fallen uns andere Unarten und schlechte Gewohnheiten auf, zum Beispiel Grimassen ziehen, sich einfältig, kindisch, komisch geben?

In solchen Fällen dient der schwach zum Vorschein kommende Mut dem Ziel, Aufmerksamkeit zu erregen.

13. Hat es Sprachstörungen? Ein häßliches Aussehen? Ist es klumpfüßig? X- oder O-beinig? Verwachsen? Abnorm dick oder groß? Körperlich unproportioniert? Hat es konstitutio-

nelle Augen- oder Ohren-Fehler? Ist es geistig zurückgeblieben? Linkshändig? Schnarcht es in der Nacht? Sieht es ungewöhnlich gut aus?

Dies sind Nachteile, die das Kind in der Regel überbewertet und durch die es ständig entmutigt werden kann. Eine fehlerhafte Entwicklung finden wir oft bei hübschen Kindern, die von dem Gedanken beherrscht werden, sie müßten alles bekommen, was sie sich wünschen, ohne sich dafür anzustrengen. Solchen Kindern mangelt es an ausreichenden Gelegenheiten zur Vorbereitung auf das Leben.

14. Spricht es häufig über seine Unfähigkeit, seiner mangelnden Begabung für die Schule, für die Arbeit, für das Leben? Hegt es Selbstmordgedanken? Besteht ein zeitlicher Zusammenhang zwischen seinen Fehlern und seinen Schwierigkeiten? Überschätzt es äußerlichen Erfolg? Ist es unterwürfig, bigott, aufrührerisch?

Hier haben wir Äußerungen äußerster Entmutigung vor uns, die meistens dann in Erscheinung treten, wenn das Kind vergebliche Anstrengungen unternommen hat, sich seiner Schwierigkeiten zu entledigen. Für sein Scheitern ist teils die Unzweckmäßigkeit seiner Anstrengungen, teils der Mangel an Verständnis seitens der Personen, die mit ihm in Berührung kommen, verantwortlich. Doch seine Neigungen müssen irgendwie und irgendwo befriedigt werden, und so hält es nach einem anderen, einem angenehmeren Handlungsort, nach einem »Nebenkriegsschauplatz« Ausschau.

15. Suchen Sie Tätigkeiten, bei denen das Kind erfolgreich ist. Solche »positiven Leistungen« sind für uns wertvolle Hinweise, denn es ist durchaus möglich, daß die Interessen, die Neigungen und Vorbereitungen des Kindes in eine andere Richtung zielen als in jene, die es bislang befolgt hat.

Aus den Antworten auf die obigen Fragen (die man niemals in fester Reihenfolge oder routinemäßig stellen sollte, sondern in konstruktiver Weise und im Verlauf eines Gesprächs) ergibt sich eine richtige Vorstellung von der jeweiligen Individualität. Es wird sich herausstellen, daß die Fehler des Kindes, obgleich nicht zu rechtfertigen, dennoch begreifbar und verständlich sind. Man sollte die aufgedeckten Irrtümer stets in geduldiger, gelassen freundlicher Weise und ohne irgendwelche Drohungen aufklären.

# Anhang 2:
# Fünf Fallgeschichten mit Erläuterungen

## I [Ein 15jähriger verweigert den Gehorsam]*

Ein Junge, fünfzehn Jahre alt, ist das einzige Kind von Eheleuten, die schwer gearbeitet haben, um sich in bescheidenem Rahmen eine angenehme Existenz zu schaffen. Sie haben gewissenhaft darauf geachtet, daß ihr Junge alles erhielt, was zur körperlichen Gesundheit notwendig ist. In den ersten Lebensjahren war der Junge glücklich und bei Gesundheit. Seine Mutter ist eine gute Frau, die nur den Fehler hat, daß sie zu schnell in Tränen aufgelöst ist. Sie kann nur mühsam und mit vielen Unterbrechungen über ihren Sohn berichten. Den Vater kennen wir nicht, doch die Mutter schildert ihn als einen ehrenhaften, energischen Mann, der seiner Familie in Liebe zugetan ist und sehr viel Selbstvertrauen besitzt. Als der Knabe sich in sehr jungen Jahren erdreistete, Ungehorsam an den Tag zu legen, meinte der Vater: »Das wäre ja noch schöner, wenn ich seinen Willen nicht brechen könnte.« Seine Vorstellung von »brechen« bestand darin, dem Jungen eine richtige Abreibung zu verabreichen, sich nicht lange mit Belehrungen aufzuhalten, sondern gleich Schläge zu erteilen, wenn er irgend etwas Falsches getan hatte. Der Junge brachte in früher Kindheit seine Aufsässigkeit dadurch zum Ausdruck, daß er den Herrn des Hauses zu spielen wünschte, ein Verlangen, das bei verwöhnten, verzärtelten Einzelkindern häufig zu beobachten ist. Der Junge zeigte bereits früh einen auffälligen Hang zum Ungehorsam und nahm die Gewohnheit an, den Gehorsam zu verweigern, ehe er nicht die Hand seines Vaters zu spüren bekam.

Wenn wir hier einen Augenblick innehalten und uns die Frage stellen, welchen hervorstechenden Charakterzug der Junge mit Sicherheit annehmen wird, dann kann die Antwort nur lauten: »Lügen.« Er wird lügen, um sich vor der strafenden Hand seines Vaters zu retten. Und in der Tat ist die Mutter hauptsächlich mit der Klage, das Kind lüge, zu uns gekommen. Der Junge ist heute fünfzehn Jahre alt, und die Eltern wissen nie, ob er lügt oder die Wahrheit sagt. Als wir ein wenig tiefer bohrten, erfuhren wir, das Kind sei eine Zeitlang in einer Pfarrschule gewesen und die dortigen Lehrer hätten sich ebenfalls darüber beklagt, daß der Junge ungehorsam sei und den Unterricht störe. Zum Beispiel beantworte er eine Frage

* Eingeklammerte Titel von W. M.

mit lauter Stimme, ohne überhaupt gefragt worden zu sein, oder stelle eine Frage, nur um den Unterricht zu unterbrechen, oder spreche während der Unterrichtsstunden laut mit einem seiner Klassenkameraden. Seine Hausarbeiten fertigte er mit unleserlicher Schrift an – überdies war er Linkshänder. Sein Betragen kannte schließlich keine Grenzen mehr, und sobald er befürchtete, von seinem Vater bestraft zu werden, nahm er, wie immer auffälliger wurde, seine Zuflucht zu Lügen. Seine Eltern wollten ihn zunächst in der Schule belassen, mußten ihn jedoch nach kurzer Zeit herausnehmen, weil die Lehrer zu dem Schluß gekommen waren, daß mit dem Jungen nichts anzufangen sei.

Der Junge machte einen lebhaften Eindruck, und seine Intelligenz wurde von keinem der Lehrer bestritten. Nach Abschluß der Grundschule hatte er die Aufnahmeprüfung zur Höheren Schule zu absolvieren. Nach der Prüfung erzählte er seiner Mutter, die auf ihn gewartet hatte, er habe bestanden. Alle waren glücklich, und die Familie begab sich für die Sommerferien aufs Land. Der Junge sprach während dieser Zeit häufig über die Höhere Schule. Nach Wiedereröffnung der Höheren Schule packte der Junge seinen Schulranzen, begab sich zur Schule und kam jeden Tag zum Mittagessen nach Haus. Eines Tages jedoch ging seine Mutter ein Stück des Weges mit ihm, und als sie zusammen eine Straße überquerten, hörte sie einen Mann sagen: »Das ist ja der Junge, der mir heute morgen den Weg zum Bahnhof gezeigt hat.« Die Mutter fragte den Jungen, was der Mann gemeint habe und ob er heute morgen nicht zur Schule gegangen sei. Der Knabe gab zur Antwort, die Schule sei bereits um zehn Uhr zu Ende gewesen und dann sei er mit dem Mann zum Bahnhof gegangen. Seine Mutter gab sich mit dieser Erklärung nicht zufrieden, und später sprach sie dann mit dem Vater über die fragliche Angelegenheit. Der Vater beschloß, den Jungen am nächsten Tag zur Schule zu begleiten. Am nächsten Tag erfuhr der Vater noch auf dem Wege zur Schule auf sein bohrendes Fragen hin, daß der Junge die Aufnahmeprüfung zur Höheren Schule nicht bestanden, daß er die Schule niemals betreten hatte und die ganze Zeit auf den Straßen herumgelungert war.

Die Eltern nahmen einen Hauslehrer in Dienst, mit dessen Hilfe es dem Jungen schließlich gelang, die Prüfungen zu bestehen; doch sein Betragen besserte sich nicht. Er störte weiterhin den Unterricht, und eines Tages beging er einen Diebstahl. Er entwendete seiner Mutter eine kleinere Geldsumme, stritt es zunächst hartnäckig ab und bequemte sich erst zu einem Geständnis, als ihm mit der Polizei gedroht wurde. Anschließend wurde der Junge zu einem Fall schlimmer Vernachlässigung. Der Vater, der seinen Stolz darein gegeben hatte, seinen Sprößling gefügig zu machen, wandte sich nun von ihm ab, weil er ihn für hoffnungslos unverbesserlich hielt. Der Junge wurde fortan bestraft, indem man ihn allein ließ, nicht mit ihm sprach oder ihm keinerlei Aufmerksamkeit widmete. Seine Eltern behaupteten auch, sie schlügen ihn nicht mehr.

Auf die Frage: »Seit wann besteht Grund zur Beanstandung?« antwortete seine Mutter: »Seit seiner Geburt.« Wenn wir eine derartige Antwort erhalten, nehmen wir an, daß die Mutter damit andeuten möchte, das schlechte Betragen des Jungen sei angeboren, denn seine Eltern hätten alles getan, um ihn auf die rechte Bahn zu bringen, hätten aber mit ihren Bemühungen keinen Erfolg gehabt.

*Als Säugling war der Junge äußerst unruhig gewesen, hatte Tag und Nacht geschrien. Doch alle Ärzte hatten erklärt, er sei ganz normal und gesund.*

Das klingt einfacher, als es ist. An der Tatsache, daß Säuglinge schreien, ist nichts Bemerkenswertes. Dafür gibt es viele Gründe, vor allem in Fällen von Einzelkindern, deren Mütter noch keinerlei Vorerfahrung haben. Solche Kinder schreien für gewöhnlich, wenn sie sich eingenäßt haben, ein Umstand, dessen die Mütter nicht immer gewahr werden. Was tat seine Mutter, als er schrie? Sie nahm das Baby auf den Arm, schaukelte es und gab ihm etwas zu trinken. Sie hätte besser den wahren Grund seines Schreiens herausfinden sollen, hätte für sein Wohlbefinden sorgen und ihm anschließend keine weitere Aufmerksamkeit widmen sollen. Das Kind hätte dann mit dem Schreien aufgehört und hätte heute nicht diesen schwarzen Fleck in seiner Vergangenheit.

Seine Mutter erklärte, er habe ohne Schwierigkeit im üblichen Alter sprechen und gehen gelernt und seine Zähne hätten sich ganz normal entwickelt. Der Junge hatte die Gewohnheit, seine Spielsachen nach kurzer Zeit zu zerstören. Solche nicht selten zu bemerkenden Äußerungen müssen nicht unbedingt auf einen schlechten Charakter hindeuten. Bemerkenswert ist der Satz: »Es war nicht möglich, ihn dazu zu bringen, sich für längere Zeit mit einer Sache zu beschäftigen.« Wir müssen hier die Frage aufwerfen, wie eine Mutter ein Kind trainieren sollte, allein zu spielen. Das läßt sich nur auf eine Weise erreichen. Dem Kind muß gestattet sein, sich ohne beständige Unterbrechung durch Erwachsene zu beschäftigen. Wir haben den Verdacht, daß die besagte Mutter dies nicht tat, und verschiedene Bemerkungen lassen den Verdacht begründet erscheinen, daß der Junge beispielsweise viel Arbeit bereitete, daß er sich ständig an sie anklammerte usw. Hier haben wir die ersten Versuche des Kindes vor uns, die Mutter zu bewegen, ihn zu verzärteln, gleichsam die ältesten Eintragungen im Buch seiner Seele.

*Das Kind wurde nie allein gelassen.*

Dies sagte die Mutter offensichtlich zur Selbstverteidigung.

*Er war niemals allein, und selbst bis auf den heutigen Tag mag er nicht allein gelassen werden, nicht einmal für eine Stunde. Auch abends ist er nie allein, ja selbst während der Nachtstunden ist er niemals allein gelassen worden.*

Hier haben wir den Beweis dafür, wie eng die Bindung des Kindes an seine Mutter ist und daß er sich stets an sie anlehnen konnte.

*Er hat niemals Angst gehabt, und er kennt auch heutzutage keine Furcht.*

Diese Äußerung widerspricht dem psychologischen common sense, denn sie stimmt nicht mit den Ergebnissen unserer Beobachtungen überein. Doch eine eingehendere Überprüfung der Tatsachen liefert uns die Erklärung. Der Junge ist nie allein gelassen worden, also gab es für ihn überhaupt keine Notwendigkeit, Angst zu empfinden, denn für solche Kinder ist Furcht ein Mittel, das sie einsetzen, um andere zu zwingen, bei ihnen zu bleiben. Mithin bestand für den Jungen gar kein Anlaß zur Furcht, zu einer Empfindung, die sich freilich sofort eingestellt hätte, wenn er allein gelassen worden wäre. Als nächstes kommen wir zu einem weiteren scheinbaren Widerspruch.

*Er hatte große Angst vor dem Rohrstock seines Vaters. Also hatte er doch Angst? Er vergaß die Tracht Prügel in ganz kurzer Zeit und war schnell wieder vergnügt, auch wenn er bisweilen heftig geschlagen wurde.*

Hier erkennen wir einen unglückseligen Gegensatz: die Mutter nachgiebig, gewährend, und der Vater streng, von dem Wunsch beherrscht, die Milde der Mutter auszugleichen. Und das Kind wird durch die Härte und Schroffheit des Vaters mehr und mehr in die Richtung der Mutter getrieben. Das heißt, es wendet sich der Person zu, die es verzärtelt, hält sich an die Person, von der es alles mühelos und wohlfeil bekommen kann.

Mit sechs Jahren wurde der Junge in der Pfarrschule der Aufsicht der Geistlichen unterstellt, und von diesem Zeitpunkt an wurden Klagen über seine Lebhaftigkeit, seine Unruhe und seine Unaufmerksamkeit laut. Sein Betragen wurde weit häufiger beanstandet als seine Schulleistung. Am auffälligsten war seine Unruhe. Wenn ein Kind Aufmerksamkeit auf sich ziehen möchte, welche bessere Methode kann es wählen, als unruhig zu sein? Das Kind wollte bemerkt werden. Es hatte sich zur Gewohnheit gemacht, die Aufmerksamkeit seiner Mutter auf sich zu ziehen, und nun will es in größerem Rahmen die Aufmerksamkeit der neuen Mitglieder der größeren

Schulgruppe auf sich lenken. Versteht der Lehrer die Absicht des Kindes nicht, dann sucht er das Betragen des Kindes dadurch zu bessern, daß er es namentlich aufruft, um es auszuschelten oder ihm einen Verweis zu erteilen, und dann ist der Junge dort, wo er sein möchte. Für die Aufmerksamkeit, die er sich sichert, zahlt er einen hohen Preis, doch daran ist er gewöhnt. Zuhause erhielt er genug Schläge und änderte sich nicht. Dürfen wir erwarten, daß er durch die milderen Strafformen, die der Schule eingeräumt werden, von seinem alten Weg abgebracht wird? Das ist höchst unwahrscheinlich. Als er einwilligte, zur Schule zu gehen, wollte er als Gegenleistung im Mittelpunkt der Aufmerksamkeit stehen.

Seine Eltern suchten sein Verhalten dadurch zu bessern, daß sie ihn nachdrücklich darauf hinwiesen, zum Besten der ganzen Klasse sei es einfach erforderlich, daß jeder sich ruhig verhalte. Angesichts derartiger überholter Ermahnungen kann man Zweifel an dem common sense der Eltern hegen. Der Junge weiß so gut wie die Erwachsenen, was richtig und was falsch ist. Er ist jedoch viel zu sehr mit einem anderen Problem beschäftigt. Er möchte bemerkt werden, und dadurch, daß er sich ruhig verhält, kann er in der Schule keinerlei Aufmerksamkeit erregen. Es ist auch nicht leicht, durch Fleiß und harte Arbeit Aufmerksamkeit zu gewinnen. Das Verhalten des Jungen gibt uns kein Rätsel auf, wenn uns erst einmal die Aufgabe deutlich geworden ist, die er sich gestellt hat. Es liegt auf der Hand, daß der Junge für eine Weile ruhig ist, wenn sein Vater mit dem Rohrstock daherkommt. Doch nach den Worten der Mutter fängt der Junge sogleich wieder von vorn an, sobald der Vater fortgegangen ist. Er betrachtet die Schläge und die Bestrafungen lediglich als kurze Unterbrechungen, die seinen Vormarsch zwar zeitweilig behindern, aber keinesfalls eine dauerhafte Änderung herbeiführen können.
*Sein Temperament durchbricht ständig jegliche Einschränkung.*

Kinder, die Aufmerksamkeit auf sich ziehen wollen, müssen dazu offensichtlich Temperament einsetzen. Was man gemeinhin Temperament nennt, ist, wie wir wissen, nichts anderes als ein Rhythmus, in dem jemand günstigerweise seine Aufgaben erledigt, sowie eine zielbestimmte Bewegungsart. Wenn beispielsweise jemand ruhig auf dem Sofa liegen möchte, dann braucht er kein derartiges Temperament zu entwickeln. Dieses Temperament ist ein verdächtiges Zeichen dafür, was jemand im Sinn hat – in unserem Fall dafür, daß der Junge auffallen, sich ins Licht setzen will.

*Er machte sich zur Gewohnheit, von daheim alle möglichen Dinge mit in die Schule zu nehmen, sie gegen Geld einzutauschen und seine Kameraden mit dem Erlös zu bewirten und zu unterhalten. Als seine Eltern dies entdeckten, untersuchten sie ihn jeden Tag vor dem Schulweg. Schließlich gab er dieses Treiben auf und beschränkte sich darauf, den Spaßvogel zu spielen und den Unterricht zu stören. Diese Änderung war nur durch harte Bestrafung seitens des Vaters zu erzielen.*

Wir verstehen, warum er den Spaßvogel spielte; das gehörte zu seinem Wunsch, andere auf sich aufmerksam zu machen, den Lehrer zu zwingen, ihn zu bestrafen, und sich über die Schulordnung zu erheben.

*Seine Versuche, für Störungen des Unterrichts zu sorgen, ließen allmählich nach, setzten jedoch in regelmäßigen Abständen mit voller Stärke wieder ein und führten schließlich dazu, daß er von der Schule verwiesen wurde.*

Hier bestätigt sich, was wir vorher gesagt haben. Der Junge, der sich angestrengt darum bemühte, von anderen anerkannt und beachtet zu werden, stieß natürlich auf Hindernisse und bemerkte sie auch. Wenn wir außerdem bedenken, daß er Linkshänder war, dann gewinnen wir weitere Einsicht in seine Seele. Wir können folgern, daß er trotz seines Wunsches, Schwierigkeiten zu meiden, es ständig so einrichtete, daß ihm Schwierigkeiten widerfuhren, und anschließend mangelte es ihm an Zutrauen, sie zu meistern. Doch je weniger Zutrauen er zu sich selbst hatte, desto mehr wünschte er zu zeigen, daß er Aufmerksamkeit verdiene. Er ließ nicht eher davon ab, Unfug zu treiben, als bis die Schule sein Betragen nicht länger dulden konnte und ihn vom Unterricht aussperrte. Wenn man sich auf den zu rechtfertigenden Standpunkt stellt, daß die Schule es nicht dulden kann, daß ein Übeltäter die Arbeit aller anderen Schüler stört, dann bleibt nichts anderes übrig, als den betreffenden Übeltäter von der Schule zu verweisen. Wenn wir jedoch der Meinung sind, das Erziehungsziel müsse darin bestehen, Fehler und Unzulänglichkeiten zu korrigieren, dann ist Schulverweis nicht die richtige Methode. Für den Jungen ist es so leichter, die Beachtung seiner Mutter zu gewinnen, und überdies braucht er sich in der Schule nicht weiter anzustrengen.

An dieser Stelle ist anzufügen, daß der Junge auf den Ratschlag eines Lehrers hin während der Schulferien in ein Heim geschickt wurde. Hier stand er unter noch strengerer Aufsicht als in der Schule, und auch dieses Experiment war ein Fehlschlag. Seine Eltern waren freilich weiterhin diejenigen, die ihn in erster Linie beaufsichtigten. Jeden Sonntag reiste das Kind heim – was ihm sehr gefiel. Dennoch schmollte er nicht, wenn ihm nicht gestattet wurde, nach Hause zu fahren. Das ist durchaus verständlich, denn er wollte den großen Mann spielen und von den anderen als solcher angesehen werden. Er machte kein Aufhebens von einer Tracht Prügel, verkniff sich das Weinen und versagte sich jedes unmännliche Verhalten, gleichgültig, wie unangenehm sich die Dinge für ihn gestalteten.

*Seine Schulzeugnisse waren niemals sonderlich schlecht; er hatte zuhause stets Privatunterricht.*

Daraus schließen wir, daß er nicht unabhängig war. Der Lehrer erklärte den Eltern, der Junge könnte viel besser lernen, wenn er nur ein wenig ruhiger wäre. Wir sind der Überzeugung, daß der Junge lernen kann, denn alle Kinder, abgesehen von den schwachsinnigen, können lernen.

*Er hat kein Zeichentalent.*

Das ist wichtig, denn aufgrund dieser Äußerung läßt sich mutmaßen, daß der Junge die Ungeschicklichkeit seiner rechten Hand noch nicht vollständig überwunden hat.

*Er ist einer der besten im Sportunterricht; das Schwimmen lernte er ganz schnell, und er hat keine Angst vor Gefahren.*

Daran läßt sich erkennen, daß der Junge noch nicht völlig entmutigt ist, sondern daß er seinen Mut an unwichtige Dinge gibt – an solche Dinge, die ihm leichtfallen und bei denen er seines Erfolges sicher sein kann.

*Schüchternheit ist ihm fremd, und er erzählt jedem, was er denkt, mag es der Hausmeister oder der Schuldirektor sein, erzählt es trotz der Tatsache, daß er immer wieder angehalten worden ist, nicht voreilig zu sein.*

Wir wissen bereits, daß er nicht Obacht gibt, wenn ihm verboten wird, dies oder jenes zu tun, und infolgedessen können wir in seinem Mangel an Schüchternheit keinen Beweis für Mut sehen. Wir wissen, daß viele Kinder sich sehr wohl der Distanz bewußt sind, die zwischen ihnen und den Lehrern sowie den Angehörigen der Schulverwaltung liegt. Unser Junge, der keinerlei Angst davor hat, von seinem Vater verprügelt zu werden, hat naturgemäß auch keine Angst vor dem Direktor und ergeht sich in unverschämten Reden, um sich wichtig zu machen, und auf diese Weise erreicht er tatsächlich sein Ziel.

*Er ist sich seines Geschlechts nicht ganz sicher, erklärt jedoch häufig, daß er kein Mädchen sein möchte.*

Es fehlen endgültige Hinweise darüber, welche Meinung der Junge von seinem eigenen Geschlecht hat, doch bei derart boshaften Charakteren finden wir stets die Tendenz, Mädchen zu entwerten. Aus der Entwertung von Mädchen leiten sie das Gefühl eigener Überlegenheit ab.

*Er hat keine wahren Freunde.*

Das ist nur zu verständlich, da andere Kinder nicht immer Lust verspüren, ihm die Führerrolle zu überlassen.

*Seine Eltern haben ihn über geschlechtliche Dinge noch nicht aufgeklärt. Sein Verhalten ist stets Ausdruck eines Verlan-*

*gens zu herrschen.*
Er selbst kennt die Tatsachen, die wir mit so großer Mühe über ihn zusammentragen müssen. Das heißt, er weiß sehr wohl, was er möchte, doch ganz ohne Frage ist ihm der Zusammenhang zwischen seinem unbewußten Ziel und seinem Verhalten unbekannt. Er kennt weder Ausmaß noch Ursprung seines starken Hanges zu herrschen. Er möchte herrschen, weil er seinen Vater herrschen sieht, und je mehr er herrschen möchte, desto schwächer wird er in Wirklichkeit, denn er muß sich auf andere stützen, ist von ihnen abhängig; während sein Vater, den er als Vorbild genommen hat, in selbständiger Weise herrscht. Mit anderen Worten, sein Ehrgeiz nährt seine Schwäche.
*Er möchte stets Ärger stiften, selbst bei jenen, die stärker sind als er.*
Diese stärkeren Menschen sind jedoch schwächer, weil sie ihre Pflichten ernster nehmen. Der Junge hat nur dann Vertrauen zu sich, wenn er unverschämt sein kann. Am Ende wird es keine leichte Aufgabe sein, ihm seine Unverschämtheit auszutreiben, denn er hat kein Zutrauen in seine Fähigkeit, etwas zu lernen, und muß sich folglich hinter seiner Unverschämtheit und Dreistigkeit verbergen.
*Er ist nicht selbstsüchtig, sondern freigebig.*
Wenn man dies als Zeichen von Gutartigkeit aufzufassen hat, dann dürfte es schwierig sein, eine Verbindung mit seinem übrigen Charakter herzustellen. Es ist uns bekannt, daß man Überlegenheit dadurch zeigen kann, daß man sich großzügig gibt. Von Wichtigkeit ist, zu erkennen, wie dieser Charakterzug mit der Machtgier übereinstimmt. Großzügigkeit und Freigebigkeit empfindet der Junge als persönliche Erhöhung. Den Trick, damit anzugeben, daß man großzügig ist, hat er wahrscheinlich von seinem Vater gelernt.
*Er stellt noch immer eine Menge Unfug an. In erster Linie hat er Angst vor seinem Vater, dann vor seiner Mutter. Er ist bereit, zu jeder Stunde aufzustehen, und er ist nicht sonderlich eitel oder eingebildet.*
Das letztere betrifft die äußere Eitelkeit, denn seine innere Eitelkeit ist außergewöhnlich groß.
*Seine alte Gewohnheit, in der Nase zu bohren, hat er aufgegeben. Er ist ein eigensinniges Kind, wählerisch beim Essen, er mag kein Gemüse und kein Fett. Er ist nicht ganz und gar ungesellig, doch er bevorzugt Kinder, mit denen er alles anstellen kann, und er mag Tiere und Blumen.*
Hinter der Tierbliebe steht immer ein Überlegenheitsstreben, ein Hang zu herrschen, Herrschsucht. Eine solche Liebe ist keineswegs verwerflich, denn sie strebt nach der Einheit mit allen irdischen Dingen. Mit Kindern wie dem hier beschriebenen

verhält es sich jedoch so, daß ihre Tierliebe das Verlangen ausdrückt zu herrschen und daß sie stets die Tendenz verrät, der Mutter etwas aufzubürden, um das sie sich auch noch kümmern muß.

*Er ließ einen starken Wunsch nach Führerschaft erkennen, natürlich nicht nach intellektueller Führerschaft. Er zeigte eine Tendenz, Dinge zu sammeln, besaß jedoch nicht genügend Geduld, und so wurde keine Sammlung je vollständig.*

Die Tragödie solcher Menschen besteht in der Tatsache, daß sie alles unvollendet lassen, weil sie Angst davor haben, für ein abgeschlossenes Ergebnis verantwortlich zu sein.

*Im großen und ganzen hat sich seit seinem zehnten Lebensjahr sein Verhalten gebessert. Zuvor war es nicht möglich, ihn im Haus zu halten, denn er wollte auf den Straßen immer den Helden spielen. Seine Besserung hat große Mühe gekostet.*

Ihn an das Haus mit seinen begrenzten Bewegungsmöglichkeiten zu ketten, erwies sich in Wahrheit als der beste Weg zur Befriedigung seines Wunsches nach Selbstbestätigung. Was Wunder, daß er innerhalb dieser engen Grenzen noch mehr Unfug anstellte. Man hätte ihn bei richtiger Aufsicht auf die Straße gehen lassen sollen.

*Wenn er nach Hause kam, machte er sich an seine Schularbeiten, zeigte keinerlei Verlangen, das Haus zu verlassen, fand jedoch Mittel und Wege, seine Zeit zu vertrödeln.*

Wir können immer damit rechnen, daß ein Kind Zerstreuung sucht und seine Zeit verschwendet, wenn es auf einen derart engen Raum beschränkt wird, daß es stets unter Aufsicht arbeiten muß. Es muß Gelegenheit zur Aktivität erhalten, sich anderen Kindern anzuschließen, damit es in die Lage versetzt wird, unter seinen Spielkameraden eine Rolle zu spielen.

*Für gewöhnlich ging er gern zur Schule.*

Das läßt vermuten, daß sein Lehrer nicht streng zu ihm war. Auf diese Weise fiel es ihm leicht, die Rolle eines Helden zu spielen.

*Ihm gingen ständig Schulbücher verloren. Er hatte keinerlei Angst vor Prüfungen, glaubte stets, daß er alles hervorragend meistern könne.*

Hier haben wir es mit einem ziemlich häufigen Charakterzug zu tun. Wenn eine bestimmte Person unter allen Umständen optimistisch ist, dann gibt sie damit kund, daß sie nicht an sich selbst glaubt. Solche Menschen sind ganz sicher pessimistisch, doch es gelingt ihnen, der Logik Gewalt anzutun, indem sie in einer Traumwelt Zuflucht suchen, wo ihnen alles und jedes zufällt; sie lassen keinerlei Überraschung erkennen, wenn sie mit einer Niederlage konfrontiert werden. Sie werden beherrscht von einem Gefühl des Auserwähltseins, das es ihnen ermöglicht, optimistisch zu erscheinen.

*Er leidet unter einem starken Mangel an Konzentrationsfähigkeit. Einige Lehrer mögen ihn, anderen ist er höchst zuwider.*
Auf jeden Fall scheint es so zu sein, daß die milderen, gutmütigeren Lehrer ihn mögen, Lehrer, die Gefallen an seinen Manieren finden. Wie vielen verwöhnten Kindern fehlt es ihm entweder an der Neigung oder an der Gewöhnung, sich zu konzentrieren. Bis zum Alter von sechs Jahren verspürte er keinerlei Bedürfnis und Notwendigkeit dazu, da seine Mutter für alles Sorge trug. Alles im Leben wurde für ihn vorbereitet, so als wäre er in einen Käfig eingesperrt worden. Sein Mangel an Vorbereitung machte sich bemerkbar, sobald er vor die ersten Schwierigkeiten gestellt wurde. Er hatte sich keinerlei Mittel angeeignet, die es ihm ermöglicht hätten, die Schwierigkeiten zu meistern, die bei der Begegnung mit anderen auftreten, und außerdem hatte er an anderen auch kein so starkes Interesse, als daß er sich mit ihnen hätte gemeinsam betätigen können und wollen. Er hatte weder den Wunsch noch das Selbstvertrauen, das erforderlich ist, um irgend etwas in eigener Unabhängigkeit zu Ende zu bringen. Er verspürte lediglich den Wunsch, Geltung und Berühmtheit zu erlangen – ohne jegliche Mühe an die Spitze vorzurücken. Doch es gelang ihm nicht, den Frieden der Schule zu stören, es gelang ihm auch nicht, Aufmerksamkeit auf sich zu ziehen, und das verdüsterte seinen Charakter noch mehr.
Er wünschte stets alles leicht zu nehmen, alles auf dem leichtesten Wege und mit der geringsten Mühe zu erlangen. Das war zum beherrschenden Motiv seines Lebens geworden, zu einem Motiv, das in all seinen besonderen Handlungen wie Diebstählen und Lügereien zum Ausdruck kam.
Der Fehler in der Entwicklung seines Lebensstils liegt auf der Hand. Seine Mutter hat ihm ganz gewiß einen Anreiz zur Entwicklung seines Gemeinschaftsgefühls mitgegeben, doch weder ihr noch seinem strengen Vater gelang es, die weitere Richtung dieses Gefühls zu bestimmen. Seine Sozialgefühle beschränkten sich auf die Welt der Mutter. In Gegenwart seiner Mutter fühlte er sich als Mittelpunkt der Aufmerksamkeit.
Sein Überlegenheitsstreben war mithin nicht mehr auf die nützliche Seite des Lebens gerichtet, sondern galt seiner persönlichen Eitelkeit. Um ihn zur nützlichen Seite des Lebens zu geleiten, muß seine Charakterbildung von neuem einsetzen. Wir müssen sein Zutrauen gewinnen, damit er uns gern zuhört. Gleichzeitig müssen wir den Bereich seiner Sozialbeziehungen ausweiten und auf diese Weise wettmachen, was seine Mutter an ihrem einzigen Kind versäumte. Auch muß er mit seinem Vater ausgesöhnt werden. Seine Erziehung hat Schritt für Schritt zu erfolgen, bis der Junge in der Lage sein wird, den Fehler seines früheren Lebensstils genauso zu verstehen

wie wir. Wenn sein Interesse sich nicht mehr auf eine einzige Person richtet, werden seine Unabhängigkeit und sein Mut wachsen, und er wird sein Überlegenheitsstreben zur nützlichen Seite des Lebens ausrichten.

II [Ein 10jähriger Schulversager]

Hierbei handelt es sich um den Fall eines zehnjährigen Knaben.
*Die Schule beklagt sich darüber, daß er nur schwache Leistungen erbringt und um drei Klassen zurückliegt.*
Zehn Jahre alt und drei Klassen zurück – da könnte man durchaus den Verdacht haben, daß der Junge schwachsinnig ist.
*Er ist nun in der Klasse 3b. Sein Intelligenzquotient beträgt 101.*
Mithin kann er nicht schwachsinnig sein. Welches mag der Grund für seinen Rückstand sein? Warum stört er die Klasse? Bei ihm läßt sich ein gewisses Streben, eine gewisse Funktionslust erkennen, doch es gilt alles der unnützlichen Seite des Lebens. Er möchte schöpferisch sein, aktiv, der Mittelpunkt der Aufmerksamkeit, allerdings in der falschen Weise. Wir erkennen auch, daß er die Schule bekämpft. Er ist ein Kämpfer, ein Feind der Schule, und von daher ist auch verständlich, warum er zurück ist; der Schulalltag mit seinem Trott ist für einen solchen Kämpfer nur schwer erträglich.
*Befehlen gehorcht er nur widerwillig.*
Das ist ganz offenkundig. Er geht intelligent vor, das heißt, in seinem Wahnsinn liegt Methode. Wenn er ein Kämpfer ist, dann muß er sich Befehlen widersetzen.
*Er kämpft mit anderen Jungen; er bringt Spielzeug mit in die Schule.*
Er möchte seine eigene Schule aufmachen.
*Er ist schlecht im mündlichen Rechnen.*
Das bedeutet, daß es ihm an Sozialgesinnung und der damit einhergehenden sozialen Logik fehlt (siehe Kapitel 7).
*Er hat einen Sprachfehler und geht einmal die Woche zu einer Sprachschule.*
Der Sprachfehler beruht nicht auf einer organischen Schwäche. Er ist vielmehr ein Symptom für einen Mangel an sozialer Bindung, der sich in gehemmter Sprechweise äußert. Sprache ist eine Haltung des Miteinanderseins – das Individuum muß mit anderen Personen Verbindungen herstellen. Wie die Dinge liegen, setzt der Junge seinen Sprechfehler als Waffe ein, als Gerät seiner Kampfbereitschaft. Wir dürfen uns nicht wundern, daß er nicht darauf erpicht ist, seinem Sprachfehler ab-

zuhelfen, denn Heilung bedeuet für ihn, daß er auf eine Waffe verzichten muß, mit der er Aufmerksamkeit erregt.

*Wenn sein Lehrer mit ihm spricht, dann bewegt er seinen Körper von einer Seite zur andern.*

Das erweckt den Eindruck, als bereite er sich auf einen Angriff vor. Er empfindet keinerlei Freude daran, wenn der Lehrer mit ihm spricht, da er nicht im Mittelpunkt der Aufmerksamkeit steht. Der Lehrer ist der Eroberer, wenn er spricht und er zuzuhören hat.

*Die Mutter* (um genau zu sein, die Stiefmutter, denn seine Mutter starb, als er noch ein Kleinkind war) *beklagt sich lediglich darüber, daß er nervös sei.*

Hinter diesem mysteriösen Gedanken der Nervosität verbirgt sich eine Vielfalt von Verstößen.

*Er wurde von zwei Großmüttern aufgezogen.*

Eine Großmutter ist schon schlimm genug, denn wir wissen, daß Großmütter die Kinder für gewöhnlich in erschreckendem Maße verzärteln. Es verlohnt sich, darüber nachzudenken, warum sie das tun. Verantwortlich dafür ist ein Mißstand unserer Kultur, in der ältere Menschen keinen Platz haben. Sie lehnen sich gegen diese Behandlung auf und möchten, daß man sich ihnen gegenüber richtig verhält – womit sie vollkommen recht haben. Die Großmutter möchte die Wichtigkeit ihrer Existenz unter Beweis stellen und sie tut dies, indem sie die Kinder verzärtelt und sie dazu bringt, sich an sie zu klammern. Auf diese Weise macht sie ihr Recht geltend, als Persönlichkeit anerkannt zu werden.

Wenn man davon hört, daß sich zwei Großmütter um ein Kind kümmern, dann kann man sich gut vorstellen, welch schrecklichen Konkurrenzkampf sie ausfechten. Die eine möchte beweisen, daß die Kinder sie mehr mögen als die andere. Natürlich befindet sich das Kind bei einem derartigen Wettstreit um seine Gunst in einer Art Paradies, in dem es alles bekommt, was sein Herz begehrt. Es braucht nur zu erklären: »Die andere Großmutter hat mir dies gegeben«, und schon wird die Angesprochene sich bemühen, ihre Rivalin auszustechen. Zuhause ist ein solches Kind der Mittelpunkt der Aufmerksamkeit, und wir können verfolgen, wie es diese Aufmerksamkeit zu seinem Ziel erwählt. In unserem Fall geht das Kind bereits zur Schule, und dort gibt es keine zwei Großmütter, sondern nur einen Lehrer und viele Kinder. Nur durch kämpferischen Einsatz kann es hier in den Mittelpunkt der Aufmerksamkeit vorrücken.

*Während des Zusammenlebens mit den Großmüttern bekam er in der Schule keine guten Noten.*

Die Schule war für ihn nicht der rechte Ort. Er war darauf nicht vorbereitet. Die Schule war für ihn ein Test seiner Fähigkeit zur Mitarbeit, ein Test, auf den er nicht trainiert worden war. Eine Mutter kann diese Fähigkeit zur Mitarbeit am besten fördern.

*Der Vater ging vor anderthalb Jahren eine neue Ehe ein, und das Kind lebt nun mit Vater und Stiefmutter zusammen.*

Wie sich von selbst versteht, haben wir es hier mit einer schwierigen Lage zu tun. Wenn eine Stiefmutter oder ein Stiefvater die Szene betritt, dann fangen Unannehmlichkeiten an oder die bereits vorhandenen verschlimmern sich noch. Das Problem der Stiefeltern hat eine lange Tradition, und bislang ist es noch nicht gelöst worden; besonders die Kinder leiden darunter. Stiefmütter, selbst die besten, haben im allgemeinen Mühe und Ärger. Überflüssig zu sagen, daß das Problem der Stiefeltern nicht zu beseitigen, letztlich unlösbar ist, sondern nur in einer bestimmten Weise gemildert werden kann. Stiefmütter und Stiefväter sollten Anerkennung nicht wie ein ihnen zustehendes Recht erwarten, sondern sie sollten vielmehr versuchen, ihr Bestes zu tun, um Anerkennung und Wertschätzung zu gewinnen. Mit zwei Großmüttern, die zur Verwicklung der Situation beitragen, hat die Stiefmutter mit dem Kind noch mehr Schwierigkeiten.

*Als die Stiefmutter ins Haus kam, bemühte sie sich, liebevoll und zärtlich zu sein. Sie tat alles, was in ihren Kräften stand, um den Jungen für sich zu gewinnen. Auch ein älterer Bruder stellt eine Schwierigkeit dar.*

Also ein weiterer Kämpfer in der Familie. Man bedenke die schreckliche Rivalität zwischen den beiden Brüdern, welche die allgemeine Streitsucht nur verstärken muß.

*Der Junge hat Angst vor dem Vater und gehorcht ihm, doch gegenüber seiner Mutter läßt er es an Gehorsam fehlen: daher berichtet sie dem Vater über ihn.*

Das ist nun wirklich ein Eingeständnis der Mutter, daß sie das Kind nicht erziehen kann, und so überläßt sie dem Vater die Erziehung. Wenn die Mutter dem Vater ständig erzählt, was die Kinder getan oder nicht getan haben, wenn sie ihnen mit den Worten droht: »Das werde ich eurem Vater erzählen«, dann wissen die Kinder, daß sie nicht in der Lage ist, mit ihnen umzugehen, und daß sie ihrer Erziehungsaufgabe nicht mehr nachkommt. So suchen sie nach Gelegenheit, sie herumzukommandieren. Eine Mutter, die so spricht und handelt, bringt damit ihren Minderwertigkeitskomplex zum Ausdruck.

*Mutter nimmt ihn mit in Läden und kauft ihm etwas, wenn er verspricht, sich brav zu verhalten.*

Die Mutter befindet sich in einer schwierigen Lage. Warum? Weil sie im Schatten der Großmutter steht, denn die Kinder halten die Großmutter für wichtiger.

*Die Großmutter sieht ihn nur gelegentlich.*

Für jemand, der nur für wenige Stunden vorbeischaut, um mit den Kindern zu spielen und der Mutter all die Aufregung und den Ärger zu überlassen, ist es eine Kleinigkeit, auf die Kinder Eindruck zu machen.

*In der Familie scheint es niemanden zu geben, der das Kind wirklich liebt.*

Es sieht so aus, als wenn sie ihn nicht mehr mögen. Selbst die Großmutter kann ihn nicht mehr leiden, nachdem sie ihn durch Verzärteln verwöhnt hat.

*Der Vater schlägt ihn.*

Die Schläge ändern freilich nichts. Das Kind mag Lob, und wenn es gelobt wird, dann ist es stets völlig zufrieden. Doch es weiß nicht, daß es nur Lob bekommen kann, wenn es sich richtig verhält. Der Junge zieht es vor, von seinem Lehrer Lob zu fordern, ohne es verdient zu haben.

*Er arbeitet besser, wenn er gelobt wird.*

Das ist natürlich der Fall bei allen Kindern, die im Mittelpunkt der Aufmerksamkeit stehen wollen.

*Die Lehrer mögen ihn nicht, weil er mürrisch und träge ist.*

Das ist das beste Mittel, das er einsetzen kann, denn er ist schließlich ein Kämpfer.

*Das Kind leidet unter Bettnässen.*

Auch das ist ein Ausdruck seines Hanges, im Mittelpunkt der Aufmerksamkeit zu stehen. Er kämpft nicht geradezu, sondern auf Umwegen. Wie kann sich solch ein Kind mit seiner Mutter auf indirekte Weise auseinandersetzen? Indem es sich im Bett einnäßt und die Mutter dazu zwingt, mitten in der Nacht aufzustehen; durch nächtliches Weinen und Schreien; indem es im Bett liest, statt sich schlafen zu legen; durch widerwilliges Aufstehen am Morgen; durch schlechte Eßgewohnheiten. Kurz, er hat stets einige Mittel an der Hand, um seine Mutter dazu zu bringen, sich mit ihm zu beschäftigen, und zwar sowohl tagsüber wie in der Nacht. Bettnässen und Sprachfehler – mit diesen beiden Waffen bekämpft er seine Umwelt.

*Die Mutter hat versucht, ihn von seinem gewohnheitsmäßigen Bettnässen abzubringen, indem sie ihn mehrere Male in der Nacht aufweckte.*

Die Mutter war also mehrmals in der Nacht bei ihm. Folglich erreicht er auch auf diese Weise sein Ziel.

*Kinder sind nicht sonderlich angetan von dem Jungen, weil er sie herumkommandieren möchte. Einige schwächere Kinder versuchen es ihm nachzutun.*

Er ist ein schwacher, entmutigter Junge, der gar nicht den Wunsch verspürt, auf mutige Weise voranzukommen. Die schwachen Kinder in der Schule ahmen ihn gern nach, weil dies genau der richtige Weg für schwache Kinder ist, Aufmerksamkeit auf sich zu lenken.

*Auf der anderen Seite ist er nicht wirklich unbeliebt, und »die anderen Kinder sind froh bei dem Gedanken, daß er sich gebessert haben könnte, falls seine Arbeit wieder einmal als die beste ausgewählt wurde«.*
Die Kinder sind froh, wenn er sich bessert. Das ist auch ein sehr guter Hinweis auf die Tätigkeit des Lehrers, der es wirklich versteht, in den Kindern den Geist der Zusammenarbeit zum Leben zu erwecken.
*Der Junge spielt mit anderen Kindern gern Ball auf den Straßen.*
Er hat Beziehungen zu anderen, wenn er sicher sein kann, Erfolg zu haben und zu gewinnen.
Der Fall wurde mit der Mutter erörtert, und wir haben ihr erklärt, daß sie sich mit dem Kind und den beiden Großmüttern in einer äußerst schwierigen Lage befindet. Auch wurde ihr erklärt, daß der Junge eifersüchtig sei und ständig Angst davor habe, im Stich gelassen zu werden. Während des Gesprächs sprach der Junge kein einziges Wort, obwohl wir ihm gesagt hatten, daß wir alle in der Beratungsstelle seine Freunde seien. Sprechen bedeutet für diesen Jungen Zusammenarbeit. Er möchte aber kämpfen, sich im Kampf behaupten, und so enthält er sich des Sprechens. Dabei handelt es sich um den gleichen Mangel an Gemeinschaftsgefühl, der sich, wie wir sahen, in seiner Weigerung äußert, etwas gegen seinen Sprachfehler zu tun.
Es mag erstaunlich sein, doch es ist eine Tatsache, daß wir sehr häufig auf Erwachsene treffen, die sich im Sozialleben auf diese Weise verhalten – die einen Kampf austragen, indem sie nicht sprechen. Es gab einmal ein Ehepaar, das in einem heftigen Streit miteinander lag. Der Ehemann schrie sehr laut und meinte dann zu seiner Frau: »Siehst du, nun bist du still!« Sie antwortete: »Ich bin nicht still, sondern ich spreche nur nicht!« Auch der Junge in unserem Fall »spricht nur nicht«. Nach Beendigung der Aussprache wurde ihm gesagt, er könne nun gehen, doch er schien nicht zu wollen. Er war aufgebracht. Wir sagten ihm, das Gespräch sei zu Ende, doch er ging nicht fort. Er solle in der nächsten Woche mit seinem Vater wiederkommen, wurde ihm gesagt.
Unterdessen erklärten wir ihm: »Du hast ganz recht getan, nicht zu sprechen, denn du möchtest ja immer das Gegenteil tun. Wenn dir gesagt wird, du sollst sprechen, dann bist du still, doch wenn du in der Schule still sein sollst, dann störst du den Unterricht durch Reden. Du glaubst, auf diese Art und Weise seist du ein Held. Wenn wir dir sagten: ›Rede überhaupt nicht!‹, dann würdest du sprechen. Wir brauchten dich nur anzuführen und das Gegenteil fordern von dem, was wir möchten.«

Offensichtlich kann das Kind zum Sprechen bewegt werden, da es darauf angewiesen ist, daß man ihm Fragen beantwortet. Auf diese Art und Weise käme es zur Zusammenarbeit durch Sprechen und Sprache. Späterhin könnte man ihm die Situation erklären und ihn von seinen Fehlern überzeugen, und auf diese Weise würde er sich schrittweise bessern.

In diesem Zusammenhang sollte man sich vergegenwärtigen, daß ein solches Kind keinerlei Ansporn verspürt, sich zu ändern, solange es sich in seiner altgewohnten Lage befindet. Die Mutter, der Vater, die Großmütter, die Lehrer, seine Spielkameraden, sie alle passen zu seinem gewohnten Lebensstil. In Bezug zu ihnen waren seine Haltungen festgelegt. Doch als er in die Beratungsstelle kam, fand er eine völlig neue Lage vor, mit der er sich auseinandersetzen mußte. Wir mußten sogar versuchen, diese Situation so neu wie möglich zu machen, zu einer in der Tat völlig neuen Umwelt. So dürfte er die Charakterzüge, die zu der alten Situation gehören, auf die er eintrainiert ist, wesentlich deutlicher offenbaren. In einem solchen Fall ist es von Vorteil, ihm zu erklären: »Du brauchst überhaupt nicht zu sprechen!« Darauf wird er sagen: »Ich will aber sprechen!« Auf diese Weise tritt niemand unmittelbar in ein Gespräch mit ihm ein, und seine Hemmungen werden gleichsam überlistet.

In der Beratungsstelle stehen die Kinder im allgemeinen vor einer großen Zuhörerschaft, und dieser Umstand übt einen starken Eindruck auf sie aus. Es ist eine neue Situation, die ihnen den Eindruck vermittelt, daß sie keineswegs nur ihrer eigenen kleinen Umwelt verhaftet sind, sondern daß auch andere für sie Interesse aufbringen und daß sie mithin Teil eines größeren Ganzen sind. All das erweckt in ihnen den Wunsch, mehr als zuvor ein Teil des Ganzen zu sein, sonderlich wenn sie aufgefordert werden, wiederzukommen. Sie wissen, was geschehen wird – man wird sie fragen, wie sie vorankommen, usw. Manche kommen einmal die Woche, andere jeden Tag, je nach Art ihres Falles. Sie werden in ihrem Verhalten gegenüber dem Lehrer trainiert. Sie wissen, daß sie nicht beschuldigt, getadelt oder kritisiert werden, sondern daß alles unbefangen, gleichsam ohne Scheuklappen, beurteilt wird. Dies macht stets Eindruck auf Menschen. Wenn ein Paar im Streit liegt und jemand ein Fenster öffnet – so wie wir –, dann hört der Streit auf, und es entsteht eine gänzlich neue Situation. Wenn ein Fenster offensteht und man sie hören kann, dann haben Menschen eine Scheu davor, ihre fehlerhaften Charakterzüge zum Ausdruck zu bringen. Das ist schon ein Schritt nach vorn, und das geschieht auch, wenn Kinder in die Beratungsstelle kommen.

III [Ein 13jähriger fällt zurück]

Dies ist der Fall eines ältesten Kindes im Alter von dreizehneinhalb Jahren.
*Mit elf Jahren hatte der Junge einen Intelligenzquotienten von 140.*
Folglich kann man ihn als ein aufgewecktes Kind bezeichnen.
*Seit seinem Eintritt in die zweite Klasse der Höheren Schule hat er nur wenig Fortschritte gemacht.*
Wir wissen aus Erfahrung, daß ein Kind, sofern es von sich glaubt, es sei gescheit, nur allzu häufig erwartet, daß ihm alles ohne jegliche eigene Mühe zufällt; die Folge ist, daß bei solchen Kindern sehr oft ein Stillstand eintritt. Wir entdecken zum Beispiel, daß solche Kinder in der Adoleszenzzeit das Gefühl haben, sie seien erheblich erwachsener, als sie in Wirklichkeit sind. Sie möchten beweisen, daß sie keine Kinder mehr sind. Je mehr sie versuchen, sich zum Ausdruck zu bringen, um so mehr begegnen ihnen die Schwierigkeiten des tatsächlichen Lebens. Dann beginnen sie daran zu zweifeln, ob sie wirklich so schlau sind, wie sie bislang von sich geglaubt haben. Es ist nicht ratsam, Kindern zu sagen, daß sie gescheit sind oder daß sie einen Intelligenzquotienten von 140 haben. Kinder sollten niemals ihren Intelligenzquotienten kennen, die Eltern genauso wenig. All dies ist eine Erklärung dafür, warum solch ein gescheites, aufgewecktes Kind später versagt. Die Situation ist voller Gefahren. Ein sehr ehrgeiziges Kind, das sich nicht sicher ist, auf dem rechten Wege Erfolg zu haben, wird nach einem falschen Weg ausschauen, um auf ihm zum Erfolg zu gelangen. Hier einige dieser falschen Wege: neurotisch werden, Selbstmord begehen, Verbrechen auf sich laden, faul und träge werden und seine Zeit vergeuden. Es gibt hundert verschiedene Alibis, deren sich Kinder bedienen, um auf einem unnützlichen Wege erfolgreich zu sein.
*Sein Lieblingsthema ist die Wissenschaft. Er hält sich an Jungen, die jünger sind als er.*
Wie wir wissen, tun sich Kinder mit jüngeren Kindern zusammen, um sich Erleichterungen zu verschaffen, um überlegen, um Führer zu sein. Es ist ein verdächtiges Zeichen, wenn Kinder sich gern mit jüngeren Kindern zusammentun, wenn dies auch nicht immer der Fall zu sein braucht – bisweilen handelt es sich um die Rolle eines Vaters. Aber damit ist stets eine gewisse Schwäche verbunden, denn der Ausdruck einer väterlichen Triebregung bedeutet gleichzeitig die Absage an das Spielen mit älteren Kindern. Diese Absage ist ein bewußter Akt.
*Er mag Fußball und Baseball.*
Wir können mithin annehmen, daß er in diesen Spielen gute

Leistungen zeigt. Wahrscheinlich werden wir erfahren, daß er in bestimmten Richtungen ganz gut ist, aber für andere Dinge kein Interesse aufbringt. Das heißt, daß er überall dort, wo er sicher ist, Erfolg zu haben, aktiv sein wird; wo er des Erfolges jedoch nicht sicher ist, lehnt er die Teilnahme ab. Natürlich ist dies nicht der richtige Weg zu handeln.

*Er spielt Karten.*

Das heißt, daß er Zeit vergeudet.

*Infolgedessen scheint er der üblichen Gepflogenheit, früh zu Bett zu gehen und seine Schularbeiten rechtzeitig zu erledigen, nicht die gebührende Beachtung zu widmen.*

Damit kommen wir zu den wirklichen Beschwerden, die alle um den selben Punkt kreisen. Er kommt beim Lernen nicht voran, und das heißt, er vertrödelt schlicht seine Zeit.

*Als Säugling entwickelte er sich nur langsam. Doch nach zwei Jahren begann er sich stürmisch zu entwickeln.*

Den Grund für die langsame Entwicklung in den beiden ersten Jahren kennen wir nicht. Wahrscheinlich wurde er verzärtelt, und nun haben wir das Ergebnis einer verzärtelten Kindheit vor uns. Mag sein, daß die langsame Entwicklung auf die Verzärtelung zurückzuführen ist. Wir sehen verzärtelte Kinder, die weder sprechen noch sich bewegen oder eine Tätigkeit ausüben wollen, weil sie sich gern auf Unterstützung verlassen, und somit erhalten sie keinen Anreiz zur Entwicklung. Für seine rasche Entwicklung läßt sich nur die eine Erklärung finden, daß in dieser Zeit ein zusätzlicher Anreiz zur Entwicklung vorhanden gewesen sein muß. Wahrscheinlich ist er infolge eines starken Anreizes zu einem aufgeweckten und intelligenten Kind geworden.

*Seine hervorragenden Eigenschaften sind Ehrlichkeit und Starrsinn.*

Uns genügt es nicht, daß er ehrlich ist. Das ist zwar durchaus erfreulich und gereicht ihm wirklich zur Ehre, doch wir wissen nicht, ob er seine Ehrlichkeit nicht dazu verwendet, andere herabzusetzen. Sie kann für ihn sehr wohl eine Möglichkeit zur Prahlerei darstellen. Wir wissen, daß er ein Mensch ist, der gern die Führung übernimmt und andere herumkommandiert, und folglich kann seine Ehrlichkeit auch ein Ausdruck seines Überlegenheitsstrebens sein. Wir sind nicht sicher, ob der Junge, befände er sich in einer ungünstigen Lage, weiterhin ehrlich wäre. Was seinen Starrsinn angeht, so stellen wir fest, daß er wirklich seinen eigenen Weg sucht, sich von anderen unterscheiden und nicht von anderen geführt sein möchte.

*Er drangsaliert und schikaniert seinen jüngeren Bruder.*

Mit dieser Äußerung bestätigt sich unser Urteil. Er möchte Führer sein, und weil sein jüngerer Bruder ihm nicht gehorcht, schikaniert er ihn. Das ist sicherlich nicht sonderlich ehrenhaft und ehrlich, und wenn man ihn wirklich kennt, wird man bemerken, daß er etwas von einem Lügner an sich hat. Er ist ein Angeber, ein Prahlhans, sein Überlegenheitsstreben ist offenkundig. Was sich bei ihm äußert, ist nun tatsächlich ein Überlegenheitskomplex, der freilich deutlich erkennen läßt, daß er im Grunde unter einem Minderwertigkeitsgefühl leidet. Er wertet sich ab, weil er von anderen überbewertet wird, und weil er sich entwertet, sucht er einen Ausgleich in Prahlerei. Es zeugt nicht von Klugheit, ein Kind allzu viel zu loben, denn dann bildet sich in ihm der Gedanke, daß von ihm zuviel erwartet wird. Wenn es feststellt, daß es nicht leicht ist, den Erwartungen zu genügen, dann fängt es an, innerlich zu beben und sich zu ängstigen, und die Folge ist, daß es sein Leben so organisiert, daß seine Schwäche nicht entdeckt wird. Darum schikaniert er auch seinen Bruder. Das ist sein Lebensstil. Er fühlt sich nicht stark und nicht zuversichtlich genug, die Lebensprobleme unabhängig und richtig zu lösen. Von daher seine Leidenschaft fürs Kartenspielen. Sobald er Karten spielt, kann niemand seine Minderwertigkeit herausfinden, selbst wenn er schlechte Schulnoten hat. Seine Eltern werden sagen, seine schlechten Noten seien auf die Tatsache zurückzuführen, daß er immer Karten spiele, und auf diese Weise kann er sich seinen Stolz und seine Eitelkeit bewahren. Allmählich erfüllt ihn der Gedanke: »Ja, das stimmt, weil ich gern Karten spiele, bin ich ein schlechter Schüler. Wenn ich das Kartenspielen sein ließe, wäre ich der beste Schüler. Doch ich spiele nun einmal Karten.« Damit gibt er sich zufrieden und hat dabei noch das angenehme Gefühl, daß er der Beste sein *könnte.* Solange der Junge die Logik seiner eigenen Psychologie nicht begreift, kann er sich etwas vorjammern und sein Minderwertigkeitsgefühl sowohl vor sich selbst wie vor anderen verbergen. Und solange ihm dies möglich ist, wird er sich nicht ändern. Folglich müssen wir ihm in freundschaftlicher Art und Weise die Ursprünge seines Charakters offenlegen und ihm zeigen, daß er in Wirklichkeit wie eine Person handelt, die sich nicht stark genug fühlt, die ihr aufgegebene Arbeit zu bewältigen. Er fühlt sich nur stark genug, sein Schwächegefühl, sein Minderwertigkeitsgefühl zu verbergen. Unsere Erklärungen sollten, wie bereits gesagt, in freundschaftlicher Weise abgegeben werden und von ständiger Ermutigung begleitet sein. Keinesfalls sollten wir ihn fortwährend loben und ihm mit seinem hohen Intelligenzquotienten winken. Wahrscheinlich hat ihn der ständige Hinweis mit der ängstlichen Besorgnis erfüllt, er werde nicht immer Erfolg haben. Wir wissen sehr wohl, daß im späteren Leben der Intelligenzquotient nicht mehr sehr wichtig ist; jeder erfahrene Experimentalpsychologe wird uns zustimmen, wenn wir behaupten, daß ein Intelligenzquotient

lediglich eine gegenwärtige Situation aufzeigt, und zwar so, wie sie sich in dem Test darstellt, und daß das Leben viel zu kompliziert ist, als daß es aus einem Test abgelesen werden könnte. Ein hoher Intelligenzquotient ist kein Beweis dafür, daß ein Kind wirklich in der Lage ist, mit all den Lebensproblemen fertigzuwerden.
Die wirkliche Schwierigkeit des Jungen bilden sein Mangel an Gemeinschaftsgefühl und sein Minderwertigkeitsgefühl. Und diese Schwierigkeit muß man ihm erklären.

## IV [Ein Fall von Verzärtelung]

Hier geht es um den Fall eines achteinhalb Jahre alten Jungen. Der Fall veranschaulicht, wie Kinder verzärtelt werden. Kriminelle und neurotische Typen kommen zur Hauptsache aus der Gruppe der verzärtelten Kinder. Die große dringende Aufgabe unserer Zeit besteht darin, mit dem Verzärteln der Kinder aufzuhören. Das bedeutet nicht, daß wir aufhören sollten, sie zu mögen und zu lieben, sondern daß wir damit aufhören müssen, sie in allem gewähren zu lassen. Wir sollten sie vielmehr wie Freunde und Gleichberechtigte behandeln. Der Fall, den wir jetzt schildern möchten, ist geeignet, ein Licht auf die Merkmale und Eigenschaften des verzärtelten Kindes zu werfen.
*Augenblickliche Schwierigkeit: er hat jede Schulklasse wiederholt und ist zur Zeit erst in der Klasse 2a.*
Bei einem Kind, das in den ersten Schuljahren Klassen wiederholen muß, kann man durchaus Schwachsinn vermuten. Bei unserer Analyse dürfen wir diese Möglichkeit nicht außer Betracht lassen. Auf der andern Seite können wir bei einem Kind, das mit guten Anfangsleistungen aufwartet und dann plötzlich versagt, Schwachsinn ausschließen.
*Er spricht wie ein Baby.*
Er möchte verzärtelt werden, und daher spricht er wie ein Baby. Das heißt, daß er eine Absicht und ein Ziel im Sinn haben muß, wenn er es als vorteilhaft ansieht, sich wie ein Säugling zu verhalten. Das Vorhandensein eines wohlüberlegten bewußten Plans in diesem Fall schließt Schwachsinn aus. Schularbeiten mag er nicht, weil er auf die Schule nicht vorbereitet worden ist. So äußert er sein Streben, indem er seine Umwelt gegen sich aufbringt und sie bekämpft, statt sich sozialen Linien entlang zu entwickeln. Der Preis für diese Einstellung auf Streit und Auseinandersetzung ist natürlich sein Zurückbleiben in jeder Schulklasse.
*Er gehorcht seinem älteren Bruder nicht und hat schwere Auseinandersetzungen mit ihm.*

Daran erkennen wir, daß der ältere Bruder für ihn ein Hindernis darstellt. Aufgrund dieses Umstandes dürfen wir vermuten, daß der ältere Bruder ein guter Schüler ist. Er kann mit seinem älteren Bruder nur durch Schlechtsein in Konkurrenz treten. Auch in seinem Traumleben stellt er sich vor, er werde seinen Bruder überholen, wenn er wieder Baby ist.

*Er konnte erst im Alter von zweiundzwanzig Monaten gehen.*

Wahrscheinlich hat er eine Rachitis durchgemacht. Wenn er bis zum zweiundzwanzigsten Lebensmonat nicht gehen konnte, dann besteht auch die Wahrscheinlichkeit, daß er ständig unter Beaufsichtigung stand und daß seine Mutter während dieser zweiundzwanzig Monate ständig um ihn war. Wir dürfen annehmen, daß die organische Schwäche für die Mutter ein Anlaß war, noch mehr auf ihn zu achten und ihn zu verzärteln.

*Er hat bereits früh gesprochen.*

Damit sind wir sicher, daß er nicht schwachsinnig ist. Schwachsinn äußert sich unverkennbar in Schwierigkeiten beim Sprechenlernen.

*Er spricht immer noch eine Art Babysprache. Der Vater ist sehr liebevoll und zärtlich.*

Auch der Vater verzärtelt ihn.

*Er zieht die Mutter vor. In der Familie sind zwei Jungen. Die Mutter erklärt, der ältere Junge sei gescheit. Zwischen den beiden Jungen kommt es häufig zu Streit und Raufereien.*

Hier handelt es sich um einen Fall von Rivalität zwischen Kindern in der Familie. Sie findet sich in den meisten Familien, vor allem zwischen den beiden ersten Kindern, doch diese Rivalität entsteht häufig auch zwischen zwei anderen Kindern, die zusammen aufwachsen. Die Psychologie dieser Situation beruht auf der Tatsache, daß das erstgeborene Kind entthront wird, sobald ein weiteres Kind auftaucht; wie wir gesehen haben (Kapitel 8), läßt sich eine derartige Situation nur vermeiden, wenn die Kinder richtig auf das Zusammenleben vorbereitet werden.

*Seine Leistungen im Rechnen lassen zu wünschen übrig.*

Rechnen bereitet dem verzärtelten Kind für gewöhnlich die größte Schwierigkeit in der Schule, denn dieses Fach erfordert eine bestimmte soziale Logik, die verzärtelten Kindern abgeht.

*Mit seinem Kopf muß irgend etwas nicht in Ordnung sein.*

Dafür haben wir keinen Beweis. Er verhält sich ziemlich intelligent.

*Mutter und Lehrer glauben, er masturbiere.*

Es ist schon möglich, daß er es tut. Die meisten Kinder masturbieren.

*Die Mutter erklärt, er habe schwarze Ringe unter den Augen.*

Aufgrund des Vorhandenseins von Ringen unter den Augen

können wir keineswegs auf die Praxis des Masturbierens schließen, auch wenn die Leute im allgemeinen diesen Verdacht hegen.

*Er ist sehr pedantisch beim Essen.*

Daran erkennen wir, daß er seine Mutter ständig beschäftigen möchte, selbst beim Essen.

*Er fürchtet sich vor der Dunkelheit.*

Furcht vor Dunkelheit ist gleichfalls ein Zeichen für verzärtelte Kindheit.

*Er interessiert sich für Musik.*

Es ist aufschlußreich, den sichtbaren Teil der Ohren eines musikalischen Menschen in Augenschein zu nehmen. Man wird feststellen, daß die Ohren musikalischer Menschen besser ausgebildete Kurven zeigen. Als wir diesen Jungen zu Gesicht bekamen, waren wir sicher, daß er ein feines, empfindsames Gehör hat. Diese Empfindsamkeit kann sich in einer Vorliebe für Harmonie äußern, und die Person, die diese Empfindsamkeit besitzt, mag eine ausgeprägtere Fähigkeit zum musikalischen Training haben als andere.

*Er singt gern, doch er hat Ohrenbeschwerden.*

Solche Menschen können unser lärmerfülltes Leben nicht gut ertragen. Unter ihnen besteht eine stärkere Tendenz zu Ohrinfektionen als unter anderen Menschen. Die Ausbildung des Gehörorgans wird vererbt, und aus diesem Grund werden sowohl musikalisches Talent und Ohrenbeschwerden von einer Generation zur nächsten weitergegeben. Unser Junge leidet unter Ohrenbeschwerden, und in seiner Familie finden sich einige hochmusikalische Personen.

Die für den Jungen richtige Behandlung sollte sich auf den Versuch gründen, ihm zu mehr Unabhängigkeit und Selbstvertrauen zu verhelfen. Zur Zeit hat er kein Selbstvertrauen, sondern glaubt vielmehr, es sei unumgänglich, daß seine Mutter sich stets mit ihm beschäftigt und ihn niemals allein läßt. Er möchte stets von seiner Mutter unterstützt werden, und Mütter sind natürlich nur allzu gern bereit, diese Unterstützung zu gewähren. Er muß jetzt die Freiheit erhalten zu tun, was er möchte – die Freiheit, Fehler zu begehen. Denn nur auf diese Weise kann er Selbstvertrauen gewinnen. Er muß lernen, auf einen Wettstreit mit seinem Bruder um die Gunst seiner Mutter zu verzichten. Zur Zeit hat jeder der beiden Brüder das Gefühl, der andere werde vorgezogen, und daher ist jeder unnötigerweise eifersüchtig auf den anderen.

Es ergibt sich vor allem die Notwendigkeit, dem Jungen ausreichenden Mut zu vermitteln, um die Probleme des Schullebens meistern zu können. Stellen wir uns nur vor, was geschehen wird, wenn er in der Schule nicht mehr mitkommt! Im Augenblick seines Bruchs mit der Schule wird er zur unnützlichen Seite des Lebens abgeglitten sein. Eines Tages wird er die Schule schwänzen, dann wird er überhaupt nicht mehr zur Schule gehen, von zuhause fortlaufen und sich einer Bande anschließen. Ein Gramm Vorbeugung wiegt ein Pfund Heilung auf; es ist besser, ihn jetzt in das Schulleben einzugewöhnen, als sich später um einen jugendlichen Delinquenten kümmern zu müssen. Die Schule ist jetzt der entscheidende Test. Zur Zeit ist er nicht darauf vorbereitet, Probleme auf soziale Art und Weise zu lösen, und infolge dessen hat er Schwierigkeiten in der Schule. Doch es ist Aufgabe der Schule, ihm neuen Mut zu geben. Natürlich hat die Schule ihre eigenen Probleme: vielleicht sind die Klassen überfüllt, und vielleicht sind die Lehrer, auf die er trifft, auf die Aufgabe der psychologischen Ermutigung nicht sonderlich gut vorbereitet. Hierin liegt die Tragödie der Umstände. Doch wenn der Junge nur einen einzigen Lehrer findet, der ihn richtig zu ermutigen und aufzumuntern weiß, dann wird er vor weiterem Schaden bewahrt.

V [ Eine 10jährige mit Lernschwierigkeiten]

Hier handelt es sich um die Fallgeschichte eines zehn Jahre alten Mädchens.

*Die Schule hat das Mädchen aufgrund von Rechen- und Rechtschreibeschwierigkeiten an die Beratungsstelle überwiesen.*

Für ein verzärteltes Kind ist Rechnen gewöhnlich ein schwieriges Unterrichtsfach. Es gibt keine Regel dafür, daß verzärtelte Kinder im Rechnen schlechte Schüler sein müssen, doch wir haben häufig die Erfahrung gemacht, daß dies zutrifft. Wie wir wissen, haben linkshändige Kinder häufig Schwierigkeiten im Rechtschreiben, denn sie sind darauf trainiert, von der rechten zur linken Seite zu schauen, und auch wenn sie lesen, dann lesen sie von rechts nach links. Sie lesen und buchstabieren korrekt, allerdings in umgekehrter Richtung. Für gewöhnlich versteht niemand, daß sie, wenn auch in umgekehrter Richtung, durchaus korrekt lesen. Man sagt lediglich, linkshändige Kinder könnten nicht lesen, behauptet schlichtweg, sie könnten weder richtig lesen noch schreiben und buchstabieren. So haben wir den Verdacht, daß das Mädchen linkshändig ist. Vielleicht gibt es auch noch einen anderen Grund dafür, daß es Schwierigkeiten beim Rechtschreiben hat. In New York, wo das Mädchen lebt, müssen wir noch die Möglichkeit berücksichtigen, daß es aus einem anderen Land stammt und daher die englische Sprache nicht richtig versteht. In Europa brauchten wir daran nicht zu denken.

*Aus der Vergangenheit ist wichtig zu vermerken, daß die Fa-*

*milie in Deutschland den größten Teil ihres Vermögens verloren hat.*
Wir wissen nicht, wann sie aus Deutschland ausgewandert sind. Das Mädchen hat wahrscheinlich einstmals gute Zeiten erlebt, die ganz plötzlich vorüber waren. Das ist stets eine neue, testähnliche Situation. In dieser neuen Situation zeigt sich, ob sie richtig in Zusammenarbeit eingeübt, ob sie sozial angepaßt und mutig ist. Es zeigt sich auch, ob sie in der Lage ist, die Last der Armut zu tragen oder nicht, das heißt mit anderen Worten, ob sie mit anderen zusammenhalten kann. Es scheint, daß sie dies nicht recht kann.
*In Deutschland war sie eine gute Schülerin; sie war acht Jahre alt, als sie Deutschland verließ.*
Das war vor zwei Jahren.
*Hier ist sie in der Schule nicht sonderlich gut mitgekommen, weil für sie die Rechtschreibung schwierig ist und Rechnen nicht in der gleichen Weise wie in Deutschland unterrichtet wird.*
Der Lehrer zieht diesen Umstand nicht immer in Betracht.
*Sie ist von der Mutter verzärtelt worden und hängt sehr an ihr. Sie hat beide Eltern gleich lieb.*
Wenn man Kindern die Frage stellt: »Wen magst du mehr, deine Mutter oder deinen Vater?« dann geben sie im allgemeinen die Antwort: »Ich habe sie beide gleich lieb.« Ihnen ist beigebracht worden, auf diese Frage eine solche Antwort zu geben. Es gibt viele Möglichkeiten, zu prüfen, ob diese Antwort der Wahrheit entspricht. Als gute Möglichkeit hat sich erwiesen, das Kind zwischen die beiden Eltern zu stellen, denn wenn wir zu den Eltern sprechen, dann wird sich das Kind in Richtung des Elternteils bewegen, an dem es am meisten hängt. Den gleichen Vorgang erleben wir, wenn die Eltern sich in einem Raum befinden und das Kind eintritt. Auch in diesem Fall wird es zu dem Elternteil gehen, zu dem es die engste Bindung hat.
*Sie hat einige Freundinnen in ihrem Alter, allerdings nicht sehr viele. Ihre frühesten Erinnerungen: Mit acht Jahren lebte sie mit ihren Eltern auf dem Lande und spielte häufig mit einem Hund auf dem Rasen. Zu jener Zeit hatten sie auch eine Kutsche.*
Sie erinnert sich an den Reichtum der Familie, an den Rasen, an den Hund, an die Kutsche. Das ist das gleiche wie bei einem Mann, der vormals reich war und ständig an die Tage zurückdenkt, da er einen Wagen besaß, Pferde, ein prächtiges Haus, Diener hielt usw. Wir können verstehen, daß das Mädchen sich unzufrieden fühlt.
*Sie träumt von Weihnachten und von den Geschenken, die der Nikolaus ihr bringen wird.*

In ihrem Traumleben kommt die gleiche Anschauung zum Ausdruck wie in ihrem Wachleben. Sie möchte immer mehr haben, weil sie das Gefühl hat, beraubt worden zu sein, und wiederhaben möchte, was sie in der Vergangenheit besaß.
*Sie lehnt sich an die Mutter an.*
Das ist ein Zeichen für ihre Entmutigung und für ihre Schulschwierigkeiten. Es wurde ihr erklärt, daß sie vor größeren Härten stehe als andere Kinder und daß sie durch verstärkten Fleiß und durch Mut Lernerfolge haben könne.
*Sie kam noch einmal ohne die Mutter zur Beratungsstelle. Sie kommt in der Schule ein wenig besser voran und hat zuhause alles allein getan.*
Sie hatte den Rat erhalten, sich um Unabhängigkeit zu bemühen, sich nicht völlig auf die Mutter zu verlassen und alles für sich allein zu tun.
*Sie bereitete dem Vater das Frühstück.*
Das ist ein Zeichen dafür, daß sie allmählich einen Sinn für Zusammenarbeit bekommt.
*Sie glaubt, daß sie jetzt mutiger ist, und sie schien sich in dieser Besprechung viel wohler zu fühlen.*
Sie soll wiederkommen und die Mutter mitbringen.
*Sie kommt mit der Mutter wieder. Die Mutter ist zum erstenmal in der Beratungsstelle. Sie hatte viel zu tun gehabt und konnte sich vorher nicht freimachen. Sie berichtet, das Mädchen sei ein Pflegekind und im Alter von zwei Jahren adoptiert worden, wisse aber selbst nichts davon. In den beiden ersten Lebensjahren sei es an sechs verschiedenen Pflegestellen gewesen.*
Das ist wahrlich keine rosige Vergangenheit. Es scheint, daß das Kind in den beiden ersten Lebensjahren sehr viel gelitten hat. Wir haben es folglich mit einem Kind zu tun, das einst gehaßt und vernachlässigt worden ist, bis es der liebevollen Fürsorge dieser Frau anvertraut wurde. Das Kind möchte sich aufgrund des unbewußten Eindrucks, den die schlimmen Erfahrungen seiner frühen Kindheit in seiner Seele hinterlassen haben, an die derzeitige angenehme Situation anklammern. In zwei Jahren kann ein Kind viele Eindrücke sammeln.
*Als die Mutter das Kind zu sich nahm, wurde ihr erklärt, sie müsse mit ihm sehr streng sein, denn es stamme aus keiner guten Familie.*
Die Person, die diesen Rat erteilte, war durchdrungen von dem Vererbungsgedanken. Würde die Mutter Strenge an den Tag legen und das Kind sich zu einem Sorgenkind entwickeln, dann würde die betreffende Person erklären: »Sehen Sie, ich habe recht!« Sie, die sich zum Richter aufspielt, wüßte nicht, daß sie die eigentlich Schuldige ist.
*Die natürliche Mutter des Kindes war nicht gut, und die Pfle-*

*gemutter fühlt sich für das Mädchen um so verantwortlicher, als es nicht ihr eigenes Kind ist. Bisweilen schlägt sie das Kind.*

Die Situation ist für das Mädchen nicht mehr so angenehm wie zuvor. Bisweilen legt die Mutter ihre verzärtelnde Haltung ab und bestraft das Kind.

*Der Vater verzärtelt das Kind und gibt ihm alles, was sein Herz begehrt. Wenn das Mädchen etwas haben möchte, dann sagt es nicht »Bitte« oder »Dankeschön«, sondern es erklärt: »Du bist nicht meine Mutter.«*

Das Kind weiß entweder über die Tatsachen Bescheid oder es verwendet zufällig einen Satz, der ins Schwarze trifft. Wir kennen einen Jungen im Alter von zwanzig Jahren, der nicht glaubt, daß seine Mutter seine wirkliche Mutter ist, und die Eltern schwören dennoch, daß das Kind es nicht wissen könne. Augenscheinlich hat er solch ein Gefühl. Kinder ziehen aus Winzigkeiten ihre Schlüsse. »Das Kind weiß nicht, daß es adoptiert wurde«, heißt es, doch bisweilen fühlen sie es.

*Sie sagt dies zwar der Mutter, doch nicht dem Vater.*

Der Vater gibt dem Mädchen keine Gelegenheit, ihn in dieser Weise zu attackieren, weil er ihr alles gewährt.

*Die Mutter kann die Änderung nicht verstehen, die sich bei dem Mädchen in der neuen Schule einstellte. Sie hat ein schlechtes Zeugnis erhalten, und die Mutter hat sie daraufhin geschlagen.*

Das arme Kind hat ein schlechtes Zeugnis erhalten, es ist gedemütigt worden und fühlt sich minderwertig, und dann verabreicht die Mutter ihr auch noch Schläge – das ist zuviel. Schon eins von beiden Dingen ist zuviel – Schläge zu beziehen oder ein schlechtes Zeugnis zu erhalten. Dies sollten Lehrer bedenken und sich klarmachen, daß immer dann, wenn sie Kindern schlechte Zeugnisse schreiben, sie damit häuslichen Ärger in Gang setzen. Ein kluger Lehrer würde sich hüten, schlechte Zeugnisse zu verteilen, wenn er wüßte, daß er damit der Mutter Gelegenheit gibt, dem Kind Schläge zu verabreichen.

*Das Mädchen erklärt, daß es sich bisweilen vergißt und einen Wutanfall bekommt. In der Schule ist es aufgeregt und stört den Unterricht. Sie glaubt, sie müsse immer die Erste sein.*

Bei einem Einzelkind, das vom Vater darauf trainiert worden ist, alles zu bekommen, was es sich wünscht, ist uns dieser Wunsch durchaus verständlich. Wir verstehen auch, daß das Mädchen in allen Dingen an der Spitze stehen möchte. Wie wir wissen, lebte es früher auf dem Lande usw. und hat das Gefühl, sie sei ihrer früheren Vorteile beraubt worden. Nun ist ihr Überlegenheitsstreben weit stärker, doch da sie über keinerlei Möglichkeiten verfügt, um ihm Ausdruck zu verleihen, vergißt sie sich und stiftet Unruhe.

Wir haben ihr erklärt, sie müsse lernen, mit anderen zu kooperieren, und wir gaben ihr zu verstehen, daß sie in Aufregung gerate, weil sie im Mittelpunkt der Aufmerksamkeit stehen möchte, und daß ihre Wutausbrüche lediglich eine Art Ausflucht seien, um auf diese Weise jedermann zu veranlassen, sich nach ihr umzuschauen. In der Schule arbeitet sie nicht mit, weil die Mutter wütend wegen ihrer Zeugnisse ist, und sie nimmt gegenüber der Mutter eine kämpferische Haltung ein.

*Sie träumt, daß Nikolaus ihr viele Geschenke mitbringt. Dann wacht sie auf, ohne daß sie irgend etwas entdeckt.*

Auch hier wiederum wird deutlich, daß sie sich immer in Gefühle und Emotionen versetzen möchte, als hätte sie alles und jedes, was sie sich wünscht, und dann »wacht sie auf, ohne daß sie irgend etwas entdeckt«. Wir dürfen die verborgene Gefahr nicht übersehen. Wenn wir im Traum derartige Gefühle und Emotionen in uns wecken und dann aufwachen und nichts entdecken, dann empfinden wir natürlich ein Gefühl der Enttäuschung. Freilich ruft der Traum nur die Gefühle hervor, die in Einklang mit der Haltung nach dem Aufwachen stehen. Mit anderen Worten, das emotionale Ziel der Träume besteht nicht darin, das wunderbare Gefühl wachzurufen, alles zu besitzen, sondern besteht vielmehr genau darin, enttäuscht zu werden. Nur zu diesem Zweck werden die Träume gebildet, bis das Ziel erreicht ist und Enttäuschung sich breitmacht. Melancholische Menschen haben wunderbare Träume, doch dann wachen sie auf und entdecken, daß alles ganz anders aussieht. Wir können sehr wohl verstehen, warum dieses Mädchen enttäuscht werden möchte. Sie möchte die Mutter anklagen, weil ihr gegenwärtiges Leben ihr in sehr düsteren Farben erscheinen muß. Sie hat das Gefühl, nichts zu besitzen, hat das Gefühl, daß die Mutter ihr nichts gibt. »Sie verprügelt mich, nur Vater gibt mir etwas.«

Wenn wir den Fall zusammenfassen, dann erkennen wir, daß das Mädchen ständig Enttäuschungen erleben möchte, um die Mutter anklagen zu können. Sie liegt im Kampf mit der Mutter, und wenn wir diesen Kampf beenden wollen, dann muß es uns gelingen, das Mädchen davon zu überzeugen, daß ihr Verhalten daheim, ihre Träume und ihr Verhalten in der Schule alle dem gleichen fehlerhaften Muster folgen. Ihr fehlerhafter Lebensstil geht weitgehend aus der Tatsache hervor, daß sie erst seit kurzer Zeit in Amerika lebt und in der englischen Sprache noch nicht sehr geübt ist. Wir müssen sie mithin davon überzeugen, daß sich diese Schwierigkeiten leicht beheben lassen, daß sie diese Schwierigkeiten jedoch vorsätzlich als Waffe verwendet, um damit die Mutter zu treffen. Wir müssen auch die Mutter dahingehend beeinflussen, daß sie damit aufhört, das Mädchen zu schlagen, damit es keine weitere Ausrede hat, den Kampf trotz allem fortzusetzen. Das Mädchen muß dazu gebracht werden, sich klarzumachen, daß »ich unaufmerksam bin und mich vergesse, daß ich Wutanfälle habe, weil ich Streit mit meiner Mutter haben möchte«. Wenn es dies einsieht, dann vermag es sein schlechtes Betragen auch abzulegen. Ehe sie die Bedeutung all der Erfahrungen und Eindrücke zuhause, im Schulleben und in ihren Träumen nicht kennt, ist natürlich an eine Charakteränderung gar nicht zu denken.

Und so erkennen wir auch, was Psychologie eigentlich ist – nämlich zu verstehen, welchen Gebrauch eine Person von ihren Eindrücken und Erfahrungen macht. Oder mit anderen Worten, Psychologie heißt, das Apperzeptionsschema zu verstehen, nach dem das Kind handelt und nach dem es auf Reize reagiert, zu verstehen, was es von bestimmten Reizen hält, wie es auf sie reagiert und wie es diese Reize für seine eigenen Absichten einsetzt.

# Personen- und Sachregister